做一个理想的法律人
To be a Volljurist

法律人进阶译丛【法学拓展】
李 昊/译丛主编

日本非典型担保法

Problems of Atypical Security
Interests in Japan

〔日〕道垣内弘人 /著

王融擎 /译

北京大学出版社
PEKING UNIVERSITY PRESS

著作权合同登记号　图字：01-2018-7829

图书在版编目（CIP）数据

日本非典型担保法／（日）道垣内弘人著；王融擎译. —北京：北京大学出版社，2022.12
（法律人进阶译丛）
ISBN 978-7-301-33593-2

Ⅰ.①日… Ⅱ.①道…②王… Ⅲ.①担保法—日本—文集 Ⅳ.①D931.332-53

中国版本图书馆 CIP 数据核字（2022）第 218698 号

Problems of Atypical Security Interests in Japan
Copyright © 2015 by Hiroto Dogauchi
Simplified Chinese translation copyright © 2022 by Peking University Press,
All rights reserved
Original Japanese language edition published by Yuhikaku.
Simplified Chinese translation rights arranged with Yuhikaku.
through Hanhe Internatinal (HK) Co., Ltd.

书　　　名	日本非典型担保法 RIBEN FEI DIANXING DANBAOFA
著作责任者	〔日〕道垣内弘人　著 王融擎　译
丛书策划	陆建华
责任编辑	陆建华　费悦
标准书号	ISBN 978-7-301-33593-2
出版发行	北京大学出版社
地　　　址	北京市海淀区成府路 205 号　100871
网　　　址	http://www.pup.cn　http://www.yandayuanzhao.com
电子信箱	yandayuanzhao@163.com
新浪微博	@北京大学出版社　@北大出版社燕大元照法律图书
电　　　话	邮购部 010-62752015　发行部 010-62750672 编辑部 010-62117788
印　刷　者	北京宏伟双华印刷有限公司
经　销　者	新华书店
	880 毫米×1230 毫米　A5　10.875 印张　306 千字 2022 年 12 月第 1 版　2022 年 12 月第 1 次印刷
定　　　价	59.00 元

未经许可，不得以任何方式复制或抄袭本书之部分或全部内容。
版权所有，侵权必究
举报电话：010-62752024　电子信箱：fd@pup.pku.edu.cn
图书如有印装质量问题，请与出版部联系，电话：010-62756370

"法律人进阶译丛"编委会

主 编

李 昊

编委会

（按姓氏音序排列）

班天可　陈大创　杜志浩　季红明　蒋　毅
李　俊　李世刚　刘　颖　陆建华　马强伟
申柳华　孙新宽　唐志威　夏昊晗　徐文海
查云飞　翟远见　张　静　张　挺　章　程

做一个理想的法律人(代译丛序)

近代中国的法学启蒙受自日本,而源于欧陆。无论是法律术语的移植、法典编纂的体例,还是法学教科书的撰写,都烙上了西方法学的深刻印记。即使是中华人民共和国成立后兴盛过一段时期的苏俄法学,从概念到体系仍无法脱离西方法学的根基。20世纪70年代末以来,借助于我国台湾地区法律书籍的影印及后续的引入,以及诸多西方法学著作的大规模译介,我国重启的法制进程进一步受到西方法学的深刻影响。当代中国的法律体系可谓奠基于西方法学的概念和体系之上。

自20世纪90年代开始的大规模的法律译介,无论是江平先生挂帅的"外国法律文库""美国法律文库",抑或舒国滢先生等领衔的"西方法哲学文库",以及北京大学出版社的"世界法学译丛"、上海人民出版社的"世界法学名著译丛",诸多种种,均注重于西方法哲学思想尤其英美法学的引入,自有启蒙之功效。不过,或许囿于当时西欧小语种法律人才的稀缺,这些译丛相对忽略了以法律概念和体系建构见长的欧陆法学。弥补这一缺憾的重要转变,应当说始自米健教授主持的"当代德国法学名著"丛书和吴越教授主持的"德国法学教科书译丛"。以梅迪库斯教授的《德国民法总论》为开篇,德国法学擅长的体系建构之术和鞭辟入里的教义分析方法进入中国法学的视野,辅以崇尚德国法学的我国台湾地区法学教科书和专著的引入,德国法学在中国当前的法学教育和法学研究中日益受到尊崇。然而,"当代德国法学名著"丛书虽然遴选了德国当代法学著述中的上乘之作,但囿于撷取名著的局限及外国专家的视角,丛书采用了学科分类的标准,而未区分注重体系层次的基础教科书与偏重思辨分析的学术专著,与戛然而止的"德国法学教科书译丛"一样,在基础教科书书目的选择上尚未能充分体现当代德国法学教育的整体面貌,是为缺憾。

职是之故,自 2009 年始,我在中国人民大学出版社策划了现今的"外国法学教科书精品译丛",自 2012 年出版的德国畅销的布洛克斯和瓦尔克的《德国民法总论(第 33 版)》始,相继推出了韦斯特曼的《德国民法基本概念(第 16 版)(增订版)》、罗歇尔德斯的《德国债法总论(第 7 版)》、多伊奇和阿伦斯的《德国侵权法(第 5 版)》、慕斯拉克和豪的《德国民法概论(第 14 版)》,并将继续推出一系列德国主流的教科书,涵盖了德国民商法的大部分领域。该译丛最初计划完整选取德国、法国、意大利、日本诸国的民商法基础教科书,以反映当今世界大陆法系主要国家的民商法教学的全貌,可惜译者人才梯队不足,目前仅纳入"日本侵权行为法"和"日本民法的争点"两个选题。

系统译介民商法之外的体系教科书的愿望在结识季红明、查云飞、蒋毅、陈大创、葛平亮、夏昊晗等诸多留德小友后得以实现,而凝聚之力源自对"法律人共同体"的共同推崇,以及对案例教学的热爱。德国法学教育最值得我国法学教育借鉴之处,当首推其"完全法律人"的培养理念,以及建立在法教义学基础上的以案例研习为主要内容的教学模式。这种法学教育模式将所学用于实践,在民法、公法和刑法三大领域通过模拟的案例分析培养学生体系化的法律思维方式,并体现在德国第一次国家司法考试中,进而借助第二次国家司法考试之前的法律实训,使学生能够贯通理论和实践,形成稳定的"法律人共同体"。德国国际合作机构(GIZ)和中国国家法官学院合作的《法律适用方法》(涉及刑法、合同法、物权法、侵权法、劳动合同法、公司法、知识产权法等领域,由中国法制出版社出版)即是德国案例分析方法中国化的一种尝试。

基于共同创业的驱动,我们相继组建了中德法教义学 QQ 群,推出了"中德法教义学苑"微信公众号,并在《北航法律评论》2015 年第

1 辑策划了"法教义学与法学教育"专题,发表了我们共同的行动纲领:《实践指向的法律人教育与案例分析——比较、反思、行动》(季红明、蒋毅、查云飞执笔)。2015 年暑期,在谢立斌院长的积极推动下,中国政法大学中德法学院与德国国际合作机构法律咨询项目合作,邀请民法、公法和刑法三个领域的德国教授授课,成功地举办了第一届"德国法案例分析暑期班"并延续至今。2016 年暑期,季红明和夏昊晗也积极策划并参与了由西南政法大学黄家镇副教授牵头、民商法学院举办的"请求权基础案例分析法课程暑期培训班"。2017 年暑期,加盟中南财经政法大学法学院的"中德法教义学苑"团队,成功举办了"案例分析暑期培训班",系统地在民法、公法和刑法三个领域以德国的鉴定式模式开展了案例分析教学。

中国法治的昌明端赖高素质法律人才的培养。如中国诸多深耕法学教育的启蒙者所认识的那样,理想的法学教育应当能够实现法科生法律知识的体系化,培养其运用法律技能解决实践问题的能力。基于对德国奠基于法教义学基础上的法学教育模式的赞同,本译丛期望通过德国基础法学教程尤其是案例研习方法的系统引入,循序渐进地从大学阶段培养法科学生的法律思维,训练其法律适用的技能,因此取名"法律人进阶译丛"。

本译丛从法律人培养的阶段划分入手,细分为五个子系列:

——法学启蒙。本子系列主要引介关于法律学习方法的工具书,旨在引导学生有效地进行法学入门学习,成为一名合格的法科生,并对未来的法律职场有一个初步的认识。

——法学基础。本子系列对应于德国法学教育的基础阶段,注重民法、刑法、公法三大部门法基础教程的引入,让学生在三大部门法领域中能够建立起系统的知识体系,同时也注重扩大学生在法理学、法律史和法学方法等基础学科上的知识储备。

——法学拓展。本子系列对应于德国法学教育的重点阶段,旨在让学生能够在三大部门法的基础上对法学的交叉领域和前沿领域,诸如诉讼法、公司法、劳动法、医疗法、网络法、工程法、金融法、欧盟法、比较法等有进一步的知识拓展。

——案例研习。本子系列与法学基础和法学拓展子系列相配套，通过引入德国的鉴定式案例分析方法，引导学生运用基础的法学知识，解决模拟案例，由此养成良好的法律思维模式，为步入法律职场奠定基础。

——经典阅读。本子系列着重遴选法学领域的经典著作和大型教科书（Grosse Lehrbücher），旨在培养学生深入思考法学基本问题及辨法析理之能力。

我们希望本译丛能够为中国未来法学教育的转型提供一种可行的思路，期冀更多法律人共同参与，培养具有严谨法律思维和较强法律适用能力的新一代法律人，建构法律人共同体。

虽然本译丛先期以德国法学教程和著述的择取为代表，但是并不以德国法独尊，而是注重以全球化的视角，实现对主要法治国家法律基础教科书和经典著作的系统引入，包括日本法、意大利法、法国法、荷兰法、英美法等，使之能够在同一舞台上进行自我展示和竞争。这也是引介本译丛的另一个初衷：通过不同法系的比较，取法各家，吸其所长。也希望借助本译丛的出版，展示近二十年来中国留学海外的法学人才梯队的更新，并借助新生力量，在既有译丛积累的丰富经验基础上，逐步实现对外国法专有术语译法的相对统一。

本译丛的开启和推动离不开诸多青年法律人的共同努力，在这个翻译难以纳入学术评价体系的时代，没有诸多富有热情的年轻译者的加入和投入，译丛自然无法顺利完成。在此，要特别感谢积极参与本译丛策划的诸位年轻学友和才俊，他们是：留德的季红明、查云飞、蒋毅、陈大创、黄河、葛平亮、杜如益、王剑一、申柳华、薛启明、曾见、姜龙、朱军、汤葆青、刘志阳、杜志浩、金健、胡强芝、孙文、唐志威，留日的王冷然、张挺、班天可、章程、徐文海、王融擎，留意的翟远见、李俊、肖俊、张晓勇，留法的李世刚、金伏海、刘骏，留荷的张静，等等。还要特别感谢德国奥格斯堡大学法学院的托马斯·M.J.默勒斯

(Thomas M. J. Möllers)教授慨然应允并资助其著作的出版。

本译丛的出版还要感谢北京大学出版社副总编辑蒋浩先生和策划编辑陆建华先生,没有他们的大力支持和努力,本译丛众多选题的通过和版权的取得将无法达成。同时,本译丛部分图书得到中南财经政法大学法学院徐涤宇院长大力资助。

回顾日本的法治发展路径,在系统引介西方法律的法典化进程之后,将是一个立足于本土化、将理论与实务相结合的新时代。在这个时代中,中国法律人不仅需要怀抱法治理想,还需要具备专业化的法律实践能力,能够直面本土问题,发挥专业素养,推动中国的法治实践。这也是中国未来的"法律人共同体"面临的历史重任。本译丛能预此大流,当幸甚焉。

李 昊

2018 年 12 月

中文版序言

本书与我同期出版的《日本典型担保法》是对应关系，收录了我发表的关于让与担保等非典型担保的各种论文。

此等论文集在中国翻译出版的过程，以及我与译者王融擎先生的关系，在《日本典型担保法》的中文版序言中已经有所介绍。本书是关于非典型担保的，另一本是关于典型担保的，此等主题的不同，会给两本论文集在中国可能具有的意义带来何种影响呢？对这一点，我想在此稍作介绍。

《日本典型担保法》的中文版序言中，我介绍过，在民法典制定后，中国想必也会盛行法条解释学。届时，由于该书收录的论文也都是以法典的存在为前提，展现解释论的应有姿态，所以对中国民法学而言，似乎将有一定的意义。与此相对，本书收录的都是非典型担保相关的论文。所谓非典型担保，是指并未在法典中以条文方式规定的担保，所以围绕非典型担保展开的讨论并未采用法条解释的方式。对此采用的是在关注与既存法理之间整合性的同时，在政策上考虑应有的担保制度，并思考法律效果。但是，这并非毫无约束的自由思考。这些思考和讨论需要受到与典型担保相关的各种条文、其他民法条文、民事执行法和破产法的各类条文，以及与这些条文相关的判例和学说的约束，并要与之保持整合性。当然，为了对非典型担保进行更妥当的规制，有时候也会批判既存的法条解释等，并主张应对此做出改变。但是，此等批判和改变也是为了使相关解释之间更具整合性。既有与狭义的条文解释类似之处，也有若干特殊性。

那么，如果能将我在本书中展现的考察，理解为在中国也能主张的一种学说，我将倍感荣幸。但是，比起这个，更希望中国读者能看到在上述"不自由"的思考中，如何在保持整合性之际推导出妥当结论的艰苦探索。若此种艰苦探索能给予中国民法学和法律实务以某种刺激，我将非常开心。

与《日本典型担保法》一样，本书也展现了曾与我进行学术上和个人间亲切交流的中国朋友的信赖和深厚友谊。特别是，译者王融擎先生在从事律师工作的百忙之中，细心翻译了本书，在此由衷表示感谢。

道垣内弘人
2021 年 1 月

序　言

2013年7月我出版了题为《典型担保法の諸相》（有斐阁2013年版）[译者注1]的论文集后，好多人来问"下一本是不是'非典型担保法的诸相'？"确实，当时准备将与让与担保等主题相关的论稿结集出版，但是如果按预想的题名出版，则可以预想到在引用时（如果有幸能被引用）必会错误频发，很容易引起混乱。因此，总得想个办法。但是，又不能只就让与担保的主题出版一册，融资租赁等主题也需要探讨。所以，本书就以《非典型担保法の課題》（有斐阁2015年版）为题出版。这个书名也含有"仍留有诸多课题"的意思。

收录的论文中有我最近写就的，也有些是我在助手[译者注2]时代（第一章第五节、第五章第二节）以及20多岁时写的（第二章第二节、第四章第一节、第五章第一节）。现在重新读来，虽觉其中谬误甚多，但仍令人十分怀念。

和《典型担保法の諸相》（有斐阁2013年版）一样，本书修正了原论文中的笔误、错字、语句混乱等，并增加了若干补注，但观点本身没有变化（虽附有若干补注）。

此外，我个人关于非典型担保法的论稿，有些已经收录在与安永正

[译者注1] 中文版为[日]道垣内弘人：《日本典型担保法》，王融擎译，北京大学出版社2022年版。

[译者注2] "助手制度"：在当时，大学会从满足一定成绩要求之法学本科毕业生中挑选数人采用为助手，作为研究者来培养，要求在三年助手期间完成助手论文。助手在完成助手论文后，多会被大学聘为助教授或讲师。

昭教授合著的《民法解釈ゼミナール2 物権》（有斐阁1995年版）以及镰田薰等编著的《民事法Ⅰ総則・物権〔第2版〕》（日本评论社2010年版）和《民事法Ⅱ担保物権・債権総論〔第2版〕》（日本评论社2010年版）中，未收录进本书。因为我觉得这些书作为独立的案例研习书，仍有继续存在的价值。此外，《資産担保証券の発行にともなう将来債権の包括的譲渡の有効性とその対抗要件》［载《資産流動化研究》第5卷（1999年）］一文的主要内容已基本被纳入本书第三章第一节的论文中。《債権譲渡特例法5条1項にいう『譲渡に係る債権の総額』について》［载《金融法務事情》第1567号（2000年）］一文虽然引发了一定的议论，但由于法律修改，其意义渐失，所以本书没有收录。至于是否需要收录《集合物と集合債権》［载《法学教室》第303号（2005年）］，甚是苦恼，但我觉得仍需进一步思考，所以割爱未予收录。

　　我个人并非意欲专攻担保法。但是，自从在助手论文中研究所有权保留以来，担保法始终都是我很感兴趣的领域。在这一领域中，能将迄今为止所作的论述结集出版两册（即本著和《日本典型担保法》），还是感慨万千。承蒙安宁的环境以及优秀的前辈和同辈们的恩惠，此点"食物"虽远远不足，但我相信也并非完全是"垃圾食品"。

　　本书的出版，也承蒙有斐阁书籍编辑一部佐藤文子女士的关照。因其帮助，与最初论文发表时相比，本书在判例等资料的引用上更加精确。特别是，第五章第一节论文的校正工作想必十分烦琐艰巨。在此致以谢意。

　　好了，终于该去写信托法的体系书了（再不写我都快成为"狼来了"的放羊少年了）。

道垣内弘人
2015年7月

凡 例

对判例集、杂志等参考资料的出处，除按一般习惯外，根据法律编辑者座谈会编写的《法律文献等の出典の表示方法》进行了处理。

在其他缩略语方面：

缩略语	全称
道垣内（旧）	道垣内弘人：《担保物権法（クリスタライズド民法）》（三省堂 1990 年版）
道垣内	道垣内弘人：《担保物権法〔第 3 版〕（現代民法 III）》（有斐阁 2008 年版）
柚木、高木	柚木馨、高木多喜男：《担保物権法〔第 3 版〕（法律学全集 19）》（有斐阁 1982 年版）
我妻	我妻荣：《新訂担保物権法〔第 3 刷〕（民法講義 III）》（岩波书店 1971 年版）

目 录

第一章　让与担保概论、不动产让与担保 …………………… 001
　第一节　让与担保判例的法形成 ………………………………… 001
　第二节　附买回特约买卖合同的债权担保目的的推认与让与
　　　　　担保——最高法院平成18年2月7日第三小法庭
　　　　　判决（民集60卷2号480页） ………………………… 024
　第三节　租地上建筑物的让与担保权人受有建筑物之交付并使
　　　　　用收益的情形与承租权的让与或转贷——最高法院
　　　　　平成9年7月17日第一小法庭判决（民集51卷6号
　　　　　2882页） …………………………………………………… 035
　第四节　被担保债权清偿期到来后让与担保权人处分标的
　　　　　不动产与债务人清偿债务而取回标的不动产的权利
　　　　　——最高法院平成6年2月22日第三小法庭判决
　　　　　（民集48卷2号414页） ………………………………… 040
　第五节　可否将债务人的债务清偿与让与担保标的不动产
　　　　　返还请求权等合为一体，在法律构造上将其作为
　　　　　一项具有形成权性质的取回权，从而适用《民法》
　　　　　第167条第2款——最高法院昭和57年1月22日
　　　　　第二小法庭判决（民集36卷1号92页） ……………… 060
　第六节　自让与担保权人处受让标的不动产之第三人可否
　　　　　援用让与担保权设定人享有之清算金支付请求权的
　　　　　消灭时效——最高法院平成11年2月26日第二小法
　　　　　庭判决（判时1671号67页） …………………………… 071

第七节　被担保债权清偿期届至后让与担保权人的债权人扣押标的不动产与第三人异议——最高法院平成 18 年 10 月 20 日第二小法庭判决（民集 60 卷 8 号 3098 页） ⋯ 079

第八节　让与担保权设定人抛弃取回权与请求支付清算金——最高法院平成 8 年 11 月 22 日第二小法庭判决（民集 50 卷 10 号 2702 页） ⋯⋯⋯⋯⋯⋯⋯⋯⋯⋯⋯ 097

第二章　个别动产、集合动产让与担保 ⋯⋯⋯⋯⋯⋯⋯⋯⋯⋯ 105

第一节　承认基于动产让与担保而行使物上代位权的事例——最高法院平成 11 年 5 月 17 日第二小法庭裁定（民集 53 卷 5 号 863 页） ⋯⋯⋯⋯⋯ 105

第二节　集合动产让与担保的再讨论——"标的物"的中途处分 ⋯⋯⋯⋯⋯⋯⋯⋯⋯⋯⋯⋯⋯⋯⋯⋯⋯⋯⋯⋯⋯⋯⋯⋯⋯⋯⋯ 111

第三节　英格兰浮动担保中担保权人对个别财产的权利 ⋯⋯ 121

第三章　债权让与担保 ⋯⋯⋯⋯⋯⋯⋯⋯⋯⋯⋯⋯⋯⋯⋯⋯⋯⋯⋯ 143

第一节　将来债权概括性让与的有效性与对抗要件——基于最高法院平成 11 年 1 月 29 日第三小法庭判决 ⋯⋯ 143

第二节　债权让与担保的设定通知不构成通知债权已移转至担保权人的事例——东京高院平成 11 年 11 月 4 日判决［判时 1706 号 18 页（民集 55 卷 6 号 1084 页）］ ⋯⋯⋯⋯⋯⋯⋯⋯⋯⋯⋯⋯⋯⋯⋯⋯⋯⋯⋯⋯⋯⋯⋯⋯⋯ 169

第三节　就指名债权让与预约以附确定日期的证书向债务人作出通知或取得债务人的承诺，之后预约完结而产生的债权让与效力可否对抗第三人——最高法院平成 13 年 11 月 27 日第三小法庭判决（民集 55 卷 6 号 1090 页） ⋯⋯⋯⋯⋯⋯⋯⋯⋯⋯⋯⋯⋯⋯⋯⋯ 176

第四节　将来债权让与担保中的债权移转时期与《国税征收法》第 24 条让与担保权人的物的纳税责任——东京高院平成 16 年 7 月 21 日判决［金法 1723 号 43 页（民集 61 卷 1 号 273 页）］ ⋯⋯⋯⋯⋯⋯⋯⋯ 183

第五节 集合债权让与担保与溢付款返还义务的归属 …… 192

第四章 预告登记担保、所有权保留 …… 200
 第一节 怠于作出《预告登记担保法》第 5 条第 1 款规定之通知与请求本登记承诺——最高法院昭和 61 年 4 月 11 日第二小法庭判决（民集 40 卷 3 号 584 页）…… 200
 第二节 基于所有权保留而取回标的物与权利滥用——最高法院昭和 50 年 2 月 28 日第二小法庭判决（民集 29 卷 2 号 193 页）…… 213

第五章 融资租赁等 …… 219
 第一节 真正租赁与担保租赁 …… 219
 第二节 融资租赁合同中的清算义务——最高法院昭和 57 年 10 月 19 日第三小法庭判决（民集 36 卷 10 号 2130 页）…… 257
 第三节 用户导致租赁物无法使用时的租金支付债务——最高法院平成 5 年 11 月 25 日第一小法庭判决（金法 1395 号 49 页）…… 274
 第四节 消极担保条款的效力 …… 280

首次发表信息 …… 296
判例索引 …… 300
主题词索引 …… 307
日本年号与公历年对照表 …… 314
译后记 …… 321

第一章　让与担保概论、不动产让与担保　[1]

第一节　让与担保判例的法形成　[2]

一、引言

1. 作为参照条文的"让与担保"

（1）"赋予'让与担保'以明确的概念，是在大判昭和 8 年 4 月 26 日[译者注]所作的判决中。在此之前，包括'让与担保'在内，一切利用财产权移转（特别是买卖）形式的担保合同，均被笼统地称为'卖与抵押''卖与担保''售罄担保'等。"[1] 在 1933 年，让与担保作为一项担保制度得到了承认，并因此开始受到规制。

（2）清楚表现此等承认和规制事实的，是判例集中的表述方法。

以最高法院判例集为代表，各种判例集中会列举参照条文，并显示其判决与何种法令的哪一条文相关。如"【参照】《民法》第 416 条、第 709 条"。但是，例如在最判平成 6 年 2 月 22 日民集 48 卷 2 号 414 页中，则采用了"【参照】《民法》第 369 条（让与担保）"这一表述方

〔译者注〕关于日本的判例引用格式，例如最判昭和 53 年 2 月 24 日民集 32 卷 1 号 98 页，是指最高法院于昭和 53 年 2 月 24 日所宣判之判决，刊载于《最高法院民事判例集》第 32 卷第 1 号第 98 页。其中所含信息包括法院名称、裁判种类、裁判年月日以及出处。另，日本年号所对应的公历年，可参见本书"日本年号与公历年换算表"，余同。

〔1〕　四宫和夫：《讓渡担保（総合判例研究叢書·民法 17）》，有斐阁 1962 年版，第 3 页。

法。与单纯列举条文的方法相比，此种方法有稍许变化。即在条文的后面附上了括号及内容。

其宗旨想必非常清楚。因为判决中说道："本判决解决的问题并非《民法》第369条的直接适用，而是处理'让与担保'这一担保问题。但是，由于也不存在其他合适的条文，所以姑且将同样是非占有性的、约定担保权的抵押权的相关定义条文列举在此。"也就是说，"【参照】《民法》第369条（让与担保）"这一表述本身，表示的是一种担保方式的存在——这种担保方式虽然没有直接对应的条文，但却存在一系列相关的判例群——让与担保相关的法领域，正是日本民法典施行以来的一百年间[译者注1]，通过判例所形成的。

[3]

2. "担保性构造"：物权层面与债权层面

（1）关于迄今为止判例的流变，笔者自己作过下列总结。即：

"在大审院[译者注2]早期，对于使标的物所有权完全归属于让与担保权人的做法，判例中是有点踌躇的。即原则上在外部关系（与第三人的关系）中标的物所有权移转至让与担保权人，但是在内部关系（让与担保合同当事人之间的关系）中应视为所有权留在设定者处。但是，当时的学说批判认为，采取权利的相对归属这一做法并不妥当。所以，到了1924年，原则上认为内外所有权皆移转至让与担保权人。

"但是，判例并没有从'让与担保权人享有标的物所有权'这一一般论中，机械性地推导各个情形下的解决方案。尤受瞩目的是，对于设定者开始公司再生程序[译者注3]的情形，1966年判决（后述判决⑥）否定了让与担保权人得基于所有权而行使标的物的取回权，仅赋予其与其他担保权人一样的再生担保权人的待遇；1982年判决（后述

〔译者注1〕本文出版于1998年，正值日本民法典施行100年，故称"一百年间"。

〔译者注2〕明治8年设立，存续至昭和22年，为当时日本的最高司法机构。

〔译者注3〕公司再生程序（会社更生手续），系指对于经济上陷入窘境的股份公司，为维持其经营而实现再生。该程序基于法院的开始决定而开始，由法院选任的再生管理人负责公司的业务及财产的管理，同时制作更生计划草案。在相关人员集会中审议并决议该计划草案，经法院认可后，由更生管理人遂行该计划。

判决⑩）支持设定者对第三人侵害者行使物权请求权。后者被评价为，最高法院近似采取了'某种物权归属于设定者'这一立场。

"因此，似乎可以说对于让与担保的性质，'判例法理正处于从所有权性质的构造向担保性质的构造过渡的时期'。"〔2〕

但是，问题在于"担保性构造"这一用语的含义。

（2）"将某一制度作为担保来对待"这一语句的意义，大体可以分为两层。第一层，在债权层面将合同内容作为担保，通过解释当事人的意思而合理化。第二层，在物权层面将当事人所享有的一定物权作为担保，尤其是相应认可标的物相关的一定物权归属于设定者。例如，承认当事人之间的清算义务，显然在债权层面上是可行的。债务不履行时，让与担保权人适当评估标的物，使其金额归属于自己，或者作出以相当的价格出卖给第三人等处分，其评估额或出卖价款超过被担保债权时，让与担保权人应将其差额支付给债务人。只要能认定存在这样的合意，就能够承认清算义务。

但是，学说在谈及"担保性构造"时，通常是从物权层面看待问题的〔3〕。

那么判例法理又是如何呢？在近似担保性构造的判例法理中，可以得出"采用物权层面上的担保性构造"这一结论的，究竟有多少呢？学说仅仅展现了从学说自身的"担保性构造"中可以推导出判例法理的结论，但对于判例法理中的"担保性构造"，却似乎有怠于虚心探讨的倾向。

（3）四宫和夫教授认为，"纵观判例赋予让与担保的各种法律效果，将'所有权'与'债权性约束'结合的解释路径存在一定的障

[4]

---

〔2〕 道垣内（旧），第255页。
〔3〕 关于这一点，参见鸟谷部茂：《譲渡担保における法律構成——"所有権の構成と担保権の構成"への疑問》，载林良平、甲斐道太郎编：《谷口知平先生追悼論文集3 財産法，補遺》，信山社1993年版，第184页及以下（氏著：《非典型担保の法理》，信山社2009年版，第71页及以下）。

碍"[4]，并列举了数个判决[5]。以下列举了其中的最上级审判决：

① 大判昭和 13 年 10 月 12 日民集 17 卷 2115 页（债权不成立的情形下，让与担保标的物应当作为不当得利返还给债务人）。

② 大判昭和 2 年 10 月 26 日新闻 2775 号 13 页、③ 大判昭和 2 年 12 月 17 日新闻 2804 号 16 页（债务消灭的情形下，让与担保权消灭，债务人享有担保物返还请求权）。

④ 大判明治 38 年 9 月 29 日民录 11 辑 1236 页（债权让与的情形下，如果没有特别约定，让与担保权随之让与；但是仅让与债权的情形下，让与担保权消灭，债务人得请求返还担保物）。

⑤ 大判大正 9 年 6 月 2 日民录 26 辑 839 页（事实上支持让与担保标的物的第三取得人的法定代位清偿）。

此外，对于最近采用担保性构造的最高法院判例，井上繁规调查官[译者注]列举了下列判例[6]：

⑥ 最判昭和 41 年 4 月 28 日民集 20 卷 4 号 900 页（在债务人的公司再生程序中，让与担保权人按再生担保权人对待）。

⑦ 最判昭和 43 年 3 月 7 日民集 22 卷 3 号 509 页、⑧ 最判昭和 57 年 1 月 22 日民集 36 卷 1 号 92 页（若被担保债权的清偿期届至，则让与担保权人可以变价处分标的物，但是在该变价处分完结前，债务人可以清偿债务而取回该标的物）。

⑨ 最判昭和 46 年 3 月 25 日民集 25 卷 2 号 208 页（在清算金支付之前，作为实现担保的手段，让与担保权人对债务人提起诉讼，请求交付或腾退标的物时，若无特别事情，让与担保权人的主张仅在向债务人支付清算金作为交换时才被支持）。

[5]

---

〔4〕 四宫，前注〔1〕，第 45 页。

〔5〕 四宫，前注〔1〕，第 3—75 页。

〔译者注〕调查官，为法院职员之一。受法官之命，就案件审理及裁判进行必要调查。

〔6〕 井上繁规：《判批》，载法曹会编：《判解民平成 7 年度（下）》，法曹会 1998 年版，第 978 页以下。

⑩ 最判昭和57年9月28日判时1062号81页（第三人侵害让与担保标的物的占有时，债务人得以物权请求权请求其返还）。

⑪ 最判平成5年2月26日民集47卷2号1653页（让与担保标的物有损害保险时，让与担保权人及债务人都享有被保险利益）。

⑫ 最判平成7年11月10日民集49卷9号2953页［若未实现担保权而确定地取得抵押不动产的所有权时，让与担保权人不构成《民法》第378条（当时）所规定的作为涤除权人的第三取得人］。

3. 本节探讨的问题

（1）那么，从本书策划（広中俊雄＝星野英一编《民法典の百年》）的宗旨来看，本应当通过梳理明治时期以来判例的流变，阐明这一百年间让与担保判例法形成的过程。但是，这一任务几乎已被完成，特别是早期的判例，已找不到可增加之处。

前面引用的四宫教授的著书，对于1962年出版以前的各个判决在判例法理的形成中占据何种地位，作了出色的整理。此外，对于追溯民法典制定之前的让与担保法理的生成，近江幸治教授已有一系列成果。近江教授的《担保制度の研究》（1989年）中收录的各篇论文，是按时代区分加以考察的，对采用主题分析手法的四宫教授的研究进行了补充。另外，平井一雄教授也对明治初期到1945年以前的判例和学说进行了整理[7]。

（2）所以，本节对问题进行了限定。即对于前文列举的采用担保性构造的12则判决，探讨各则判决究竟在何种程度上采用了"担保性构造"，它们是论及了物权层面，还是仅仅停留在债权层面。通过这一探讨，似乎可以更加准确地描绘出现在判例法理的姿态。

下面将论述各种情形，但逐一讨论12则最上级审判决将非常繁杂，因此将其分成几组。首先，①至④均展现了对被担保债权的附随性，因而被一起分析。此外，⑦至⑨均涉及取回权，所以放在一起讨

[6]

---

[7] 平井一雄：《非典型担保理論史（讓渡担保理論史）——明治初期から昭和20年まで》，载《獨協》第40号（1995年），第1页及以下。

论。剩下的判决则会逐个进行分析。

二、对被担保债权的附随性

1. 两种法律构成

四宫教授列举的展现"让与担保权人的权利对被担保债权的附随性"的判决例，其法律构造可以分成两种。

[7] 债权让与的情形下，若无特别约定，让与担保权伴随之让与；但是仅让与债权的情形下，让与担保权消灭，债务人得请求返还担保物，即上文的判决④。作为其理由，该判决论述道"担保者，附随于主债权而存立，不得脱离之而独立存立"。同样地，处理债务消灭情形的判决②也论述道，"债务人已完全清偿其债务时，当然需要返还担保物。其原因无外乎是作为主债权消灭的结果，附随的担保权亦消灭"。

与此相对，处理债权不成立情形的判决①论述道，"被担保债权不成立或被担保债权消灭的情形下，担保目的因不能实现而终止，以至于财产权的让与缺乏原因。因此，可以说破产财团对让与人存在不当得利"。虽未如此明确，但处理债务消灭情形的判决③也论述道，"为确保债务的清偿而作出担保，其担保的债权因清偿及其他事由而消灭后，应返还担保物，此乃当然之事理"。

2. 探讨

判决④和判决②的法律构造，是以担保权的性质为根据直接得出结论的。在这一意义上，可认为在方向上，这两个判决承认担保权人所享权利的"担保物权性"（≠所有权性）。在这一点上，似乎也可认为四宫教授将这些判决列为判例法理中物权层面上担保性构造的例子。

但是，第一，即使让与担保权人享有的权利有担保物权性，也并非意味着某种物权可以直接归属于债务人。

第二，与判决④不同，判决①在得出担保权不成立这一结论时，使用了"目的不实现"这一概念。由于这一概念是作为债权消灭原因之一而被讨论的，因此判决①反倒似乎是将让与担保权的消灭这一问题作为当事人间的合同问题来看待。此外，明确以附随性作为根据的判决④是 1905 年作出的，而判决①是 1938 年作出的，这一点也很重要。此外，作为判决④对象的案件，即对于移转中的附随性问题，也未必不能通过当事人间的合意问题来解释。只要有此合意即可。

从上面的分析来看，对于这一情形，似乎还不能认为判例法理采用了物权层面上的担保性构造。

三、自设定人处受有让与担保标的物处分之人的法定代位清偿权

（1）四宫教授认为判决⑤事实上支持了让与担保标的物的第三取得人的法定代位清偿，进而典型地体现出判例法理无法仅在债权性构成上进行说明。确实，对于自设定人处受有让与担保标的物处分之人，如果判决⑤认为其构成担保权标的物的第三取得人，进而是《民法》第 500 条所称的享有"正当利益"之人的话，或许可以评价为采用了"让与担保＝担保权"这一构造。

（2）但是，判决⑤的具体内容如下。

原审判决认为，自设定人处受有让与担保标的物处分之人，通过清偿提存，当然地消灭了让与担保的被担保债权。对此，让与担保权人主张如下两点并提出上告。第一，卖与担保[译者注]中，所有权在外部完全移转至债权人，所以理应不得从设定人处受让标的物所有权。第二，即使允许受让人作为享有"正当利益"之人而作出清偿，受让人也可以基于《民法》第 500 条代位被担保债权，所以被担保债权仍应不消灭。

对于上述上告理由，判决⑤论述如下。

顺序反过来说。首先来看第二点，《民法》第 500 条是为保障清偿者利益而作的规定，并非一定要让清偿者代位债权人。所以，驳回上告。另外，对于第一点，在卖与担保中，对于所有权移转，债权人与债务人内部存在特别约定（即，若被担保债权被清偿，则所有权复归至

〔译者注〕卖与担保，即广义让与担保的一种，又称买卖式担保，是指以买卖方式转移标的物的所有权，而以价金名义融通资金，并约定日后将该标的物买回的制度。

[9] 债务人,且在被担保债权清偿期届满之前,债权人不得处分标的物)时,该特别约定一般不得对抗第三人;但是并不妨碍第三人作出主张,故也不妨碍债务人的受让人主张内部特别约定并主张自己的利益。

(3)也就是说,判决⑤反倒是将"担保只不过是债权人与债务人间的债权性合意"这一点作为前提。所以,将判决⑤也列为判例法理在物权层面上采用担保性构造的例子,应该是不妥当的。

四、让与担保设定者公司再生程序中让与担保权人的待遇

1. 判决⑥的概要

判决⑥判示如下。

"根据原审确定的事实,1959 年 12 月 25 日本案再生程序开始时,本案不动产的所有权基于诉外人 A 公司(再生公司)与 X 公司间的让与担保合同,移转至 X 公司。但是,上述所有权的移转并非确定的,债权债务关系仍在两公司间存续。此种情形,让与担保权人应仅得参照再生担保权人作出权利申报,并根据再生程序行使权利,而不能对标的物主张所有权并请求其交付。也就是说,让与担保权人没有取回权。因此,原审不支持 X 公司的本诉交付请求的最终判断是正当的。"

通常认为,从这一判示中可以看出判例法理采用了物权层面的担保性构造。但是,有必要进行更详细的探讨。下面将从当时的学说状况出发来进行分析。

2. 当时的学说状况

(1) 1952 年制定之际,《公司再生法》应如何看待让与担保合同,已经出现争议。但是,该法制定匆忙,问题就被留待将来处理了。

[10] 但是,1959 年 4 月公布的新《国税征收法》第 24 条关于让与担保所设置的规定令人注目。其第 1 款规定如下:

"纳税者滞纳国税之情形,在其人让与之财产中,有依让与而构成担保标的者(以下称'让与担保财产')时,限于就其人之财产执行

滞纳处分，亦认定尚不足应征收之国税时，得自让与担保财产中征收纳税者之国税。"

第 2 款及以下也设定了各种限制，但是上述条文的前提是将让与担保标的财产仍认定为让与担保设定者之财产。也就是说，这一条文与"标的物的完全所有权依让与担保合同而移转至让与担保权人"这一当时的判例法理相悖，可以看出对让与担保在物权层面上采用了担保性构造。

（2）以该条文的新设为契机，学说上也开始出现了推进物权层面上的担保性构造的理论[8]。随后，认为"在设定者的公司再生程序中应将让与担保权人按再生债权人来对待"的学说成了有力的主张[9]。

进而，在下级审判决中，也开始有判决将新《国税征收法》的规定作为论据之一，明确提出应将让与担保权人按再生担保权人来对待[10]。

若在此等发展过程中对判决⑥进行定位，进而积极评价判旨仅阐述了极为简单的一般理由时，似乎可以认为，对于让与担保的一般法律关系，最高法院通过判决⑥明确阐述了"一方面使让与担保权人不成为完全的所有权人，另一方面也使标的物相关的某种物权归属于设定人"这一意义上的"担保性构造"。

（3）但是，对判决⑥的射程，当时的评释和论文等反倒大多展现出慎重的态度。特别是，在本判决的案情中，让与担保标的物是安放于工厂中的机械设备，所以对于标的物为票据或不动产的情形，最高法院 [11]

---

[8] 例如，三月章：《譲渡担保と租税——対外的効力の構成の機縁として》，载《私法》第 22 号（1960 年），第 3 页及以下；柚木馨：《譲渡担保と新国税徴収法との解釈論の調整について》，载《曹時》第 12 卷第 5 号（1960 年），第 522 页及以下。
[9] 例如，松田二郎：《会社更生法》，有斐閣 1960 年版，第 104 页；山内八郎：《実務会社更生法》，一粒社 1965 年版，第 196 页；三月章：《判批》，载铃木竹雄编：《銀行取引判例百選》，有斐閣 1966 年版，第 196 页。
[10] 福岡地裁小倉支判昭和 36 年 3 月 23 日下民集 12 卷 3 号 587 页。

是否会径直适用判决⑥的结论，尚不明确[11]。

判决⑥作出后的较早期出版的教科书和体系书中也持同样观点。1968年出版的我妻荣教授的体系书中，在题为"占有留在让与担保设定人处的动产让与担保"一节中，本判决被评价为"作为非常适当的理论而得到了学者的支持"[12]。与之相对，对于不动产让与担保，他则认为"设定人开始公司再生程序或破产程序时，因此种程序的特殊目的，也有余地承认设定人有清偿被担保债权而取回让与担保标的物的权利，但尚留有疑问"[13]。

3. 之后判例的理解

（1）之后的学说将判决⑥朝着一般化的方向推进。

在1973年经高木多喜男教授改订而出版的柚木馨教授的体系书中，本判决被评价为"从让与担保权构成担保权的立场来看，是当然的结论"[14]。当然，其接着认为"上述问题，主要产生于设定者享有现实占有且标的物按公司财产对待的情形。与之相对，对于现实占有移转至让与担保权人的动产让与担保或不动产让与担保，将会出现何物归属于公司财产的问题。属于设定人的物权性地位（物权性权利）仍旧构成公司财产，并且设定人可以通过清偿被担保债权而取回标的物"。但是，这一观点的前提是在"占有之所在"层面上作了区分。对于占有仍在设定人处的让与担保，不区分不动产或动产，均被包含在判决⑥的射程中。

（2）再继续引用一些教科书。

"设定人开始公司再生程序的情形，让与担保权人可否行使取回

---

[11] 三月章：《判批》，载《法協》第84卷第4号（1967年），第592页；青山善充：《譲渡担保の会社更生法上の取扱い——1つの理論構成とその適用》，载《金法》第520号（1968年），第5页；霜岛甲一：《判批》，载铃木竹雄、竹内昭夫编：《银行取引判例百選（新版）》，有斐阁1972年版，第228页。

[12] 我妻，第639—640页。

[13] 我妻，第642页。

[14] 柚木馨、高木多喜男：《担保物権法（新版）》，有斐阁1973年版，第606页。

权?最近的判例否定了这一点。"[15]

"设定人为公司,在依《公司再生法》开始再生程序的情形中,若采担保权说,则标的物归属于公司财产,让与担保权人作为更生担保权人,仅得通过再生程序行使权利,不得作为所有权人行使取回权(《公司再生法》第62条)。判例(最判昭和41年4月28日民集20卷4号900页)也持这一见解。"[16]

"设定人B开始破产程序或公司再生程序的情形中,①若采所有权性构造,则A可以行使取回权(《破产法》第87条、《公司再生法》第62条);②若采担保性构造,则破产的情形中可以作为别除权人进行私的实现[译者注](《破产法》第92条及以下),但是在公司再生的情形中仅得作为再生担保权人而通过再生程序行使权利(《公司再生法》第123条及以下)。判例对于公司再生采取了②的立场(最判昭和41年4月28日民集20卷4号900页)。"[17]

"让与担保权不过是债权担保的标的而已,所以将让与担保权人与其他担保权人同等对待较好,在破产中应作为别除权人(《破产法》第92条),在公司再生中应作为再生担保权人(《公司再生法》第123条)来对待,此乃通说。判例对于公司再生也采取了相同的立场。"[18]

(3)我们似乎可以通过此等判例法理的扩大理解,认为"判例法理正处于从所有权性构造向担保性构造过渡的时期",并且可以将判决⑥作为典型例子之一。

但是,果真如此吗?

4. 物权层面议论的非必然性

[13]

(1)第一个问题是,如果不作为物权层面的问题采用担保性构

---

[15] 远藤浩等编:《民法(3)》,有斐阁1970年版(淡路刚久执笔)。
[16] 高木多喜男:《担保物権法》,有斐阁1984年版,第333页。
[译者注] 即不经民事执行程序而实现。
[17] 淡路刚久等:《民法Ⅱ-物権》,有斐阁1987年版,第319页(鎌田薰执笔)。
[18] 道垣内(旧),第276页。

造,换言之,如果不采取"使让与担保权人不成为完全的所有权人,另一方面也使标的物相关的某种物权归属于设定人"的做法,难道不能限制让与担保权人的取回权吗?

首先来看《公司再生法》相关的具有代表性的体系书中对基于所有权的取回权所作的相关叙述。

"1 所有权

这是取回权最典型的情形,但仅是所有权人的话还不够,有法律关系赋予破产者以占有的根据时,若该关系不终止或未使该关系终止,则不得取回。"[19]

取回权是取回破产者没有占有权原之物,取回权本身并没有使破产者丧失占有权原的效力。

如此一来,为了否定让与担保权人的取回权,没有必要纠结于让与担保权人就标的物不享有所有权,或者虽享有所有权但其受到物权性限制。即使开始公司再生程序,让与担保设定人也不丧失标的物的占有权原,仅此即可。另外,通过让与担保设定合同而约定的设定人的占有权原,是否会因设定人开始公司再生程序而消灭,并非仅通过让与担保权人或设定人享有何种物权而决定的。

(2)存在买卖合同时,买受人即使不支付价款,也享有标的物的占有权原。因此,在买受人的公司再生程序中,出卖人要想行使标的物的取回权,需要在程序开始前解除有关买卖合同。所以,实务中有很多都会缔结——如果买受人存在破产申请,则买卖合同当然解除——这样的特约。但是,最高法院认为此种特约有害公司再生程序的宗旨和目的,从而否定了其效力(最判昭和57年3月30日民集36卷3号484页)。即使对于让与担保中设定人的标的物占有权原,采取与之相同的观点也是可行的。所以,这一方法处理的是当事人间的合同解释问题,或者是合同有效或无效的问题,是在债权层面上处理问题。

---

[19] 谷口安平:《倒産処理法〔第2版〕》,筑摩书房1980年版,第211页。

如此一来，在设定人的公司再生程序中否定让与担保权人的标的物取回权，似乎还不能以此评价为最高法院的立场接近物权意义上的"担保性构造"。

（3）第二个问题，即使在债权层面上否定取回权的操作可行，但赋予让与担保权人以再生担保权人的地位，不正是因为将让与担保权视为担保权吗？

但是，疑问在于，将某一债权作为再生担保来处理时，该债权必须得是担保物权的被担保债权吗？即使在物权层面将让与担保权人视为标的物的完全所有权人，其也是以债权的优先回收为目的。换言之，对于让与担保权人享有的再生债权，若采用"通过再生公司的特定财产而使其优先回收"这一构造，将有关再生债权按再生担保权来处理，此种方式是可行的。虽然经常会产生误解，但是所谓的再生担保权，并非指代"担保权"本身，而是指代"通过特定的公司财产而被担保的债权"[参见1952年《公司再生法》第123条第1款正文（现行《公司更生法》第2条第10款）]。

（4）如此看来，将判决⑥列为判例法理采用了物权层面上的担保性构造的例子，未必妥当。

五、让与担保权人的标的不动产的取回权

1. 处分清算型与归属清算型

（1）在通过担保性构造解释让与担保的进路上，判例所作的最大努力，自然是确立了清算义务和取回权。关于前者，首先判决⑦中虽然附有"若不动产的价额与清偿期前的本息金额丧失合理的均衡"这一保留要件，但承认了让与担保中的清算义务；其次判决⑨受到预告登记担保相关判例展开的影响并确立了"让与担保者皆需清算"这一判例法理。对于取回权，判决⑧作出了明确的判断。"在以不动产为标的的让与担保合同中，债务人迟延履行债务时，债权人可以取得处分标的不动产的权能，并基于该权能，通过使有关不动产被适当评估后的价额 [15]

归于自己所有或者以相当的价格出卖给第三人等进行变价处分，以该评估额或出卖价款等抵充自己的债权。但是，债务人在债务清偿期届至后，债权人完成变价处分前，也可以清偿债务而取回标的物。"[20]

但是，如果清算义务或取回权的存在只是当事人之间的问题，则这一问题就不是物权层面上担保性构造的问题了——不过是在当事人间的合同下让与担保权人享有何种权利的事。

（2）然而，普遍认为清算义务或取回权的确立也影响了物权层面上的担保性构成。为了理解这一意思，首先介绍判决⑨的判旨。

"为担保贷款债权而就债务人所有的不动产缔结让与担保合同，若债务人在清偿期内清偿债务则将不动产返还给债务人；若不清偿则代替债务的清偿而使不动产确定地归属于债权人所有。基于这一合意，为自己作出所有权移转登记的债权人，在债务人未于清偿期清偿债务时，变价处分标的不动产，或通过适当地评估标的不动产而从具体化的上述不动产价额中扣除自己的债权额，尚有余额时，需要将对应的金钱作为清算金支付给债务人。"

这一判决认为，清算方法分为处分清算型和归属清算型。因此，在两种方式的关系上会出现问题，但是学说认为让与担保权人可以采用何种方式，是根据当事人间的合同确定的[21]。1994年的最高法院判决也使用了"不问上述让与担保合同是所谓的归属清算型还是处分清算型"这一表达，因此可以理解为存在"归属清算型让与担保"与"处分清算型让与担保"两种类型。

（3）那么，如前所述，在当事人约定的层面，承认两种让与担保类型时，如果在被担保债权的清偿期到来后，清算金支付前，让与担保权人将标的物处分给第三人的，该如何处理？此时，如果认为不论是何种

---

〔20〕 此外，井上调查官也将判决⑦看作是确立了取回权的判决（井上·前注6）979页），但是判决⑦是关于附代物清偿预约的案件，不可同一而论。

〔21〕 高木，前注〔16〕，第325页，半田正夫：《物権法》，有斐阁1986年版，第314页。

类型，第三人都有效地取得标的物所有权，而债务人将不能再取回的话，实际就丧失了区分两种类型的意义。也就是说，即使被认定为处分清算型让与担保合同，让与担保权人在向第三人处分标的物之前，向设定人支付了清算金时，似乎应认为设定人将完全丧失标的物的所有权（虽然实际支付了清算金，但由于是处分清算型，所以在没有对第三人作出出卖等处分时设定人也仍有取回权。此种理解显然荒谬）。所以，归根到底，不论在何种类型中，"清算金的支付或提供（或有关不发生清算金的通知），或对第三人作出出卖标的物等处分"都构成取回权的丧失事由。因为此时作为处分相对人的第三人不受到主观样态的限制。

在当事人约定层面上，存在两种让与担保类型。要想证明这两种类型的存在有积极意义，则有必要采取这样一种结论，即约定让与担保权人使标的物的所有权确定地归属于自己并清算其评估额和被担保债权额的差额时，让与担保权人没有支付清算金而将标的物处分给第三人的，相关处分构成不当处分，第三人必然不能取得标的物的完全所有权。所以，有必要认定至少在一定情形中设定人的权利可以对抗第三人。另外，应认为让与担保权人不是完全的所有权人。也就是说，承认存在两种让与担保合同类型时，必然会带来物权层面上的担保性构造。

2. 1994 年最高法院判决

（1）然而，最判平成 6 年 2 月 22 日民集 48 卷 2 号 414 页[作者补注1]对于让与担保权人在被担保债权清偿期到来后将标的不动产让与给第三人的情形，作了如下判示：

"以不动产为标的的让与担保合同中，债务人在清偿期内未清偿债务，不问上述让与担保合同是所谓的归属清算型还是处分清算型，债权人因为取得了处分标的物的权能，所以债权人基于该权能将标的物让与给第三人时，原则上受让人确定地取得标的物的所有权。在有清算金的情形下，债务人只可以对债权人请求其支付，而不能清偿残存债务取回

[作者补注1] 参见本书边码43及以下。

标的物［参见最高法院昭和46年（才）第503号同49年10月23日大法庭判决·民集28卷7号1473页、最高法院昭和60年（才）第568号同62年2月12日第一小法庭判决·民集41卷1号67页］。即使受让的第三人构成所谓背信的恶意人，这一法理也同样适用。盖因，如果不这么理解的话，不仅权利关系不确定的状态将会持续，对于那些无法确切知晓受让人是否构成背信恶意人的债权人而言，也会有遭受不测损害的危险。"

按照这一判决的话，如前文"1（3）"所述，关于归属清算型与处分清算型的区别就没有意义了。

（2）那么，在上述1994年最高法院判决的基础上，再一次回过头去看的话，会发现一直以来最高法院判决中有很多都是采取——即使在归属清算型让与担保中，在清偿期到来后，让与担保权人也仍享有将标的物出卖给第三人等处分权限——这一立场的。

[18]

首先，前面所举的判决⑨中有如下论述。"为担保贷款债权而就债务人所有的不动产缔结让与担保形式的合同，若债务人在清偿期内清偿债务则将不动产返还给债务人；若是不清偿则代替债务的清偿而使不动产确定地归属于债权人所有。基于这一合意，为自己作出所有权移转登记的债权人，在债务人未于清偿期清偿债务时，变价处分标的不动产，或通过适当地评估标的不动产而从具体化的上述不动产价额中扣除自己的债权额，尚有余额时，需要将对应的金钱作为清算金支付给债务人。"该判决虽然认定了归属清算型的合意，但是也认定让与担保权人可以向第三人作出处分。[22]

其次，判决⑧没有区分归属清算型和处分清算型，而判定"在以不动产为标的的让与担保合同中，债务人迟延履行债务时，债权人取得处分标的不动产的权能"。而最判昭和62年2月12日民集41卷1号67页在归属清算型让与担保中判定"债权人没有通知支付、提供清算金或者

---

〔22〕 米仓明：《判批》，载星野英一、平井宜雄编：《民法判例百选Ⅰ〔第2版〕》，有斐阁1982年版，第213页。

标的不动产的适当评估额未超过债务金额的,且债务人也没有清偿债务的,债权人将标的不动产出卖给第三人时,债务人在该时点终局地丧失了取回权,进而丧失了标的不动产的所有权,同时发生被担保债权消灭的效果。与此同时,以上述时点为基准时,确定清算金的有无及其数额"。

(3) 当然,这些判决都并非为了切合"在归属清算型让与担保中,因被担保债务清偿期到来,让与担保权人取得了将标的不动产出卖给第三人等处分权限"这一案情而积极作出判定的。判决⑨判定,设定人一直没有支付清算金,而让与担保权人请求其腾退标的不动产的,设定人可以抗辩在支付清算金作为交换时才作出履行。该案的案情并非向第三人作出处分。在这一点上,1982年最高法院判决的案情也是同样的。此外,1987年的最高法院判决也仅仅是让与担保权人与设定人争议清算金数额的案情。

因此,严格来说,也可以认为在 1994 年最高法院判决之前,判例法理都尚不明确。但是,在抽象论上,作为合同类型的归属清算型与处分清算型的区分,已经丧失了意义。

3. 限定于债权层面 [19]

前面说到,"承认存在两种让与担保合同类型时,必然会带来物权层面上的担保性构造"。

但是,在判例法理中,两种让与担保合同类型的区分丧失了意义。因此,并不会必然带来物权层面上的担保性构造。所以,在这一点上,至今也就停留在了债权层面的担保性构造。

六、设定人对第三人的返还请求权

1. 判决⑩的概要

虽然判决⑩并非刊登在民集[译者注]上的判决,但仍受到了众多关

[译者注] 民集,即《最高法院判例集·民事编》,由最高法院判例委员会编集,多刊载重要判例。与此相对,被认为无须刊载在民集上的并不重要的判决,会刊载在《最高法院裁判集·民事》(简称"集民")上。

注。因为该判决也可以理解为积极肯定了"一定物权归属于让与担保设定人"这一观点。首先介绍一下该判决。

X 通过拍卖取得了本案土地，但是当时 A 已经在本案土地上无权原地享有建筑物所有权并同时占有了本案土地。因此，X 以 A 为相对人，起诉请求其撤走建筑物并腾退本案土地。之后，Y 因代物清偿取得了该建筑物，承继了诉讼。

但是，在二审过程中，X 将本案土地为 B 提供了让与担保，且 B 作了所有权移转登记。据此，Y 主张由于设定该让与担保权 X 丧失了本案土地所有权，也丧失了请求 Y 腾退土地的资格。

（根据上告理由）二审判决认为，即使在设定了让与担保权的情形，上述担保权的限制内，所有权也应被保留给设定人，设定人并不丧失基于所有权的物权请求权，因而驳回了 Y 的控诉。Y 提出上告。

最高法院作出如下论述，并驳回了 Y 的上告。

[20] "让与担保是为担保债权而移转标的不动产的所有权，但是上述所有权移转的效力仅在实现债权担保目的的必要范围内才被认可。担保权人只可以在债务人迟延履行被担保债务时取得处分标的不动产的权能，并基于该权能，对标的不动产的价额作出适当评估，通过使其确定地归属于自己，或出卖给第三人等进行变价处分，优先抵充被担保的债务。另一方面，设定人在担保权人完成上述变价处分前，可以清偿被担保债务而就标的不动产回复完全的所有权［参见最高法院昭和 39 年（オ）第 440 号同 41 年 4 月 28 日第一小法庭判决・民集 20 卷 4 号 900 页，同昭和 42 年（オ）第 1279 号同 46 年 3 月 25 日第一小法庭判决・民集 25 卷 2 号 208 页，同昭和 55 年（オ）第 153 号同 57 年 1 月 22 日第二小法庭判决・民集 36 卷 1 号 92 页］，所以存在无正当权原而占有标的不动产之人时，若无特别情事，鉴于上述让与担保的宗旨及效力，设定人可以对上述占有人提出返还请求。"

2. 物权层面上担保性构造的有无

（1）上述判旨中有两个方面值得关注。

对于让与担保的法律关系，明确提出了"所有权移转的效力仅在实现债权担保目的的必要范围内才被认可"。这一点是上述判旨所引的 1966 年判决、判决⑨以及 1982 年判决等各最高法院判决中尚未说明的，是新的表达。所有权仅在限定的范围内从作为所有权人的设定人处移转至让与担保权人。如此一来，就意味着部分所有权留在了设定人处。

另外，在结论上认为设定人享有物权请求权。从这一点来看，可以作出如下评价："针对第三人的标的物回复请求权，在现行法体系下，是物权请求权还是占有诉权？显然不是后者。因此可以说最高法院肯定了设定人享有物权性地位。"[23]

（2）如多数学说所指摘的，判决⑩对于让与担保设定人享有的权利内容，更准确地说，构成设定人物权请求权基础的权利，究竟是何种性质的权利，没有作出任何积极的判示，法律构造亦不清楚[24]。但是，确实可以说它采用了物权层面上的担保性构造。如下文所述，该判旨赋予了判例法理重要意义。

[21]

七、让与担保标的物的被保险利益

1. 判决⑪的概要

建筑物是让与担保的标的物时，由谁来享有该建筑物的被保险利益？

关于这一点，判决⑪判示如下：

"设定让与担保的情形，标的不动产所有权移转的效力不过是仅在实现债权担保目的的必要范围内发生。让与担保权人确定地使标的不动

---

[23] 高木，前注〔16〕，第 317 页。
[24] 小贺野晶一：《判批》，载《判夕》第 505 号（1983 年），第 55 页；鸟谷部茂：《判批》，载《民商》第 88 卷第 3 号（1983 年），第 394 页。

产归属于自己所有的,需要完成自己债权额与标的不动产价额的清算程序。另一方面,让与担保设定人在让与担保权人完成上述变价处分前,可以清偿被担保债务而取回标的不动产,并回复完全的所有权。[参见最高法院昭和39年(オ)第440号同41年4月28日第一小法庭判决·民集20卷4号900页、最高法院昭和42年(オ)第1279号同46年3月25日第一小法庭判决·民集25卷2号208页、最高法院昭和55年(オ)第153号同57年1月22日第二小法庭判决·民集36卷1号92页、最高法院昭和56年(オ)第1209号同57年9月28日第三小法庭判决·裁判集民事137号255页]鉴于此种让与担保的宗旨及效力,就让与担保标的不动产发生保险事故时,让与担保权人及让与担保设定人共同处于因此而受有经济上损害的关系。因此,对于上述不动产,双方皆享有被保险利益。"

在现行的火灾保险合同中,没有专门存在让与担保情形的对象商品。此种情形也只能使用保护所有权人利益的保险。如此一来,上述判示认可债务人也享有被保险利益,似乎可以理解为承认了债务人的所有权人性。特别是,若同时考虑到也承认了让与担保权人的所有权人利益,将有余地认为最高法院认为所有权分属于债务人和让与担保权人。

2. 学说的评价

(1)但是,学说不认为判决⑪承认了所有权的分属。

本来对于作为所有权人利益的被保险利益,一般认为若存在经济上的利害关系时,即便相关主体不享有严格意义的法律上所有权,也能认可其存在被保险利益。有评价认为"如何严密架构让与担保的法律构造,至少在被保险利益的决定上,其见解的对立并不重要"[25]。

此外,判决⑪也没有明确提到让与担保设定人享有的被保险利益是所有权人利益[26],仅判示了"因让与担保标的不动产发生保险事故

---

[25] 椿寿夫:《判批》,载《リマークス》第2号(1991年),第51页。

[26] 上柳克郎:《判批》,载鸿常夫等编:《损害保险判例百选〔第2版〕》,有斐阁1996年版,第15页。

时,……因此而受有经济上损害的关系。因此,对于上述不动产,双方皆享有被保险利益"。

由此来看,判决⑪不能被评价为采用了物权层面上的担保性构造。

(2) 但是,值得关注的一点是,继判决⑩之后,判决⑪明确提到了"设定让与担保的情形,标的不动产所有权移转的效力不过是仅在实现债权担保目的的必要范围内发生"。从1982年判决⑩作出以来,这一表述已经十多年没有出现在最高法院的判决中了。但1993年的判决⑪再次使用了同一表述。两年后,判决⑫中第三次出现了同样的表述。

八、让与担保权人的涤除权

[23]

1. 判决⑫的概要

"就抵押不动产取得所有权……之第三人",享有涤除权(《民法》第378条)。因此,如果认为因抵押不动产上被设定让与担保而标的物所有权归属于让与担保权人,让与担保权人似乎可以进行有关抵押权的涤除。与此相对,如果否定让与担保权人的所有权性的话,显然就不会承认涤除权。判决⑫否定了让与担保权人的涤除权,是否也否定了"让与担保权人是所有权人"呢?首先来看一下判旨。

"如果没有实现担保权从而确定地取得抵押不动产的所有权,让与担保权人不构成《民法》第378条规定的作为涤除权人的第三取得人,不能涤除抵押权。盖因涤除是将通过向抵押权人清偿抵押不动产被适当评估的金额而要求消灭抵押权的权限赋予给了抵押不动产的第三取得人,其制度目的在于调整抵押权人掌握的价值权与第三取得人享有的用益权。但是,对于抵押权人而言,其抵押权实现时期的选择权遭到了剥夺,也伴随有加价买受及提供保证的负担,因此《民法》第378条将涤除权人的范围限定在'就抵押不动产取得所有权、地上权或永佃权之第三人'。鉴于此,上述规定中作为涤除权人的'取得所有权之第三人'被限定为确定地取得抵押不动产所有权的第三取得人。进而,在不动产设定让与担保的情形中,仅在达成债权担保目的的必要范围内发生标的不动产所有权移转的效力，让与担保权人确定地以标的不动产为自己所有时，需要进行自己债权额与标的不动产价额的清算程序。另一方面，让与担保设定人可以在让与担保权人完成上述变价处分之前，清偿被担保债务而取回标的不动产，从而回复其完全的所有权。

[24] [参见最高法院昭和 55 年（才）第 153 号同 57 年 1 月 22 日第二小法庭判决·民集 36 卷 1 号 92 页、最高法院昭和 56 年（才）第 1209 号同 57 年 9 月 28 日第三小法庭判决·裁判集民事 137 号 255 页、最高法院平成元年（才）第 1351 号同 5 年 2 月 26 日第二小法庭判决·民集 47 卷 2 号 1653 页]鉴于此种让与担保的宗旨及效力，尚未实现担保权并完成上述清算程序的让与担保权人，并非确定取得标的不动产所有权之人，所以不构成《民法》第 378 条规定的作为涤除权人的第三取得人。"

2. 作为抽象论的物权层面的担保性构造

（1）判决⑫否定让与担保权人涤除权的理论构造如下。即：

"享有涤除权的，仅仅是确定取得抵押不动产所有权的第三取得人。然而，对于让与担保标的物，设定人可以通过清偿来回复完全的所有权。因此，让与担保权人不构成'确定取得抵押不动产所有权的第三取得人'。"

即使不立足于物权层面的担保性构造，也是可以采用这一理论的。因此，不能因为否定了让与担保权人的涤除权，就认为判例法理采用了物权层面的担保性构造。

（2）然而，在抽象论上，判决⑫仍有值得关注的点。

第一，将让与担保的实现程序表述为"担保权的实现"。这是延续了最判昭和 62 年 2 月 12 日民集 41 卷 1 号 67 页中的表述[作者补注2]。

第二，继判决⑩和判决⑪之后，明确提到了"在不动产设定让与担保的情形中，仅在达成债权担保目的的必要范围内发生标的不动产所

〔作者补注2〕在本篇论文初次发表时，我漏看了该 1987 年判决的文言，借本书结集出版之际订正。感谢渕史彦准教授指出。

有权移转的效力"。

（3）由此来看，似乎可以评价判决⑫在抽象论上颇为正面地抛出了物权层面的担保性构造。但这没有对具体的结论产生影响。

九、判例法理中的"担保性构造"——代结语

[25]

1. 总结

（1）如上文所述，即使在采用担保性构造的各判决中，也很少有承认物权意义中的担保性构造。可以说基本上都只是债权层面中的担保性构造。换言之，大多都只是就让与担保设定合同中的当事人权利义务，展开合理的意思解释。

（2）能理解为采用物权层面的担保性构造且进而直接对结论带来影响的，只有⑩判决。

（3）但是，在判决⑩之后，对于标的物所有权移转至让与担保权人的效力，认为其"仅在实现债权担保目的的必要范围内才被认可"的判决逐渐增多（判决⑪⑫）。

2. 判例法理的现状

本节的目的是详细研究"似乎可以说判例法理正处于从所有权性构造向担保性构造过渡的时期"这一评价的妥当性，并且想要脱离学说上的主张来理解判例法理。关于这一点，似乎可以论述如下。

若认为担保性构造是物权层面上的，则"正处于从所有权性构造向担保性构造过渡的时期"这一评价在结论上是正确的。但这是1982年判决⑩出现以后的事。当时，判决⑩似乎并未在判例法理上被当作是重要的判决，也没有被刊登在民集上。但是，之后判决⑩作为先例在判决⑪和判决⑫中被引用。这似乎显示出最高法院已经开始重视判决⑩并将其作为转折点判决了。

[原载于广中俊雄、星野英一编：《民法典の百年 I 全般的观察》，有斐阁1998年版，第311页及以下]

[26] 第二节 附买回特约买卖合同的债权担保目的的推认与让与担保——最高法院平成18年2月7日第三小法庭判决（民集60卷2号480页）

一、事实概要

2000年11月，X（原告、被控诉人[译者注1]、被上告人[译者注2]）贷款1000万日元给Y_2（被告、控诉人、上告人），并且作为担保，就诉外人A公司所有的土地和建筑物缔结了让与担保合同。然而，由于Y_2未能清偿翌年6月以后的利息，所以为了至少能够回收利息，X就Y_1公司（Y_2担任法定代表人，被告、控诉人、上告人）所有的本案土地和建筑物，约定与Y_1之间缔结附买回特约买卖合同。缔结的附买回特约买卖合同（本案合同）约定，在2001年12月13日本案土地买卖价款为650万日元，本案建筑物买卖价款为100万日元，Y_1可以在2002年3月12日之前提供上述买卖价款相当额及合同费用而买回本案土地和建筑物。之后，Y_1未能在该日之前基于本案合同进行买回，X对Y_1和Y_2提起本案诉讼，请求腾退本案建筑物。

从一审开始，Y_1和Y_2主张并争议本案合同为让与担保合同。此外，与本案合同有关，法院认定了下述情事。

①X与A之间就另案贷款债务担保所缔结的合同题为"附买回条款让与担保合同书"，与此相对，本案合同题为"附买回条款土地建筑物买卖合同书"。

②2001年12月14日，就本案土地和建筑物，以同月13日的买卖为原因，作出了所有权移转登记及买回特约附记登记。

③本案建筑物在本案合同缔结日以后仍由Y_1和Y_2共同占有（此

〔译者注1〕控诉，对一审判决向二审法院所作的上诉。
〔译者注2〕上告，在民事诉讼中，原则上针对控诉审的终局判决（例外，高等法院的一审判决以及跳跃上告情形的一审判决），依一定理由提出不服所作的上诉。

外，虽然最高法院在"原审适法确定的事实概要等"中认为"本案合同中并未约定买回期间本案土地建筑物由 Y_1 交付给 X"，但是此种事实并没有被认定）。 [27]

④在约定的 750 万日元价款中，X 在本案合同缔结日支付了其中的 400 万日元，但当时，基于 Y_1 的同意，X 扣除了另案贷款的 9 个月利息 270 万日元、登记程序费用等 41 万日元以及所谓买回权赋予对价名义的 67.5 万日元，仅交付了剩余的 21.5 万日元。此外，在本案合同缔结日的翌日，X 确认登记程序完成后，支付了剩余的 350 万日元。

⑤在④中所述的扣除额中，对于 270 万日元，其收据的但书栏中明确表述为"利息"，不过对于 67.5 万日元，虽然出具了收据，但是但书栏中没有记载内容。

一审和二审 X 皆胜诉。判决理由基本相同。与第④点相关，Y_1 等人主张本案实际上是 X 对 Y_1 进行了约定的 750 万日元的融资，而以所谓买回权赋予对价名义扣除的 67.5 万日元则是其 3 个月的利息。虽然一、二审判决在结论上认定本案合同只能是附买回特约买卖合同，但在作出判断之际，一、二审判决除了重视第①点，对于 Y_1 等人的上述主张，也一并考虑了第⑤点的情事，从而判定不能认可 Y_1 等人的主张。

Y_1 等人提出上告。

二、判旨

撤销并改判。

"（1）真正的附买回特约买卖合同中，出卖人如果不能在买回期间内返还买受人支付的价款及合同费用，便不能取回标的不动产。即使在标的不动产的价额（被适当评估的标的不动产的金额）超过了买受人支付的价款及合同费用的情形下，买受人也不负有让与担保合同中的清算金支付义务。［参见最高法院昭和 42 年（才）第 1279 号同 46 年 3 月 25 日第一小法庭判决·民集 25 卷 2 号 208 页，《民法》第 579 条前一句、第 580 条、第 583 条第 1 款］有关合同的目的是担保债权时，没

[28] 有此效果。即使采用了附买回特约买卖合同的形式，以标的不动产作为某种债权的担保，以此为目的而缔结的合同，也应被理解为是让与担保合同。

"（2）所以，若是真正的附买回特约买卖合同，则通常会伴有出卖人对买受人移转标的不动产的占有。民法也以此为前提，想定在出卖人解除买卖合同的情形中，若当事人未作出另外的意思表示，则不动产的孳息与价款的利息视为抵销（《民法》第579条后一句）。这样看来，虽然采用了附买回特约买卖合同的形式，却不伴有标的不动产占有移转，若无特别情事，此种合同应推认为是以担保债权为目的而缔结的，其性质为让与担保合同。

"根据前述事实关系，本案合同明显不伴有作为标的不动产的本案建筑物的占有移转。而且，本案合同中不仅不存在特别的情事以推翻'有债权担保目的'这一推认，反而明显存在能够看出'有债权担保目的'的情事：①X缔结本案合同的主要动机是回收另案贷款的利息，实际上也从本金中扣除了相当于另案贷款9个月利息的270万日元（另案贷款的本金为1000万日元，月息3%）；②在真正的附买回特约买卖合同中，不允许买回的价款超过买受人支付的价款及合同费用（《民法》第579条前一句），但是作为赋予买回权的对价，X从价款中扣除了67.5万日元（750万元价款，按月息3%计算3个月买回期间，所得利息金额与此相一致），Y_1 也必须要支付这一金额才能买回等情事。

"因此，本案合同并非真正的附买回特约买卖合同，而应是让与担保合同。所以，X以真正附买回特约买卖合同作为本案建筑物所有权的取得原因，对 Y_1 等人的请求皆无理由。"

三、评释

1. 合同虽采用附买回特约买卖合同的形式缔结，但实际上是否构成让与担保？关于这一问题的判决例，以下级审判决为中心，此前就有很多。

关于这一问题，本判决首先阐述了一般论，即虽然采用附买回特约买卖合同的形式缔结，但如果是有担保某种债权的目的，则此种合同并非真正的附买回特约买卖合同，而是让与担保合同。并在此基础上论述了下述规则，即虽然采用附买回特约买卖合同的形式，但是不伴有标的不动产的占有移转，则若无特别情事，此种合同推认为以债权担保为目的。

因而，本判决的抽象论是由两阶段的命题所构成的。即，①"债权担保目的的附买回特约买卖合同是让与担保"，与②"虽然采用附买回特约买卖合同的形式，但是不伴有标的不动产的占有移转，则若无特别情事，此种合同推认为以债权担保为目的"。合起来，结论上似乎就得出"虽然采用附买回特约买卖合同的形式，但是不伴有标的不动产的占有移转，则若无特别情事，此种合同是让与担保"。但是，这一概括直接凸显了命题②。然而，重点反而应当在命题①，若以命题②为中心进行概括，则将难免产生若干误解（从这一观点来看，判例集中将"采用买卖合同的形式，但不伴有标的不动产占有移转的合同的性质"作为"判示事项"，似乎有点问题）。在"3"的末尾将再探讨这一点。

2.（1）如前所述，合同采用附买回特约买卖合同的形式缔结，但实际上是否构成让与担保？关于这一问题的判决例有很多。整理来看，可以发现此前的判决例都是综合考量情事后作出合同性质的认定，而不会认为某件情事具有决定性[27]。

综合考量的情事主要有，①申请短期融资，协商后缔结了附买回特约买卖合同（东京地判昭和 49 年 7 月 22 日判时 763 号 56 页、横滨地判昭和 55 年 10 月 9 日金判 613 号 43 页、东京地判昭和 56 年 5 月 25 日判时 1022 号 77 页、东京高判平成元年 7 月 25 日判时 1320 号 99 页、东

[29]

[30]

---

[27] 裁判例的整理有，生熊长幸：《買戻・再売買予約の機能と効用》，载加藤一郎、林良平主编：《担保法大系4》，金融财政事情研究会1985年版，第460页以下；鸟谷部茂：《譲渡担保の認定と仮登記担保法の適用》，载《法時》第63卷第6号（1991年），第43页及以下。

京地判平成2年7月13日判时1381号64页、浦和地判平成4年5月20日判时1455号124页）；②为清偿对他人所负的既存债务而需要资金（东京地判昭和45年5月25日下民集21卷5、6号695页，东京高判昭和51年9月29日判时836号51页，静冈地富士支判昭和63年6月4日判夕683号206页，浦和地判平成4年5月20日前揭，东京高判昭和47年5月23日金判327号12页是为了担保对买受人所负的旧债务）；③从买卖价款中扣除相当于利息的部分后支付（或者约定追加买回金额）（横滨地判昭和55年10月9日前揭、东京高判平成元年7月25日前揭、福冈高判平成元年10月30日判时1346号90页、东京地判平成2年7月13日前揭、东京高判平成10年7月29日判夕1042号156页）；④买卖价款与相关不动产的市场价值相比显著低廉（东京地判昭和45年5月25日前揭、东京高判昭和47年5月23日前揭、东京高判昭和51年9月29日前揭、浦和地判平成4年5月20日前揭。此外，东京地判平成2年8月24日判时1385号70页指出，虽并非特别低廉，但买卖价款额系以必要的融资额为基准而决定。相反，浦和地川越支判平成2年9月6日判夕737号155页将价款额并非不合理这一情事作为认定有关合同是附买回特约买卖合同的依据之一）；⑤事先就买回价款额开出本票（东京地判昭和45年5月25日前揭、东京地判昭和49年7月22日前揭、东京地判昭和56年5月25日前揭、静冈地富士支判昭和63年6月4日前揭）；⑥虽然进行了买卖，但是占有状况没有变更［东京高判昭和51年9月29日前揭、横滨地判昭和55年10月9日前揭、静冈地富士支判昭和63年6月4日前揭、福冈高判平成元年10月30日前揭、东京地判平成2年7月13日前揭、浦和地判平成4年5月20日前揭（进一步指出出卖人仍继续进行修建工程）。此外，东京地判昭和45年5月25日前揭重视"虽然是租赁中不动产的买卖，但特别约定了在买回后买受人要将从买卖到买回这段时间内从承租人处受领的租金相当额交付给出卖人"这一情事，从而认定实际上并非买卖；相反，浦和地川越支判平成2年9月6日前揭则重视"出租人的地位由买受人承继，买受人收受租金，同时支付各种税费"这一情事，从而在性质上认定为是附买回特约买卖合同。]

（2）基于上述整理，在性质上认定为让与担保的判决例，都是出卖人继续占有使用不动产的案件。本判决将不伴有占有移转的附买回特约买卖合同推认为以债权担保为目的，也可以评价为沿袭了以往的判决例[28]。

但是，将占有之所在纳入考量的判决，也毕竟只是将其作为情事之一来考量而已（也有评价认为"同等综合判断各种考量要素"[29]）。与此相对，也存在不重视占有移转的判决（东京高判平成元年7月25日前揭）。此外，也有判决例没有就占有之所在作出明确的判断（东京地判昭和56年5月25日前揭）。实际上，如果是附买回特约买卖合同的买受人对出卖人提起的腾退请求诉讼的话，作为其前提，需要就占有之所在作出判断，但是如果是其他的诉讼类型，则占有之所在的认定并非必须的。[30]

[31]

如此看来，不应认为本判决是单纯地沿袭了以往的判决例，而应理解为是从"综合考量"转变到"简单地将'占有移转之有无'这一比较容易举证的事项作为重要的判断要素进行判断"[31]。因此，在决定附买回特约买卖合同的法律性质上，其路径变得颇易清晰。[32] 所以，这一点也被评价为"本判决推动了对'伪装成不动产买卖的高利融资'被害人的保护"[33]。

3. 那么，上述抽象论是妥当的吗？从两点来考察。

（1）第一点，作为本判决所展现的抽象论的结论，买回和让与担

---

[28] 富永浩明：《判批》，载《NBL》第829号（2006年），第15页。
[29] 福田刚久：《判批》，载法曹会编：《判解民平成18年度（上）》，法曹会2010年版，第116页。
[30] 角纪代惠：《判批》，载《判夕》第1219号（2006年），第37页。
[31] 福田，前注〔29〕，第226页。
[32] 富永，前注〔28〕，第16页。
[33] 角，前注〔30〕，第37页。

保——这组概念的相互关系是什么？在这一点上，似乎存在两种可能性。

（a）虽然采用附买回特约买卖合同的形式缔结，但以债权担保为目的的，此种合同并非买回，而是让与担保。也就是说，买回这一概念和让与担保这一概念是排他性的。

[32]　（b）将附买回特约买卖合同分成"真正的附买回特约买卖合同"与"债权担保目的的附买回特约买卖合同"，后者也是"附买回特约买卖合同"，但是具有让与担保的性质。

围绕本判决的多数解说，似乎都采用了上述（a）的理解。但是，那样一来，"买回"这一概念将仅指"没有债权担保目的的交易"。如此，将会引发下列两个问题。

首先，自《民法》起草以来，买回就被理解为具有债权担保的目的，而上述解释与这一理解相悖。但是，倒不必那么在意这一点。在民法起草时也并没有预想到会存在让与担保（被课以清算等义务），由于此种新型担保手段的出现，可以说"买回"这一概念的定位也适当地发生了变化。

其次，关于买回，适用的是《民法》第579条及以下的规则。其中，对于第580条规定的期间限制，认为不适用于让与担保的情形也无妨吧。但是，对于第581条呢？如果贯彻形式理论的话，即使采用附买回特约买卖合同的形式，但是以债权担保为目的时，该合同也应构成让与担保而非买回，所以似乎就不适用该条了，是否可以这样理解呢？另外，第579条前一句的意义被解释为买回价款不能超过买受人支付的价款和合同费用（强行规定），但这一规定也不适用，所以多数情形下将可取得作为隐藏特约而存在的利息吗？

结论上，对于第581条第1款，应认为买回特约登记不具有作为买回权对抗要件的意义（但是，为了使让与担保设定人的权利对抗第三人，其登记应具有意义）；对于第581条第2款，应理解为让与担保权人出租标的不动产的，即使进行了登记，也当然不能对抗让与担保设定人。此外，对于第 579 条，若是让与担保，应认为可以取得利益吧〔本案中，应认为 Y_1 为了消灭 X 的让与担保权，包括作为利息相当额而被扣除的 67.5 万日元，需要清偿 750 万日元（但利息限制法的问题除外）〕。

所以，如果按照（b）的理解，认为仍旧是买回的话，将会推导出不妥当的结论。对于买受人＝债权人而言，出卖人＝债务人消灭让与担保权的期间不再有限制，在负有清算义务的同时也不能取得利益，过于不利益。

因此，在结论上，应采用（a）的理解。但是要注意，这并不是说简单地将某种概念从买回的概念中驱逐出去，还需要在其中加入解释论。

（2）第二点，将债权担保目的的附买回特约买卖合同按让与担保来对待时，就被担保债权，应作何种考虑？

在这一点上，基于本判决，有理解认为，在附买回特约买卖合同的情形，虽然不存在被担保债权，但是由于推导出了"买受人负有标的不动产价额与提供资金额之间差额的清算义务，而且即使在买回期间经过后，清算之前，出卖人可以返还提供资金额而取回标的不动产"这一效果，所以构成让与担保[34]。本判决似乎否定了"由于不存在被担保债权，所以结论上否定清算义务和取回权"这一过去就卖与担保所主张的观点；虽然不承认被担保债权的存在，但也认可清算义务和取回权。

但那样的话，譬如，只要能认为"即使在附买回特约买卖合同中也会课以清算义务"即可，所以认定为"构成让与担保"也不见得有意义。而且，对于本案合同，本判决认为"具有债权担保的目的"，但在被担保债权不存在的情况下认为"具有债权担保的目的"非常吊诡。因此，要想存在债权担保的目的，有必要认定存在被担保债权。

---

〔34〕 占部洋之：《判批》，载《民商》第 135 卷第 4、5 号（2007 年），第 730 页。

然而，本判决只是以占有作为基准，推认债权担保目的，并没有完全确定被担保债权。对于以 X 向 Y_1 赋予买回权的对价名义所扣除的 67.5 万日元，本判决认定"750 万元价款，按月息 3% 计算 3 个月买回期间，所得利息金额与此相一致"。由此来看，恐怕是认为存在债权额 750 万日元且利息为月息 3% 的被担保债权吧。不过判决中并没有明示这一点。但是，要想存在债权担保目的，反而有必要确定被担保债权。例如，应明确"认定买回价格……为被担保债权额"[35] 这一命题。

[34]

事实上，这一点在"1"中已经说过。即，这与本判决的抽象论是由两阶段的命题构成有关。毕竟重要的命题是"债权担保目的的附买回特约买卖合同是让与担保"。"虽然采用附买回特约买卖合同的形式，但是不伴有标的不动产占有的移转，若无特别情事，此种合同推认为以债权担保为目的"这一命题的存在，仅仅是作为认定债权担保目的的手段。所以，在附买回特约买卖合同缔结时，称买回价格者，可被认定为被担保债权[36]。也正因为如此，本判决才将占有之所在作为核心因素。但是，为了表示具有债权担保目的，仍然有必要明确被担保债权。虽然能认定存在被担保债权，但是遗憾的是，由于其能轻易认定，反而变得不明确了。

4. 稍微脱离抽象论来讨论一下。

（1）首先，本判决被撤销并改判了。这样可以吗？

本判决认为，"本案合同并非真正的附买回特约买卖合同，而应是让与担保合同。所以，X 以真正附买回特约买卖合同作为本案建筑物所有权的取得原因，对 Y_1 等人的请求皆无理由"。这是什么意思？也就是说，是由于存在附买回特约买卖合同而 X 享有本案土地所有权，仅以此为理由所主张的建筑物腾退请求被驳回，还是说基于一般所有权所

---

[35] 道垣内，第 305 页。伊藤秀郎：《残された売渡担保の問題点》，载《判夕》第 246 号（1970 年）第 9 页。

[36] 生熊，前注〔27〕，第 474 页；平井一雄：《担保目的でなされる買戻に関する一考察》，载独协大学法学会编：《獨協大学法学部創設 25 周年記念論文集》，第一法規出版 1992 年版，第 156—157 页。

主张的腾退请求被驳回?

关于此,有评价认为本判决在认可让与担保设定人享有标的物的占有权原这一点上具有意义[37]。这一观点似乎认为在本案中概括性地否定了基于所有权的腾退请求[38]。

[35]

但是,根据附买回特约买卖合同而基于所有权所作的腾退请求,与为实现让与担保而基于所有权所作的腾退请求,处于互不两立的关系,所以诉讼物有所不同,不会被既判力所遮断。

实际上,之后,如果为实现让与担保所作的腾退请求受到妨害,则将会产生奇特的事态。确实,让与担保的实现如果是在基准时以后进行,倒真是好。但是,假设本案中 Y_1 主张被担保债权额超过了标的物的价值并且标的物的价格大幅超过 750 万日元,如果 X 就此所作的否认可被理解为是主张不产生清算金的话,也可认为已经实现了担保。若如此理解,自然也就不能认可为实现担保权所作的腾退请求了。

那么,如此看来,最高法院将本案合同认定为让与担保,该判示呈现出了颇为意想不到的状况。反而,为了判断是否没有产生清算金;若没有产生时,是否发出了实现通知,发回原审处理的做法似乎更妥当些。

(2)其次,本判决将"①X 缔结本案合同的主要动机是回收另案贷款的利息,实际上也从本金中扣除了相当于另案贷款 9 个月利息的 270 万日元(另案贷款的本金为 1000 万日元,月息 3%);②在真正的附买回特约买卖合同中,不允许买回的价款超过买受人支付的价款及合同费用(《民法》第 579 条前一句),但是作为赋予买回权的对价,X 从价款中扣除了 67.5 万日元(750 万元价款,按月息 3%计算 3 个月买回期间,所得利息金额与此相一致),Y_1 也必须要支付这一金额才能买

[36]

---

[37] 永石一郎:《判批》,载《金判》第 1254 号(2006 年),第 7 页。
[38] 此外,永石,前注〔37〕,第 8 页的前提似乎是,为实现让与担保所作的腾退请求,由于是基准时以后发生的情事,所以不会受到既判力的妨害,但是相反,若在原审口头辩论终结之前实现让与担保,则据此所主张的腾退请求将会受到既判力的妨害。

回等情事"评价为"体现了本案合同是以债权担保为目的的合同"。

但是,就第①点而言,在全部的买卖合同中出卖人都存在调取资金的目的,也想要通过与买卖价款的抵销来回收既存债权。在这一意义上,反而没有要素朝否定债权担保目的的方向前进。要想存在债权担保目的,应认为将既存债务的清偿资金作为新的融资交易。但此时,不论这是否是出于既存债务的回收目的,都不会有变化,应可推认担保目的。反过来,如果重视既存债务的回收目的,则对不能支付既存债务之人进行新的融资,将是欠缺合理性的行为,也难以被认定为是新的融资。简言之,仅将是否"构成新的融资"作为问题即可。

就第②点而言,确实,在"不允许买回的价款超过买受人支付的价款及合同费用"这一制约下,收取 750 万日元相对应的利息这一行为,或许能看出存在被担保债权。但是,虽然是买卖合同,但是也可以认为这是出卖人(Y_1)继续占有标的物的租金相当额。这一点似乎并非决定性理由。如此来看,这一点是在认定存在被担保债权时才作出性质决定的,而不是因为存在这一点所以存在被担保债权。也就是说,似乎有逻辑颠倒的感觉。

5. 再来指出其余的问题点。

(1) 本判决将是否具有"标的不动产的占有移转"作为问题,但是这里所说的"占有移转"当然不包含占有改定。

[37]

(2) "特别情事"具体指什么?前面所说的租赁不动产等情形构成特别情事。另外,买卖价款额与标的不动产价额相均衡的情形呢?这不构成"特别情事"。即使在让与担保中,此等情形也有很多。

(3) 另外,有学说认为,本判决所展现的基准,即使适用于区别买卖预约与让与担保中,也是妥当的[39]。确实如此。所以,应当说将

---

〔39〕 永石,前注〔37〕,第 10 页;福田,前注〔29〕,第 253 页;占部,前注〔34〕,第 730 页;生熊长幸:《判批》,载《ジュリ》第 1332 号(2007 年),第 73 页。

不再需要卖与担保这一概念了[40][41]。

[原载于《法学协会雑誌》第 129 卷第 1 号（2012 年），第 184 页及以下]

第三节　租地上建筑物的让与担保权人受有建筑物之交付并使用收益的情形与承租权的让与或转贷——最高法院平成 9 年 7 月 17 日第一小法庭判决（民集 51 卷 6 号 2882 页）

[38]

一、事实概要

案情颇为复杂。本案建筑物租赁合同只有一份，但是在该合同前言中同时将 A 和 B 双方的名字记载为出租人，而在合同结尾又记载为"出租人 A，权利人 B"。另一方面，所附的重要事项说明书中又记载本案建筑物的出租人及所有权人为 B。不过，限于篇幅，仅介绍与争点有关的部分。

---

[40] 片山直也：《判批》，载《金法》第 1780 号（2006 年），第 40 页；占部，前注[34]，第 731 页；今尾真：《判批》，载《登情》第 47 卷第 3 号（2007 年），第 65 页。

[41] 关于本判决的评析，除福田，前注[29]，第 240 页的调查官解说外，还有片山，前注[40]，第 37 页，富永浩明：《判批》，载《NBL》第 829 号（2006 年），第 13 页；升田纯：《判批》，载《Lexis 判例速报》第 8 号（2006 年），第 432 页；桥本恭宏：《判批》，载《CHUKYO LAWYER》第 5 卷（2006 年），第 49 页；角，前注[30]，第 34 页；永石，前注[37]，第 6 页；关泽正彦：《判批》，载《金法》第 1789 号（2006 年），第 4 页；田中宏：《判批》，载《大宫ローレビュー》第 3 号（2007 年），第 227 页；占部，前注[34]，第 724 页；细田胜彦：《判批》，载《银法》第 670 号（2007 年），第 74 页；今尾，前注[40]，第 58 页；生熊，前注[39]，第 72 页；生熊长幸：《判批》，载《リマークス》第 35 号（2007 年），第 45 页；天野研司：《判批》，载《判夕》第 1245 号（2007 年），第 22 页；牛尾洋也、刘飞飞：《判批》，载《龍谷》第 40 卷第 3 号（2007 年），第 252 页；浅井弘章：《判批》，载《金判》第 1286 号（2008 年），第 56 页；角纪代惠：《判批》，载安永正昭等编：《不动产取引判例百選〔第 3 版〕》，有斐阁 2008 年版，第 168 页；小山泰史：《判批》，载中田裕康等编：《民法判例百选 I〔第 6 版〕》，有斐阁 2009 年版，第 192 页。

X（原告、被控诉人、上告人）将本案土地出租给诉外人A。A对该土地上的本案建筑物享有所有权并居住在其中。之后，A用本案建筑物为B提供了让与担保，并从本案建筑物中搬离，搬离后行踪不明。随后，B利用A交付给他的登记申请材料，就本案建筑物以自己的妻子C作为所有权名义人进行了所有权移转登记（另外，租地人仅将自己所有的建筑物以第三人名义进行登记的，就其用地，不构成承租权的让与或转贷。最判昭和50年4月18日金法761号31页）。

再之后，B将本案建筑物出租给Y（被告、控诉人、被上告人）。之后，Y居住在本案建筑物中。本案土地的地租，由B以A的名义支付。

X知道了B已就本案建筑物作出了对C的所有权移转登记后，以承租权的擅自让与或转租为由，就与A缔结的本案土地的租赁合同，作出了解除的意思表示，并以Y为相对人提起诉讼，请求其搬离本案建筑物并腾退本案土地。

[39] 一审X胜诉，但是在控诉审中X败诉。控诉审认为"B对A贷款1300万日元，且为担保上述债权，在本案建筑物上设定了让与担保权，有很大的可能性从Y处受领本案建筑物的租金作为其利息"，"不能认为B已经终局地确定地取得本案建筑物的所有权"，所以"不能认为这是《民法》第612条所规定的构成解除原因的承租权让与"。

X提起上告。

二、判旨

撤销并改判。

"租地人就其租地上所有的建筑物设定让与担保权的情形中，建筑物所有权的移转是出于债权担保的宗旨，在让与担保权人实现担保权之前，让与担保权设定人可以行使取回权而回复建筑物所有权。如果让与担保设定人持续使用建筑物的话，对于上述建筑物的用地，不能理解为是作出了《民法》第612条所说的承租权让与或转租 [参见最高法院昭和39年（才）第422号同40年12月17日第二小法庭判决·民集19卷9号2159页]。但是，就地上建筑物设定让与担保权的情形，让与担保权人受有建筑物的交付并进行使用或收益时，即使让与担保权还没有被实现，并且让与担保权设定人可以行使取回权，但对于建筑物的用地，也应理解为是作出了《民法》第612条所说的承租权让与或转租。如果没有其他不足以认定为破坏对出租人的信赖关系的特别情事，出租人可以根据该条第2款解除土地租赁合同。盖因（1）《民法》第612条重视租赁合同中当事人之间的信赖关系，承租人要想使第三人使用收益租赁物，需要取得出租人的承诺。承租人擅自使第三人现实使用或收益租赁物的，正是破坏合同当事人间信赖关系的行为。（2）让与担保设定人像之前一样使用建筑物时，对于作为租赁物的用地而言，由于其现实的使用方法和占有状态都没有发生变更，所以当事人之间的信赖关系没有被破坏。但是，（3）由让与担保权人使用收益建筑物时，由于用地的使用主体发生更迭，其使用方法和占有状态产生了变更，应认为此时当事人之间的信赖关系被破坏了。"

[40]

进而，在本案中，"B将从A处因让与担保而受让的本案建筑物，出租给Y并以此进行使用收益，所以伴随A对B所作的该建筑物的让与，对于作为其用地的本案土地而言，可认为是作出了《民法》第612条所说的承租权让与或转租。本案中，即使B尚未实现让与担保权，且A有可能就本案建筑物行使取回权，上述判断也不会被左右"。所以，"在不存在特别情事的本案中，应认为X解除本案租赁合同的意思表示发生了效力"。

三、解说

1. 亦如判旨中引用的，虽然就租地上的建筑物设定了让与担保权，但是让与担保设定人之后仍继续使用作为让与担保标的物的建筑物，土地的使用状况没有发生变化，就此等案件，最判昭和40年12月17日民集19卷9号2159页认定，"本案建筑物的让与是出于债权担保的宗旨而作出的，所以并非终局地确定地移转权利，因此伴随上述建筑物的让与，就作为其用地的本案土地，不能理解为是作出了《民法》第612条第2款所规定的构成解除原因的承租权让与或转租"。与此相对，本判决认定，让与担保权人受有建筑物的让与并进行使用或收益时，另当别论。

2. 得出这一结论有两条路径。第一种观点，是让与担保权人进行标的不动产的使用、收益时，至少在《民法》第612条第2款的适用相关上，与不进行使用、收益时相比，法律关系有所变化。即从让与担保的法律性质论出发论证。第二种观点，是暂且不谈让与担保的性质论，若非承租人进行土地的使用、收益，将构成《民法》第612条所说的承租权让与或转租。这是直接将《民法》第612条的解释论当作问题。

[41] 有下级审判决采用第一种观点，并得出与判决相同的结论。东京地判平成4年7月20日判夕825号185页即是。该案是让与担保权人将租地上的建筑物出租给第三人的案件。判决认为这并不当然地构成承租权让与或转租，"在没有主张举证'能通过债务清偿等方式容易地使……本案建筑物相关的让与担保合同终止等'特别事由的情况下"，构成土地承租权的让与。这可理解为将让与担保权人对租地上的建筑物进行使用、收益，看作是增加了权利移转的终局性和确定性。与此相对，本判决强调了"即使B尚未实现让与担保权，且A有可能就本案建筑物行使取回权，上述判断也不会被左右"，所以并没有采用第一种观点。

那么，单纯采用第二种观点呢？本判决认为，若第三人使用、收益租地上的建筑物，仅此便可读出"由于用地的使用主体发生更迭，其使用方法和占有状态产生了变更，当事人之间的信赖关系被破坏了"。当然，或许会认为此处所说的"用地的使用主体发生更迭"这一言辞表示的是"建筑物所有权的移转"，因而"设定让与担保权"这一点仍有重要意义。但是，租地上的建筑物所有权移转并非终局的、确定的，这一点即使在本判决的理由中也应是前提事项。所以，"用地的使用主体发生更迭"这一表述，不应限定解释为"建筑物所有权的移转"。若是如此，似乎也可单纯地采用第二种观点。

然而，若继续推进第二种观点，即使在土地承租人将租地上的建筑物出租给第三人的事例中，似乎也会出现土地承租权的让与或转租。但是，这正是大判昭和8年12月11日裁判例7民277页所认定的不构成租地本身转租的类型。通常而言，不应变更该判例法理。

3. 因此，以上述大审院1933年判决为前提来理解本判决，其路径又可分为几条。

首先，仍是重视设定让与担保这一事实。就此，可参考东京地判昭和50年11月27日判时826号67页。对于就租地上建筑物设定质权的案件，该判决认定，"担保权人受有担保物的现实交付时，担保权人应与建筑物承租人等债权性使用人不同，其依物权性权原占有、支配担保物。所以，在租地上建筑物上设定质权时，将就用地承租权'作出了租赁物的使用或收益'，并构成了用地承租权的让与、转贷"。设定质权的情形，建筑物所有权完全没有移转。因此，即使以"设定让与担保而导致的权利移转并非终局性的或确定性的"为前提，也可采用与该判决相同的逻辑。

[42]

其次，重视本案案情的特色。A在搬离本案建筑物后就行踪不明。本案土地的地租是由B以A的名义支付的。如此看来，可评价B已经从A处独立，并就本案建筑物进行使用、收益。正因为如此，可评价为作出了承租权让与或转租。

若按案情来理解，似乎后者更妥当。但若是如此，判旨似乎稍欠周全。

4. 此外，附带说一下，本判决使用了"让与担保权人实现担保权"这一表述。这是继昭和62年2月12日民集41卷1号67页、最判平成7年11月10日民集49卷9号2953页后，最高法院直接将让与担保的实现程序表述为"实现担保权"[42]。

[原载于《ジュリスト》第1135号（平成9年重要判例解说）（1998年），第77页及以下]

[43] 第四节 被担保债权清偿期到来后让与担保权人处分标的不动产与债务人清偿债务而取回标的不动产的权利——最高法院平成6年2月22日第三小法庭判决（民集48卷2号414页）

一、事实概要

Y_1（被告、控诉人、被上告人）在1957年3月21日之前从诉外人A处借款52万日元，约定在1965年10月21日之前每月21日还款5000日元。同时，作为其担保，将自己所有的土地及建筑物的所有权移转给A，并进行了以赠与为原因的所有权移转登记。然而，1963年5月以后，Y_1怠于偿还债务。另一方面，A在1979年8月29日将前述土地及建筑物赠与给X（原告、被控诉人、上告人），并在同月31日进行了相应内容的所有权移转登记。X基于所有权，以Y_1及与Y_1同居的Y_2为相对人，提起诉讼，请求腾退本案建筑物。

案情简单如上所述，但是背后仍有一些情事（此外，X同时也对Y_1等人请求腾退其他建筑物，下文对此省略）。

①Y_1在缔结本案让与担保合同后，仍旧占有本案建筑物，并持续偿还债务。但是在1963年5月左右，由于X带着母亲、妻子和子女入

---

[42] 关于本判决的评析，除三村量一：《判批》，载法曹会编：《判解民平成9年度（中）》，法曹会2000年版，第987页的调查官解说外，还有古积健三郎：《判批》，载《法教》第209号（1998年），第98页；岩城谦二：《判批》，载《法令ニュース》第33卷第8号（1998年），第16页；鹤藤伦道：《判批》，载《关东学园大学法学纪要》第8卷第2号（1998年），第77页；円谷峻：《判批》，载《リマークス》第18号（1999年），第48页；浅井弘章：《判批》，载《金判》第1286号（2008年），第34页。

住本案建筑物，Y_1 虽不情愿，但还是搬离了本案建筑物。这也是 1963 年 5 月以后 Y_1 迟延履行本案债务的原因之一。

② 对于 1963 年 5 月期的 5000 日元债务，至少在提起下述③的诉讼之前，A 没有进行过任何的催促。

③ Y_1 基于①的情事，以本案建筑物所有权属于自己为由，分别起诉请求 X 腾退本案建筑物，并请求 A 进行本案建筑物所有权取得登记的撤销程序。法院认定 Y_1 与 A 之间存在让与担保合同，驳回了 Y_1 针对 A 的诉讼请求，但是也驳回了 X 主张的 1963 年 5 月左右 A 和 X 之间存在本案建筑物让与的抗辩，并支持了 Y_1 针对 X 的请求（1978 年 4 月 11 日口头辩论终结，同年 5 月 16 日作出判决）。 [44]

④ 进而，基于上述③之判决进行了强制执行，其结果，Y_1 回复了本案建筑物的占有，并开始与 Y_2 同居，持续至今（Y_1 的占有回复似乎是在 1978 年 10 月，但并非正式认定的事实）。

⑤ 由于上述情事，X 丧失了占有，所以在 1979 年 8 月 29 日，A 和 X 就本案建筑物重新缔结了赠与合同。

⑥ 在⑤的赠与合同缔结时，本案建筑物的适当时价为 990 万日元，剩余债务额为 26 万日元左右。

⑦ 1983 年 8 月 20 日，作为本案债务的清偿，Y_1 提存了 38 万日元左右的钱款。

⑧ X 与 Y_2 是亲兄妹，A 是 X 和 Y_2 的妹（姐）夫。A 的妻子是 X 的妹妹，同时是 Y_2 的姐姐。A 的妻子充当了 A 和 Y_1 之间借款的中间人。此外，Y_1 和 Y_2 原本是夫妻，现在已经离婚了。

一审支持了 X 的请求，但是 Y_1 等人提起控诉，控诉审判决 Y_1 等人胜诉。判决理由首先在一般论上作出如下论述。即，让与担保合同中，"即使在债务清偿期到来后，在债权人完成变价处分前，债务人也可以清偿债务而取回标的不动产"，但是，"尽管尚未清算，但债权人因让与担保而取得标的不动产，并将其所有权让与给第三人并进行所有权移转登记时"，原则上将无法再认可这一权能。但是，"若该第三人在取得不动产时是所谓的背信恶意人,如果没有进行清算,则债务人仍可以清偿债务而从债权人处取回标的不动产。于此情形,债务人得以其取回的所有权,对抗未经登记的作为背信恶意取得人的第三人"。进而,将这一一般论适用于本案,在列举上述①~⑦的情事的基础上,判定"综合考虑上述事实和说理以及本案赠与合同系无偿转让时价不低于990万日元的不动产,可以认定 X 预测到 Y_1 迟早会清偿债务而取回本案不动产,为了阻止这一行动,同时为了使 Y_1 事实上不可能从 A 处取得不动产处分相关的清算金 960 余万日元,专门缔结了该赠与合同","X 构成所谓的背信恶意人。因此,在与清偿本案债务而取回本案不动产的 Y_1 的所有权关系上,参照诚信原则,应当不允许 X 主张其登记的欠缺"。

[45]

X 提出上告,主张债务人当然也对清偿期到来后的处分做好了准备,所以受让人的善意恶意并非问题,原判决所谓的"背信恶意人"的概念内容也不明确。

二、判旨

撤销原判,发回重审。

"以不动产为标的的让与担保合同中,债务人在清偿期内未清偿债务的,不问上述让与担保合同是所谓的归属清算型还是处分清算型,债权人因为取得了处分标的物的权能,所以债权人基于该权能将标的物让与给第三人时,原则上,受让人确定地取得标的物的所有权。在有清算金的情形中,债务人只可以对债权人请求其支付,而不能清偿残存债务取回标的物。[参见最高法院昭和 46 年(オ)第 503 号同 49 年 10 月 23 日大法庭判决・民集 28 卷 7 号 1473 页、最高法院昭和 60 年(オ)第 568 号同 62 年 2 月 12 日第一小法庭判决・民集 41 卷 1 号 67 页]即使受让的第三人构成所谓的背信恶意人,这一法理也同样适用。盖因,若不如此理解,不仅权利关系不确定的状态将会持续,对于那些无法确定受让人是否构成背信恶意人的债权人而言,也会有遭受不测损害的危险。因此，根据前述事实关系，在 Y_1 债务的最终清偿期届满后，由于 A 将本案建筑物赠与了 X，Y_1 已经不能再清偿残存债务而取回本案建筑物了，同时 X 确定地取得了本案建筑物的所有权。原审的判断与此相异，构成错误解释法令的违法，而上述违法显然对原判决的结论产生了影响。

"上告论旨存在理由，无须再就其余上告理由进行判断，原判决中 X 败诉的部分应当要撤销。对于本案，就 Y_1 等人主张的以支付清算金换取给付等其余抗辩，需要进一步作出审理，因而发回重审。"

[46]

三、评释

1. 本判决判定，在不动产让与担保的被担保债权清偿期到来后，清算金支付前，让与担保权人作出将标的不动产出卖给第三人等处分时，设定让与担保的债务人将无法清偿被担保债务而回复标的物的所有权，而且这不会因为有关让与担保合同是归属清算型还是处分清算型，或第三人是否是背信恶意人，而受到影响。

本判决首次明确地判示了"即使第三人是背信恶意人也不会有影响"，但是对于其他部分的判断，在判旨引用的最判昭和 62 年 2 月 12 日民集 28 卷 7 号 1473 页以及之前的最判昭和 57 年 4 月 23 日金法 1007 号 43 页中已经有判示。但是，1982 年 4 月的最高法院判决没有刊登在民集上，案情也不明。此外，1987 年 2 月的最高法院判决，毕竟只是争议清算金额确定时期的案件，并非直接关乎债务人是否已经丧失清偿权限的问题。因此，关于清偿权限丧失的判断不过是傍论[译者注]。而本判决结合具体案情明确了这一判断，并将其确立为判例法理。

在让与担保中，债务人在何时之前可以清偿被担保债务而回复标的不动产的所有权？这一问题将对当事人的利益产生重大影响，因而本判决是非常重要的。此外，如后所述，根据本判决的判示，作为让与担

〔译者注〕判决里法官的意见中不构成判决理由的部分。

合同类型的归属清算型和处分清算型的区别，在判例法理中丧失了意义。在这一点上，本判决也是重要的判决。

此外，下文中，按照通常用法，将"在被担保债务清偿期到来后，债务人清偿该债务而回复标的不动产的完全所有权的权利"称为"取回权"。但是，这一"取回权"的意义与预告登记担保中的"取回权"有很大不同，以及对于该概念究竟是否有作为独立概念而存在的意义，我已经有所论述[43]。另外，下文中，单称"让与担保"时，是指不动产让与担保。对于动产让与担保的法律关系，本判决有何种意义，将在文末讨论。

2.（1）对于让与担保中债务人的取回权，最高法院作出最早的概括性判断是在最判昭和57年1月22日民集36卷1号92页[44]。下面引用该判决的判旨，即"以不动产为标的的让与担保合同，债务人迟延履行债务时，债权人取得处分标的不动产的权能，并且可以基于该权能，对有关不动产的价额进行适当评估，而使其归属于自己所有，或以相当的价格变卖给第三人而进行变价处分，以其评估额或变卖价款等抵充自己债权的清偿。但是，另一方面，债务人即使在债务清偿期到来后，在债权人完成变价处分前，也可以通过清偿债务而取回标的物"。

这一1982年1月的最高法院判决判示取回权的存续是"在债权人完成变价处分前"，在变价处分完成后取回权消灭。这一点本身似乎并无异议。议论的分歧在于，导致取回权消灭的"变价处分完成"具体是指什么。此外，1982年1月的最高法院判决只是判示了法律构造上并无余地将取回权作为一个形成权，因此不能适用《民法》第167条第2款。所以，"何时可以认为变价处分完成"这一问题，一直被遗留下来。

（2）在这一点上，学说大体展现了如下立场。让与担保合同存在①债权人可以适当评估有关不动产而使其价额归属于自己所有，并以其评估额抵充自己债权的清偿这一类型（归属清算型让与担保），和

---

[43] 道垣内（旧），第270—271页。
[44] 参见本书边码64及以下。

②债权人可以作出将有关不动产以相当价格出卖给第三人等行为,从而进行变价处分,以出卖价款等抵充自己债权的清偿这一类型(处分清算型让与担保)。而且,归属清算型在支付或提供清算金之前、处分清算型在处分合同缔结之前,存在取回权[45]。

在归属清算型和处分清算型中,取回权的消灭时期,即"变价处分的完成时期"存在很大差异,此种观点的理解基础在于归属清算型与处分清算型的区别是当事人合同内容的区别[46]。"所谓归属清算型让与担保,无外乎是在从债务人等人处完全剥夺标的物所有权方面,债权人约定在作出通知后支付清算金。正因为如此,在这一约定实现之前,即(产生清算金时)在清算金支付之前,债权人不能取得完全的所有权,而债务人等人可以行使取回权。与此相对,所谓处分清算型让与担保,设定人允许债权人可以在支付清算金前将标的物处分给第三人。正因为如此,如果向第三人作出了处分,即使清算金尚未支付,在该时点上,标的物所有权也完全移转至第三人,而设定人丧失了取回权。"[47]

(3)然而,两种类型带来的此种效果上的区别,并未被最高法院所采纳。

首先,前文所举的1982年4月最高法院判决,尽管案情不明,但是判定"债务人未于清偿期清偿债务时,让与担保权人变价处分标的不动产,或对上述不动产作出适当评估而从其价额中扣除自己的债权额,尚有余额时,因为需要将其作为清算金支付给债务人……在就上述债权作出清算之前,债务人可以清偿债务而取回标的不动产,但是当债权人因让与担保而取得标的不动产的所有权,进而将上述不动产的所有 [49]

---

[45] 星野英一:《民法概論Ⅱ〔合本再訂〕》,良书普及会1987年版,第322页;道垣内(旧),第271—273页;小林秀之、角纪代惠:《手続法から見た民法》,弘文堂1993年版,第94—95页(角执笔);高木多喜男:《担保物権法(新版)》,有斐阁1993年版,第353—354页等。

[46] 简明扼要地论述这一观点的,高木,前注[45],第337页。从通常使用"处分清算的特约"这一用语中,可以得知其他学说中也采同样的观点。

[47] 道垣内弘人:《判批》,载《法教》第167号(1994年),第118—119页。

权让与给第三人并进行了所有权移转登记时,即使上述清算尚未作出,上述不动产的所有权也经让与担保权人而移转至第三人"。该判决虽然没有直接触及取回权的消灭,但是认定清算前的处分也会导致取回权的消灭。在判决文书上没有区分归属清算型和处分清算型。

其次,前文所举的1987年2月最高法院判决,虽然判定"归属清算型让与担保中,即使债务人迟延履行债务,且债权人对债务人作出意思表示使标的不动产确定地归属于自己所有,如果债权人没有对债务人通知支付、提供清算金或者标的不动产的适当评估额未超过债务金额时,债务人享有取回权",但是认为"当然,债权人没有通知支付、提供清算金或者标的不动产的适当评估额未超过债务金额,且债务人也没有清偿债务时,债权人将标的不动产出卖给第三人时,债务人在该时点终局地丧失了取回权,进而丧失了标的不动产的所有权,同时发生被担保债权消灭的效果。与此同时,以上述时点为基准时,确定清算金的有无及其数额"。

如最初所述,本判决是结合具体案情确立了判例法理[48]。但是,在抽象论上,确立了"取回权消灭时期的时点,在归属清算型中,为'支付或提供清算金(或作出清算金未发生的通知),或作出将标的不动产出卖给第三人等处分的时点';在处分清算型中,为'作出将标的不动产出卖给第三人等处分的时点'"这一判例法理。

(4) 尽管如此,维持归属清算型与处分清算型的有益区别也是可行的。即,对于作为取回权消灭事由的"对第三人的处分",其意义的理解有所不同。

---

[48] 此外,例如,由于1982年1月最高法院判决使用了"通过作出将有关不动产……以相当价格出卖给第三人等处分"这一表达,所以本判决允许通过赠与这一无偿让与来完成变价处分这一点,也具有判例上的意义。但是,以相当价格作出处分则取回权消灭,而以不相当价格作出处分则不消灭,此种判例法理过于不安定,当然不可取。尽管如此,似乎也可以特别重视无偿让与这一点。不过若着眼于债权人没有为支付清算金而投入资本金这一点,则将有关不动产用于对第三债权人的代物清偿的情形也是一样的;以相当价格作出处分后,作为买受人的第三人将买卖价款债务与其他债权相抵销时也是同样的。但是,如下文所述,在考虑能否适用诚信原则方面,这一点或将会是重要的因素吧。

对于作为处分清算型中取回权消灭事由的"标的不动产对第三人的处分",这是指"处分合同的成立",且不考虑有关第三人的主观样态。学说对这一见解基本一致[49]。如果将处分清算特约的意思理解为是设定人允许债权人在支付清算金前向第三人处分标的物,这一点是理所当然的。

那么,归属清算型中的"标的不动产对第三人的处分"是什么呢?若如学说理解,在归属清算型让与担保中,债权人在支付清算金之前不享有将标的不动产处分给第三人的权限,则在清算金支付前的标的不动产对第三人的处分,无疑是无权限处分。如此一来,即使将"标的不动产对第三人的处分"当作取回权的消灭事由,也不过是受让人确定取得标的不动产所有权的反射效果,从而要求相关第三人具有值得保护的主观样态。

对此,如果认为即使在归属清算型让与担保中,若被担保债权清偿期到来,则债权人取得将标的不动产处分给第三人的权限,那么至少就不是必然要求第三人有一定的主观样态。

3.(1) 在讨论关于这一点的判例法理时,需要说明的是,在最高法院的判决中,一直以来,很多判决都采取了"即使是归属清算型让与担保,在清偿期到来后,对于标的不动产,债权人也有权限作出出卖给第三人等处分"这一立场。

首先是最判昭和 46 年 3 月 25 日民集 25 卷 2 号 208 页。判旨如下: [51]
"为担保贷款债权而就债务人所有的不动产缔结让与担保形式的合同,若债务人在清偿期内清偿债务则将不动产返还给债务人,但不清偿时,代替债务的清偿而使不动产确定地归属于自己所有。基于这一合意,为自己作出所有权移转登记的债权人,在债务人未于清偿期内清偿债务时,变价处分标的不动产,或通过适当地评估标的不动产而从具体

---

[49] 星野,前注〔45〕,第 322 页;庄菊博,《讓渡担保における所有権の移転》,载米仓明等编:《金融担保法講座Ⅲ》,筑摩书房 1986 年版,第 38 页;道垣内(旧),第 272 页;小林、角,前注〔45〕,第 96 页;高木,前注〔45〕,第 353 页等。

化的上述不动产价额中扣除自己的债权额，尚有余额时，需要将对应的金钱作为清算金支付给债务人。"这一判决尽管认定了归属清算型的合意，但是认定债权人可以向第三人处分。

其次，前文所举的1982年1月最高法院判决，不区分归属清算型和处分清算型，认定"以不动产为标的的让与担保合同中，债务人迟延履行债务时，债权人取得处分标的不动产的权能"。此外，同样是前文所举的1987年2月最高法院判决，认定在归属清算型的让与担保中，标的不动产在清算前被处分时，之后将仅剩下清算金的支付关系。

（2）当然，这些判决都没有结合"在归属清算型让与担保中，在被担保债权清偿期到来后，债权人取得将标的不动产出卖给第三人等处分权限"这一案情积极地作出判示。

1971年最高法院判决认定，债权人未支付清算金而请求腾退标的不动产的，债务人可以抗辩以支付清算金换取履行。该案中，并没有作出出卖给第三人等处分。这一点在1982年1月最高法院判决的案情中也是一样的。而且，1982年1月最高法院判决认为"对有关不动产的价额进行适当评估，而使其归属于自己所有"也是基于债权人的处分权限〔参见"2（1）"中引用的判旨〕，并没有就"在归属清算型让与担保中，债权人能否在清算前就标的不动产作出出卖给第三人等处分"这一问题作出积极的判示。此外，1987年2月最高法院判决也毕竟只是债权人与债务人争议清算金数额的案情（另外，1982年4月最高法院判决难以读懂。只能理解为将清算金支付前的处分作为不当处分，而相信债权人确定取得所有权的第三人若已具备登记时，将受到保护。但因案情不明，无法再作进一步论述）。

因此，严格而言，判例法理尚不明确。但是，通过这些判决，判例法理确实在朝"即使在归属清算型让与担保中，因被担保债权清偿期到来，债权人将可以正当地作出将标的不动产出卖给第三人等处分"这一方向前进。

（3）如果继续向判例法理的这一方向推进，则如前所述，在推导出债务人丧失取回权这一结论上,并不必然要求第三人具有一定的主观样态。反过来,如果从"不当处分中受让人的保护"这一观点出发来理解问题,将债务人取回权的丧失理解为其反射效果,则不会首先得出"即使是背信恶意人亦可"这一结论。

本判决明确说到"即使受让的第三人构成所谓的背信恶意人时,这一法理也不会有所不同"。因此,本判决认为,在清偿期到来后,债权人将标的不动产处分给第三人的,是债权人在行使正当的权限。这与此前判例法理的方向相符。在事实层面上,出卖给第三人等处分构成取回权的消灭事由。

(4) 但是,在归属清算型让与担保中,即使认为清偿期到来后债权人作出将标的不动产出卖给第三人等处分,是债权人在行使正当的权限,也不会唯一地推导出"即使受让的第三人构成所谓的背信恶意人时,这一法理也不会有所不同"这一结论。从债务人保护的观点来看,应认为相关第三人需要具备一定的主观样态。作为事实层面上的取回权丧失事由,则应认为是"向具备一定主观样态的第三人作出处分"。

4.(1) 是否要求第三人具有一定的主观样态? 若要求,则要求何种主观样态? 要思考这一问题相关的判例法理,首先需要讨论的是最判昭和 62 年 11 月 12 日判时 1261 号 71 页。该案是让与担保权的被担保债务被清偿后,债权人将标的不动产让与给第三人并进行了所有权移转登记。该判决判定,"上述第三人若构成所谓的背信恶意人则另当别论,若不构成则让与担保设定人未经登记,不得以其所有权对抗上述第三人"。

[53]

通常认为,该判决是将因清偿而回复所有权的债务人与之后的受让人的关系理解为是《民法》第 177 条的对抗问题[50]。如此一来,从与该判决的平衡来看,要想在清偿期到来后,债务人清偿被担保债务

---

[50] 鱼住庸夫:《判批》,载《ジュリ》第 903 号(1988 年),第 74 页;新美育文:《判批》,载《判夕》第 667 号(1988 年),第 47 页;汤浅道男:《判批》,载星野英一、平井宜雄主编:《民法判例百選〔第 3 版〕》,有斐阁 1989 年版,第 205 页;半田吉信:《判批》,载椿寿夫主编:《担保法の判例 II》,有斐阁 1994 年版,第 26 页。

前，从债权人处受让标的不动产的第三人确定地取得标的不动产所有权，则不能课以比《民法》第 177 条的适用更为严格的要件。清偿受领后的让与，无论在何种意义上都是不当处分。进而，如果是正当处分的话，要求第三人就取回权的存在具备善意，并不妥当。因为"在第三人已知该情事（出于调取清算金支付资金的目的而作出处分）而买受的情形，也允许债务人行使取回权，从而第三人不能取得所有权"是不合理的[51]。

（2）因此，要求如本案中的第三人就清算金的未支付具备善意，在判例法理中是不可能的选项。至多要求不是背信恶意人。

实际上，关于预告登记担保，在清算期间经过后，清算金支付前，债权人将标的物让与给第三人的情形，债务人等人因《预告登记担保法》第 11 条但书而丧失取回权的，是依据《民法》第 177 条的规定。因而有议论认为，这限于第三人不是背信恶意人的情形[52]。因此，基于这一观点，似乎存在这样一种解决方法，即（至少在归属清算型）让与担保标的不动产在清算金支付前被处分的情形，债务人丧失取回权的，是依据《民法》第 177 条的适用，因此限于受让人并非背信恶意人的情形。

[54] 此种见解将《预告登记担保法》第 11 条但书的意义理解为《民法》第 177 条的适用，从而想要排除第三人为恶意背信人的情形。但是，对于此种见解，存在激烈的批判。《民法》第 177 条适用情形中的"恶意"，是指知道第一受让人的存在。对于在行使取回权之前已经受让的第三人，无法引入此种概念[53]。所以，如果认为归属清算型让与担保中，在清算金支付前，让与担保人将标的物处分给第三人时，将适

---

[51] 鱼住庸夫：《判批》，载法曹会编：《判解民昭和 62 年度》，法曹会 1990 年版，第 48 页。

[52] 法务省参事官室编：《仮登記担保法と実務》，金融财政事情研究会 1979 年版，第 124—125 页；吉野卫：《新仮登記担保法の解説〔改訂版〕》，金融财政事情研究会 1981 年版，第 127 页等。

[53] 高木，前注〔45〕，第 319 页。

用《民法》第 177 条，进而要求第三人具备一定的主观样态，也将面临同样的批判。

而且，本来，适用《民法》第 177 条的观点，是将债务人丧失取回权理解为是第三人取得所有权的反射效果。因而此种理解无法从前述判例的流变中得出。

（3）如此一来，要想要求第三人具备一定的主观样态，在解决方法上，只能不借助《民法》第 177 条，而仅排除与《民法》第 177 条背信恶意人相同程度的恶性强烈的第三人。

此种选择并非不可能。本案的原审判决中也可看出这一宗旨。

对此，本判决认为，即使受让人是背信恶意人亦同。其理由指出"不能确知受让人是否构成背信恶意人的债权人，也会有遭受不测损害之虞"[54]。

即使第三人是此处所说的背信恶意人，但若考虑到也可对让与人（＝债权人）追及担保责任，即是理由中所述情形。债权人行使正当的权限，作出将标的不动产出卖给第三人等处分时，因为与己无关的有关第三人的主观样态而将负有损害赔偿责任，将令人难以接受。但是，规定买卖他人物的出卖人担保责任的《民法》第 561 条，规定买受人知道买卖标的物不属于出卖人时，不得请求损害赔偿，而只可请求返还买卖价款。鉴于此，即使在此种事例中，似乎应认为背信恶意人也不能对债权人请求损害赔偿。如此，判例所举的理由未必具有说服力。

[55]

如果认为该处分是正当的处分，则不问第三人的主观样态，均为有效的处分。这是自然的选择。在这一意义上，由于本判决沿袭了过去的判例法理，所以似乎具有说服力的说理方法反倒是强调构成正当处分这一点。

5. 按照本判决，迄今为止学说上所重视的"归属清算型"和"处分清算型"的区别基本丧失了意义。

---

[54] 庄，前注〔49〕，第 38 页也列举了这一理由。此外，道垣内，前注〔47〕，第 119 页中认为，因为在支付清算金前不当处分标的不动产，所以即使遭受损害也难言"不测"，但此种观点是采纳了既存学说的立场。

（1）不论是哪种情形，在标的不动产被处分给第三人的时点上，"债权人—债务人"间都为单纯的"清算金债权的债务人—债权人"的法律关系，债务人完全丧失了标的不动产的所有权。所以，即使是处分清算型让与担保合同，债权人在将标的不动产处分给第三人之前，向债务人支付清算金时，债务人也应完全丧失了标的不动产的所有权（如果认为虽然实际支付了清算金，由于是处分清算型，所以在没有作出出卖给第三人等处分时，债务人有取回权，将会很奇怪）。所以，最终，不论是在哪种类型中，"清算金的支付或提供（或关于不发生清算金的通知），或对第三人作出标的物的出卖等处分"均构成取回权的丧失事由。

此外，不论在哪种类型中，清算金额的确定时期也都是"清算金的支付或提供时，或作出将标的不动产出卖给第三人等处分时，其中任一较早时"。

（2）（a）本判决认为，对于本案，"就……主张的以支付清算金换取给付等其余抗辩，需要进一步审理，因而发回重审"。但是，若以判例法理为前提，则不论是归属清算型还是处分清算型，对于受有处分的第三人所主张的腾退请求，支持以支付清算金换取给付都将是非常困难的。换言之，即使在这一点上，两种类型也没有差异。

[56]　若主张应支持以支付清算金换取给付，其依据之一是最判昭和58年3月31日民集37卷2号152页。该判决认定，登记预告担保的权利人[译者注]在没有支付清算金的情况下将标的不动产让与给第三人时，债

〔译者注〕对于一定的合同，通常认为《预告登记担保法》并未改变其部分效力，也没有创设出新的物权。当然，关于这一点，也有强有力的见解认为存在"预告登记担保权"这一独立的物权，其根据主要是拍卖程序和破产程序中的效力。但是，以担保为目的的预告登记与本来的预告登记（公示将来的物权）在外观上并没有区别，所以不能认为通过此种预告登记而公示现在的物权。正因为如此，所以对于拍卖程序和破产程序中的效力，法律通过明文规定赋予"物权性"效力。一般而言，多将担保预告登记的名义人（债权人）称为"预告登记担保权人"。但是，如上所述，预告登记担保名义人没有作为物权的担保权，其不过是享有将来取得物权这一债权性权利。因此，本书将其称为"担保预告登记权利人"。《预告登记担保法》也称其为"担保预告登记的权利人"。参照道垣内弘人，《担保物权法〔第4版〕》（2017年），第277页。

务人对于第三人主张的腾退请求,可以将清算金支付请求权作为被担保债权而行使留置权。但是,在该案中,在标的不动产被处分给第三人之前,登记预告担保的权利人与债务人之间已经达成合意,使标的不动产的所有权确定地归属于登记预告担保的权利人,所以当事人之间只剩下了清算金的支付关系。因此,在该时点,债务人就标的不动产取得了留置权。进而,因为留置权未经登记也可对抗第三人,所以在理论上当然也可对之后受让标的不动产的有关第三人主张留置权。

但是,与此相对,在让与担保的情形中,作出如下理解将与判例法理的流变相一致。即,作出出卖给第三人等处分时,在该时点发生债务人对债权人的清算金请求权。但是,在作出出卖给第三人等处分之前,不论在何种阶段,"债务人可对债权人请求清算金"这一意义上的清算金请求权都不发生。仅允许债权人有权任意地支付清算金而使标的不动产确定地归属于自己。

上述观点构成判例法理的理由在于,判例理解所谓的清算金,归根到底是从标的不动产中回收债权后产生的剩余部分。前面所举的1971年最高法院判决也认为,"变价处分标的不动产,或通过适当地评估标的不动产而从具体化的上述不动产价额中扣除自己的债权额,尚有余额时,需要将对应的金钱作为清算金支付给债务人"。如此一来,若被担保债务存续,就不能发生请求清算金的权利。此外,1987年2月最高法院判决中明确提到,被担保债务的消灭之时是作出将标的不动产出卖给第三人等处分之时,或者在此之前支付或提供清算金之时。判例法理中,即便在抽象论上,也不能认为在被担保债权消灭前发生清算金请求权[55]。

因此,认为债务人在标的不动产被处分给第三人之前就享有留置权,并不能推导出与1983年最高法院判决相同的结论。对于第三人主张的标的不动产腾退请求,债务人不能抗辩以支付清算金换取给付。

[57]

(b)在这一点上,对于清算金请求权的发生,虽然认为上述想法

---

[55] 荒川重胜:《判批》,载椿寿夫主编:《担保法の判例Ⅱ》,有斐阁1994年版,第42页。

是从判例法理推导出的必然归结,但有批判认为,这样一来在归属清算型中,"会出现'清算义务因支付或提供清算金等而成立(且消灭)'这一颠倒的命题。而本来应该是先发生清算义务,然后作为其履行而作出支付或提供"[56]。但是,作为判例法理,这并非颠倒的命题。意图通过归属清算的方式进行让与担保的私的实现时,若认为所谓的清算金支付归根到底不过是程序的阶段之一(但是,是必须的一个阶段),则只是债务人不得请求继续推进实现程序[作者补注3]。

(c)重要的是与1971年最高法院判决的关系。该判决认为,债权人自身没有将标的不动产处分给第三人,且没有支付清算金,却对债务人要求腾退标的不动产的情形,债务人主张以支付清算金换取履行时,债权人的请求仅以向债务人支付清算金作为换取而被支持。因为就标的不动产作出出卖给第三人等处分之前,在债权人与债务人间不发生清算金请求权,此乃判例法理。从这一见解来看,债务人应该不能对债权人请求支付清算金。而上述1971年最高法院判决的前提是可以请求支付清算金,似乎会出现矛盾(虽说如此,但是没有单纯地支持腾退请求。该判决驳回了债权人等人的请求)。

但是,在这一点上,首先应注意的是,在1971年最高法院判决作出当时,对于清算金算定的基准时,最高法院尚未形成明确的立场。如前所述,现在的判例法理认为,在没有向第三人作出处分时,支付清算金的,该支付时正是清算金算定的基准时。对于基准时,如果采取此种观点,则实际上已经不能再维持1971年最高法院判决了。因为以交付标的不动产换取的应支付金额不确定[在以互换给付判决[译者注]为债务名义的强制执行中,《民事执行法》将互换给付或提供互换给付定位为执行开始的要件,即执行机构形式上可以判断的事情(《民事执行

---

[56] 荒川,前注[55],第43页。
[作者补注3]之后最判平成8年11月22日民集50卷10号2702页明确了这一要旨。参见本书边码105及以下。
[译者注]被告对给付之诉提出同时履行抗辩或留置权的主张时,命令被告作出给付与原告的债务履行相交换的判决。

法》第 31 条第 1 款)。因此,法院不能命令以不确定的支付金额换取不动产的交付]。因此有必要规定另一项规则,即若认为应作出互换给付判决,则当债务人抗辩请求与清算金互换时,清算金额在该时点确定(关于这一点,在预告登记担保上,相关法律制定前,最判昭和 45 年 9 月 24 日民集 24 卷 10 号 1450 页命令以清算金来换取给付。该判决认定"在某种情形,债务人应受支付之清算金数额,为从本登记程序等请求诉讼的事实审口头辩论终结时的标的不动产的时价中扣除债权人所享有的债权额后的余额"。这有两重意义可以参考。第一,展现了规则的必要性;第二,举出了规则制定方式的例子)。

如果说现在在向第三人作出处分之前债权人的腾退请求将被驳回,则不去考虑与该 1971 年判决的关系亦可。而且,若需要互换给付,则可认为在没有向第三人作出处分时债权人就作出腾退请求的,将依个别规则而仅认可在此种情形下发生清算金请求权。所以,原则上,在标的不动产被处分给第三人之前,债务人没有清算金请求权。这一想法与 1971 年判决之间不存在矛盾。对于作为处分相对人的第三人所提出的腾退请求,也将同样不能支持互换给付的抗辩[57]〔作者补注4〕。

---

[57] 从实质均衡的观点来看,我也认为判例法理不支持债务人关于互换给付的抗辩。已如前所述,1987 年 11 月最高法院判决,将清偿债务而回复标的不动产完全所有权的债务人与因清偿而消灭让与担保权后从让与担保权人处受让标的物所有权的第三人之间的关系,理解为是《民法》第 177 条的对抗关系。因此,就连清偿债务而回复标的不动产完全所有权的债务人,都将不能对之出现的具备登记的第三人主张留置权〔众所周知,在不动产的双重买卖中,具备所有权移转登记的一方买受人,基于该不动产的所有权对另一方受人请求腾退时,另一方买受人不能将对出卖人享有的损害赔偿债权或不当得利返还债权作为被担保债权而主张留置权(最判昭和 43 年 11 月 21 日民集 22 卷 12 号 2765 页)]。而且,最判昭和 34 年 9 月 3 日民集 13 卷 11 号 1357 页支持了原审的判断,在清偿期到来前作出处分而第三人取得标的不动产所有权的情形,对于有关第三人提出的标的不动产腾退请求,债务人不得将对让与担保权人享有的损害赔偿债权作为被担保债权而行使留置权。若重视与此等判例的均衡,则应理解为,无论本案让与担保合同是归属清算型还是处分清算型,Y_1 等人都不能抗辩互换给付。

〔作者补注 4〕当然,之后最判平成 9 年 4 月 11 日裁判集民 183 号 241 页以及最判平成 11 年 2 月 26 日判时 1671 号 67 页(参见本书边码 77)认为,受处分之第三人在清算金支付之前作出标的物的交付请求时,设定人可以将清算金债权作为被担保债权而就标的物行使留置权。

[59] 6. 那么,该如何评价上述判例法理呢？到此为止的讨论一直都是为了内在理解判例法理,下面要同时思考赞成与否的评价了。

（1）首先应当反省一直以来备受学说重视的"归属清算型"与"处分清算型"的区别。

对于让与担保,学说上评价1971年最高法院判决承认了存在归属清算型与处分清算型[58]。但是,如前面所讨论的,该判决也认定了即使在归属清算型中,当清偿期到来后,债权人也可以基于标的物的处分权能而将标的不动产让与给第三人。而且此种要旨的判例也存在多个。"承认归属清算型与处分清算型的区别"——学说对判例的此种理解起码不是自然的。

试着思考一下,以这两种类型为基础,将清算金支付前的标的不动产处分当作不当处分或当作正当处分,又或者要求第三人就取回权的存在具备善意（且无过失）或不要求此种善意,恐怕将会对债权人准备的合同措辞造成过于巨大的差异。在此意义上,似乎应废除"依合同约定的归属清算型与处分清算型"这一区别。

[60] 当然,即使废除这一区别,废除的方案也有两种。一种方法是,将一直以来学说就归属清算型让与担保所主张的观点适用到一般让与担保上,从而都统一到归属清算型上。另一种方法是,在让与担保中,债权人总是可以选择支付清算金而使标的物所有权确定地归属于自己或向第三人作出处分后支付清算金,即如判例一样,以此种形式进行统一。

前一方法,自不用说,是预告登记担保的经验——发展判例直至实现立法的。所以对于让与担保,也有论者主张朝相同的方向发展[59]。但是,在不动产让与担保中,容认处分清算特约是因为实际上考虑到,"例如为担保一亿日元的金钱债权而将五亿日元的不动产作为让与担保的标的的,若不认可处分清算方式,则让与担保权的实现将会变得显著困难"[60]。若认为此种考虑目前仍是必要,则如果不认为不动产让

---

[58] 如,道垣内（旧）,第271页；高木,前注[45],第337页。
[59] 槙悌次：《担保物权法》,有斐阁1981年版,第348页。
[60] 道垣内（旧）,第271页。

与担保是不合理的担保手段且在解释论上完全不能实际使用[61]，将不能采用前一种方法。如此一来，将只能考虑后一种方法，即作为私的实现方式，让与担保权人总是可以选择归属清算方式和处分清算方式。

因此，在这一观点下，本判决应当说是正当的。进而，从这一观点来看，由于本判决认定"不问上述让与担保合同是所谓的归属清算型还是处分清算型"，所以维持作为合同类型的归属清算型与处分清算型的区别，虽说是被学说的议论所牵引，但是已经没有作用了。剩下的并非合同类型的区别，而仅仅是实现方法的种类。

（2）同时也想要指出下面这些相关点。

由于作出了出卖给第三人等处分，导致取回权消灭。对于其理由，判旨认为因为"若不如此理解，（不仅）权利关系不确定的状态将会持续"。但是，对于此种理由，可能会有批判认为对于"为何'权利关系不确定的状态将会持续'是不好的，没有说明其理由。学说认为，在归属清算型让与担保中，由于没有支付清算金而允许'权利关系不确定的状态'持续，一方面对于债务人等人而言不会发生不利，另一方面债权人处于若支付清算金则可确定权利关系的地位。所以，没有必要考虑债权人的保护。本判决的理由恐怕不能完全说服学说吧"[62]。

所以倒不如认为是依据下列理由。即，不能强制债权人实现归属清算方式，即使根据特约之有无来决定也并不妥当，所以作为让与担保权的私的实现方式，不得不认为处分清算方式总是被允许的。所以，限于

---

[61] 但进一步思考，既然债务人的地位在这一点上如此之弱，那么解释论就难以适用，甚至有必要进一步立法。在这一点上，铃木禄弥教授认为："不动产让与担保，因为欠缺作为担保的合理性，所以不推荐使用。"在教科书中基本不作论述。这一姿态值得注目［铃木禄弥：《物権法講義（4訂版）》，创文社1994年版，第310页］。而且，不动产让与担保在实务中也未必作为主要的金融担保手段而发挥作用，反而是暗中进行高利贷活动的担保手段。由于这一认识，也有主张认为将不动产让与担保作为附流担保特约抵押权，与动产让与担保理论相分离［田高宽贵：《非典型担保体系的再构成（1）》，载《名大法政論集》第159号（1995年），第151页］。期待论文今后的展开（之后论文结集出版了。田高宽贵：《担保法体系の新たな展開》，劲草书房1996年版）。

[62] 道垣内，前注〔47〕，第119页。

允许处分清算方式,作出向第三人出卖等处分是债权人在行使正当的权限,所以在这一时点上取回权的消灭是当然的。

(3)但是,虽说如此,"第三人的主观样态完全不构成问题"这一选择并非必然的,而且也是不妥当的。当债权人和第三人都知道债务人就是想要取回,或者若作出处分则债务人实际难以就巨额的清算金受有支付时,在此等情形下,债权人或有关第三人主张债务人丧失取回权,在诚信原则上应当不能被允许。特别是,像本案这样的无偿让与的情形就是如此。

判旨所举的理由是"不能确知受让人是否构成背信恶意人的债权人,也会有遭受不测损害之虞",确实会有批判认为这仅仅考虑了第三人的主观样态[但存在问题。见"4(3)"]。但是,如上所述,若将诚信原则的适用也纳入债权人的主观样态来考虑,就不产生这一问题。即使第三人是背信恶意人亦可,这一判旨不过是强调了《民法》第177条适用的情形与本案的情形有所不同[见"4(2)"末尾],且不能仅仅考虑第三人的主观样态。根据上述所理解的诚信原则的适用,不能否定存在债务人尚未丧失取回权的情形。

此外,在对于有处分清算特约的情形和没有处分清算特约的情形,上述观点都是共通的。

(4)而且,我认为不要求第三人登记。

所谓要求第三人进行登记,是说即使与第三人成立了处分合同,如果债务人行使取回权,并且进行了禁止处分的行为保全或更早进行了预告登记时,债权人将完全回复标的不动产的所有权,而第三人将不能取得所有权。但是,如此一来,第三人就不能安心地买受了,从而作为让与担保私的实现的标的物处分将会变得困难。若成立处分合同,债务人应当在这一时点丧失取回权。这是学说就处分清算型让与担保一直以来所主张的观点[参见"2(4)"]。这适用于一般不动产让与担保[63]。

---

[63] 即使不要求第三人进行登记,"4"中的讨论也没有修正的必要。或许可以认为,若不要求第三人进行登记,则没有必要考虑1987年11月12日最高法院判决(要求第三人进行登记的案件)与本案之间的平衡;若不要求登记,严格要求主观样态亦可。但只是因为也存在第三人同时进行登记的情形(如本案),所以就要求与1987年11月判决的案件相平衡。

（5）最后还想说一下对动产让与担保法律关系的影响，但实际上这一影响很小。因为在通常的让与担保中，标的动产的占有都是在债务人处，而且与可以基于登记而进行交易的不动产不同，动产的情形中，在从债务人处受到占有移转之前，一般很难将其处分给第三人。因此，问题发生在本判决案件之前的阶段。即，在清偿期到来后，清算金支付前，债权人可否对债务人请求交付标的动产。

[63]

不论是在不动产让与担保还是动产让与担保中，此种请求原则上都是不被支持的吧。但是，在清算金支付前的一定时期将标的物转让给债权人，此种内容的特约能否总是被认定为无效，是一个问题[64]。限于承认"将标的物占有移转给债权人"这一类型的让与担保（暂且不论这被称为买回、再买回预约，还是被称为就占有存在特约之让与担保），就平衡上而言，似乎也难以断言为无效。而且，根据标的物的性质，也可能存在即使未作出特约，也可在清算金支付前请求交付的情形吧[65]。我想保留我的结论[66]。

[原载于《法学協会雑誌》第112卷第7号（1995年），第983页及以下]

---

[64] 认为无效的，高木，前注〔45〕，第337页。
[65] 参见最判昭和50年7月25日民集29卷6号1147页。
[66] 关于本判决的评析，除水上敏：《判批》，载法曹会编：《判解民事平成6年度》，法曹会1997年版，第208页的调查官解说外，还有道垣内，前注〔47〕，118页；松冈久和：《判批》，载《民商》第111卷第6号（1995年），第937页；山野目章夫：《判批》，载《ジュリ》第1068号（1995年），第79页；鸟谷部茂：《判批》，载《リマークス》第11号（1995年），第52页；石田喜久夫：《判批》，载《京園》第17号（1995年），第24页；大西武士：《判批》，载《NBL》第573号（1995年），第49页；安永正昭：《判批》，载《金法》第1428号（1995年），第48页；半田吉信：《判批》，载《ジュリ》第1080号（1995年），第111页；鎌野邦树：《判批》，载《法セ》495号（1996年），第60页；平井一雄：《判批》，载《金判》第994号（1996年），第46页；吉田真澄：《判批》，载平井宜雄编：《民法的基本判例（第2版）》，有斐阁1999年版，第93页；汤浅道男：《判批》，载星野英一等编：《民法判例百選Ⅰ（第5版新法对应補正版）》，有斐阁2005年版，第204页；庄菊博、杉江隆司：《判批》，载《金判》第1286号（2008年），第26页；鸟谷部茂：《判批》，载安永正昭等编：《不动产取引判例百選〔第3版〕》，有斐阁2008年版，第170页；鸟谷部茂：《判批》，载潮见佳男、道垣内弘人编：《民法判例百選Ⅰ〔第7版〕》，有斐阁2015年版，第196页。

[64] 第五节 可否将债务人的债务清偿与让与担保标的不动产返还请求权等合为一体,在法律构造上将其作为一项具有形成权性质的取回权,从而适用《民法》第 167 条第 2 款——最高法院昭和 57 年 1 月 22 日第二小法庭判决(民集 36 卷 1 号 92 页)

一、事实概要

X1 等人(原告、被控诉人、上告人)的上一代 A 在 1953 年 3 月 9 日从 Y(被告、控诉人、被上告人)处借款 10 万日元,为担保该债务,A 将自己所有的土地的所有权让与给 Y,并在同一天进行了以买卖为登记原因的所有权移转登记。

在 1972 年 6 月 20 日为清偿上述债务,A 向 Y 现实提供了 10 万日元(即仅偿还本金)。但由于 Y 拒绝受领,所以在同年 7 月 13 日,A 提存清偿了该笔金钱。1976 年 3 月 8 日,为清偿本案剩余债务,A 又向 Y 汇款 10.3916 万日元,但是在同月 10 日,Y 退回了上述金钱。同月 19 日,A 提存清偿了 10.3892 万日元。

基于上述事实,A 对 Y 提起本案诉讼,请求进行本案土地的所有权移转登记程序。在第一审程序进行中,A 于 1978 年 3 月 11 日死亡,X₁、X₂、X₃ 承继其权利义务。请求理由如下:本案债务的履行期至迟于 1954 年 12 月底到来,但之后因上述清偿导致本案债务消灭。1956 年 3 月 8 日,本案土地所有权从 Y 处复归至 A 处。另外,即使所有权没有复归,因债务消灭,A 也对 Y 取得了本案土地的所有权返还请求权。

[65] 对此,Y 主张如下。A 和 Y 之间关于本案土地的合意是附买回权买卖。而 A 并未在约定的 1954 年 4 月 3 日,或至迟在同年 12 月最后一天前清偿本案债务。因此,买回权消灭,本案土地的所有权确定地归属于 Y。而且,即使 A 和 Y 之间的合意是让与担保合同,根据取回权的抛弃、时效消灭,或《预告登记担保法》第 11 条的类推适用,本案土地

的取回权亦已消灭。

在一审（下民集30卷9-12号633页）中，X_1等人胜诉。判决理由如下：首先A和Y之间关于本案土地的合意是让与担保合同。进而，在让与担保合同中，即使在清偿期到来后，当让与担保权人没有作出清算或担保物的变价处分时，设定人也可以清偿债务而请求返还担保物所有权。另外，对于Y所主张的所有权的抛弃等，判示如下：首先，对于取回权的抛弃，没有证据可以证明。其次，对于时效消灭，因取回权具有形成权的性格，适用《民法》第167条第2款，但是由于1972年6月20日10万日元的现实提供以及同年7月13日该等金钱的提存清偿，A在金钱借贷作出之日起20年以内对Y行使取回权的，时效不消灭。另外，对于《预告登记担保法》第11条的类推适用的主张，是以法律的溯及力为前提的，因而不能采用。

Y提出控诉。二审没有支持X_1等人的请求。对于A和Y间关于本案土地的合意以及取回权抛弃的有无，判决理由在追认第一审判决的基础上，论述如下：让与担保提供者（债务人）可以清偿债务额而请求取回标的物。但是，该权利是所谓的形成权，20年间不行使，时效依《民法》第167条第2款而消灭。取回权的行使方法应是债务人对债权人现实提供债务的本息及迟延损害赔偿金并作出取回的意思表示，所以当然应当按照债务的本旨作出清偿。然而，本案债务的清偿期至迟在1954年12月月底到来，A至迟可在1955年1月1日以后行使取回权，但却在1976年3月8日按照债务（包括迟延损害赔偿金）的本旨作出清偿。该清偿显然是在20年的时效期间届满后作出的。因此，本案土地取回权的时效应当已经消灭。

X_1等人提出上告。上告理由涉及多方面，但是本判决对下列要点作出了判断。即，不论是将取回权理解为基于因清偿而当然复归之所有权的返还请求权，还是理解为因清偿而产生的所有权返还请求权，都应当是在偿还债务额后发生取回权。因此，在本案中，原判决将《民法》第167条第2款适用于一次都没有发生的取回权，进而认定因20年期

[66]

间经过而时效消灭，从而驳回 X1 等人的请求，这一判断无视了取回权的发生时期。因此原判决明显违背法令，且此种违背对判决产生了影响。

二、判旨

撤销原判，发回重审。

"在以不动产为标的的让与担保合同中，债务人迟延履行债务时，债权人取得处分标的不动产的权能，并且可以基于该权能，对有关不动产的价额进行适当评估，使其归属于自己所有，或以相当价格变卖给第三人而进行变价处分，以其评估额或变卖价款等抵充自己债权的清偿。但是，另一方面，债务人即使在债务清偿期到来后，在债权人完成变价处分前，也可以通过清偿债务而取回标的物。所以，如此看来，债务人行使所谓的取回请求，是基于债务人因清偿债务所回复之所有权的物权返还请求权或基于合同的债权返还请求权，或者是由此产生的撤销或移转登记请求权。所以，法律构造上并无余地将债务的清偿与伴随上述清偿的标的不动产的返还请求权等合成一体，并将之变为一项具有形成权性质的取回权。因此，不能适用《民法》第 167 条第 2 款的规定。

"……对于本案债务，对于是否按其本旨作出清偿，以及对于本案土地，A 是否取得返还请求权等，有必要进行进一步审理，所以发回原审。"

三、评释

1. 在让与担保中，债务人在何时之前可以清偿债务而取回标的物？关于这一问题，结合预告登记担保中处理同样问题的判例[67]，对现时判例的立场可以作如下理解。虽然债务人徒过履行期限，但仅是如此并

---

[67] 最判昭和 42 年 11 月 16 日民集 21 卷 9 号 2430 页、最大判昭和 49 年 10 月 23 日民集 28 卷 7 号 1473 页等。

不会丧失取回标的物的权利。处分清算型让与担保中，在"变价处分"前[68]；归属清算型让与担保中，在"评估清算（提供清算金）"前[69]，债务人可以清偿债务而取回标的物[70]。本案的判旨中也明确阐述了上述现时判例的立场。

那么，若径直适用上述判例法理，则如果没有变价处分标的物或提供清算金，债务人无论在何时都可取回标的物。此时，债务人与债权人之间的权利关系，将持续不安。

即使在本案中，清偿期到来后已经过大约20年，此种取回也是问题。像本案中，在清偿期到来后经过很长一段时间，取回还能被认可吗？此乃本案的核心问题。取回权是否根据《民法》第167条第2款而适用20年的消灭时效，直接成为问题。

2. 因此，首先回顾一下此前的判例及学说。

关于在清偿期到来后，没有变价处分标的物或提供清算金时，让与担保取回权的期间限制——即使将对象扩大到时效消灭以外，除本判决外，也找不出任何处理该问题的判决。

大审院时代的判例所采立场为，在所有权仅在外部移转给债权人型的让与担保中否定取回权的时效消灭[71]，但在内外均移转型的让与担保中不否定时效消灭[72][73]。但是，在此引用的判决均与本案案情相异，未必能称之为本案的先例。在这些判决所处理的案件中，没有约定被担保债权的清偿期（特别是1916年判决，其在仅外部移转型的让与

[68]

---

[68] 最判昭和43年3月7日民集22卷3号509页。
[69] 名古屋高判昭和53年2月16日判时906号58页、东京高判昭和55年7月10日判时975号39页。
[70] 柚木、高木，第569页等。
[71] 大判大正5年11月8日民录22辑2193页、大判大正14年7月25日新闻2475号13页。
[72] 大判大正15年8月3日新闻2616号11页。
[73] 我妻，第653页。

担保中否定了取回权的时效消灭[74]。该判决所处理的问题不过是因清偿而产生的所有权移转登记撤销请求权的消灭时效)。对于债务人在徒过确定的清偿期后且债权人没有着手变价处分时,作出清偿而取回标的物的权利的时效消灭——正是本案的特征——并没有作出判断。

下级审判决中,东京高判昭和55年1月23日判时960号43页在关于让与担保取回权的期间限制上,否定了《民法》第580条第3款的类推适用和《预告登记担保法》第11条但书前半句的类推适用。但是,该判决也是关于被担保债权没有约定清偿期的案件,并认定"显然可以随时偿还上述借款而消灭前述让与担保权"。

如此,在第二次世界大战前后的判决中,本判决是唯一处理本案核心问题(参见"1"末尾)的案例。

此外,允许在清偿期经过之后取回,其理由只可能是将让与担保的实质理解为担保并赋予其相应的法律效果。因此,处理"取回权消灭时效"问题的本判决,是判例朝着让与担保的担保性构造前进的努力过程之一(虽然其中会有种种阶段)[75]。

因此,若将目光转到学说,在提供清算金或变价处分标的物之前债务人可以清偿债务而取回标的物,这一点上学说观点是一致的[76]。但是,若该期间为长期,取回权是否受到限制?对于这一问题,一直以来几乎没有研究。在被担保债权有约定清偿期的情形中,唯一的研究也只是我妻教授否定了"取回权独立而时效消灭"的观点[77]。

另一方面,在关于预告登记担保的学说中,有如下主张。处于可以取回的状态将使权利关系不安定,法律不希望这一状态长时间持续。因

---

[74] 我妻荣编:《担保物权法(判例コンメンタールⅢ)》,日本评论社1968年版,第598页(四宫和夫执笔)。

[75] 清水誠:《判批》,载《判評》第285号(《判時》第1052号)(1982年),第196页。

[76] 川井健:《担保物権法》,青林书院1975年版,第195页;铃木禄弥:《物権法講義(2訂版)》,创文社1979年版,第238页;柚木、髙木,第569页等。

[77] 我妻,第653页。

此，应当对取回期间加以一定的限制。具体而言，有主张通过诚信原则、权利滥用的法理来限制[78]，也有主张类推适用《民法》第 580 条第 3 款来对此进行限制[79]。

或许也是由于 1978 年制定的《预告登记担保法》第 11 条但书前半句规定了"自清算期间届满之日起超过 5 年的"，债务人已不能再取回了。

所以，现在能否通过"《预告登记担保法》第 11 条但书前半句也可类推适用于让与担保"这种形式，对让与担保中取回权的期间进行限制，就成为了问题[80]。

另外，判旨中对取回权的法律性质进行了论述，但关于这一点，一直以来学说似乎都没有任何的论述。

由此可见，本判决处理了学说——特别是关于让与担保的学说——一直以来都没有论述的问题。在这一点上本判决也应当具有一定意义。

3. 接下来看本判决的结论是否妥当。

本案案情的特征为：①本案土地的所有权登记在 Y 处，但是占有始终处于 A 处（A 死亡后由 X1 等人占有）；②根据 X1 等人的上告理由（"一、事实概要"中的省略号部分），自 1965 年以来 A 就一直争议本案被担保债权的存在，在该诉讼中 A 主张本案土地的所有权在自己处；③在②的诉讼中，A 虽然仅向 Y 提供了本金，但是当该诉讼确定被担保债权的存在后，A 立刻将本息合计金额提供给了 Y；④对于本案土地，没有出现有利害关系的第三人；⑤Y 主张两当事人间关于本案土地的合同是买回，且买回权已经消灭。

首先，①~③似乎对 X1 等人有利。即，正因为存在此等特征，令 Y

[70]

---

[78] 谷口知平：《判批》，载《民商》第 58 卷第 6 号（1966 年），第 978 页；石川明：《判批》，载《判夕》第 324 号（1975 年），第 101 页；动条敬：《判批》，载法曹会编：《判解民昭和 50 年度》，法曹会 1979 年版，第 57 页。

[79] 米仓明：《判批》，载《判評》第 208 号（《判時》810 号）（1976 年），第 136 页。

[80] 米仓明：《讓渡担保》，弘文堂 1978 年版，第 256 页；吉田真澄：《讓渡担保と仮登記担保（2 完）》，载《法時》第 51 卷第 11 号（1979 年），第 131 页。

受到保护是不合理的。或者进一步说，Y自己似乎也没有认为自己成了本案土地的所有权人。此外，若占有移转到Y处，则从该时点起，也应认为Y作为既享有登记又享有占有之人而受到保护[81]。但是，在本案中，占有位于债务人处（特征①），Y受保护的必要性似乎随之变弱了。而且，虽然只是X1等人的主张，但似乎本来被担保债权的存在本身也并非明确的（特征②）。并且，在被担保债权的存在确定后，A立刻进行了清偿（特征③）。基于此等情事，A长时间没有想要取回，似乎也可以说并非不合理。鉴于上述诸点，似乎支持X1等人的请求较好。

其次，从特征④来看，也很容易支持X1等人的请求。因为没有必要纠结是否侵害第三人的利益。

那么，特征⑤呢？若从这一点（Y主张这是买回）来看，则也可认为Y是相信由于适用《民法》第580条第3款，A从Y处的买回被限制在5年以内，而现在已经经过了5年，所以自己确定取得了本案土地的所有权。但是，对于Y的此种确信，其保护必要性存在问题。即，本案合同是以债权担保为目的的，而买回是不以债权存在为前提的，所以依据买回的规定，连Y取得担保标的物的所有权都要确保，似乎并不合理。本来在当事人合理的意思解释上，通常认为，由于有关合同是以债权担保为目的的，所以标的物所有权的移转原则上应解释为让与担保[82]。因此，即使Y确信自己是标的物确定的所有权人，仍然认为此种确信不值得保护较好。

而且，似乎由于Y相信自己是标的物确定的所有权人，在本案中，Y没有作出担保实现的意思表示。说到底本案是着手实现担保之前的案件。所以可以考虑，若是在此种阶段，也可允许取回不受期间限制。换言之，《预告登记担保法》第11条的前提是进入了实现担保阶段，与本案利益状况相异。

---

[81]　虽然是关于预告登记担保，米仓明：《抵当不動産における代物弁済の予約》，载《ジュリ》第281号（1963年），第74页。但之后变更观点。

[82]　我妻，第614页；柚木、高木，第558页等。

因此，本案撤销原判决（驳回 X1 等人请求）是妥当的。在此种程度上，可认为结论是妥当的。但是，对于本判决是否确定地支持了 X1 等人的请求，存在疑问。

本案中清算可能已经完成。虽然本案土地的价格从判例集等材料中无法知晓，但假设其为 20 万日元左右，也可视为清算已经完成——没有必要特意作出实现担保等意思表示；若看计算数值，则担保实现当然已经终止[83]。此时，当然可以说 X1 等人的取回请求已经不能再被支持了。

进一步说，也可采如下观点。即，本判决没有支持"当让与担保的被担保债权的清偿期到来后经过很长时间时，债务人也可以清偿债务而取回标的物"，而只是指出了原判决的法律构造错误（参见"4"）。如此理解本判决时，似乎也可认为，通过采用诚信原则等一般法理的适用或《民法》第 580 条第 3 款的类推适用等不同法律构造，X1 等人的请求也仍有可能被驳回。

4. 接着来讨论判旨的法律构造。

首先来看作为判旨而被引用的第一文。这一点不过是重复以前判例所确立的规则而已，并无异议。而且该部分只是单纯的一般论而已，恐怕不能认为其甚至包含了"在变价处分之前，不论因何种理由，取回权都不会被限制"这一意义吧[84]。

接着，来看第二文。

应注意，在判旨中，作为最高法院自己的判断，其并没有表明取回权的内容。在判旨中，"取回权"一词仅仅使用了一次，但也只是为了展现原判决的内容。而且，即使对于"取回的请求"这一词，也不过是以极度不明确的形式使用。即，判旨没有涉及何种权利被称为"取回权"。因此，似乎不能认为判旨对于让与担保中的取回权是不构成形成权还是不适用《民法》第 167 条第 2 款作出积极的判断。

---

[83] 清水，前注〔75〕，第 198 页。
[84] 本判决的解说等似乎全都是以此等理解为前提的。

那么，原判决将取回权的内容作为何种事物来理解，以及本判决对于原判决的此种理解又是作何种理解的呢？原判决的理解如下，作为取回权的内容，认定"让与担保提供者（债务人）可以清偿债务额而请求取回标的物"；作为其行使方法，认定"债务人对债权人现实提供债务的本息及迟延损害赔偿金并作出取回的意思表示"。因此，清偿债务与债务人取回完全的所有权是不同的事项，似乎需认为取回完全的所有权需要另外的意思表示。至少，本判决似乎是如此来理解原判决的理解的。这一点在判旨的"将债务的清偿与伴随上述清偿的标的不动产的返还请求权等合成一体"这一部分似乎也体现出来了。

[73]　若对取回权采取此种理解，则将其当作"一项具有形成权性质（的权利）"是不合理的。理由在于，形成权的定义是"可以因权利人一方的意思表示而使法律关系产生变动的权利"[85]，而此种情形符合这一定义的只有"取回的意思表示"。"债务的清偿"仅有作为意思表示要件的意义[86]。进一步说，就连对于"取回的意思表示"，若依原判决所理解的，能否称其为形成权，也不明确。能称为形成权的，是完全的所有权依债务人一方的意思表示复归的情形。但是原判决使用了"请求"一词，也可认为是将意思表示理解为行使债权返还请求权的。

因此，本判决认定，"法律构造上并无余地将"原审理解的取回权"……一项具有形成权性质（的权利）"。这一认定是妥当的。另外，对于《民法》第167条第2款适用的可否，由于作为其前提的权利性质的理解有误，所以当然否定其适用。而且，对于上述理解，若同时考虑本判决没有就前述取回权的内容作出积极判断，似乎应理解为本判决的内容也仅仅是指出了原判决在《民法》第167条第2款的适用前提上存在错误。

如此考虑，撤销原判决是妥当的。其法律构造上也没有可以批判的点。但是，虽说如此，最高法院将取回权理解为什么样的权利（是物

---

[85]　四宫和夫：《民法総則（第3版）》，弘文堂1982年版，第32页。
[86]　清水，前注［75］，第196页。

权返还请求权,还是债权返还请求权,还是说本来就没有"取回权"这一权利),以及对于其期间限制采取什么样的态度(期间没有限制,还是附加了某种限制),全都不明确。在这一点上,应当进一步展现明确的理论。

那么,应采用什么样的法律构造呢?

首先,取回权为何?在这一点上,原判决认为完全所有权的回复需要单独的意思表示,此种理解是不妥当的。应认为债务人因清偿而当然地回复标的物的完全所有权。在重视让与担保的担保性实质这一立场上,这一点是当然的。因为被担保债权的消灭是担保物权共通的消灭原因。因此,所谓的取回权,应理解为是"因清偿而取回标的物完全所有权的权利"。

[74]

进一步讲,也可作出如下论述。即,没有必要建立"取回权"这一概念。若建立这一概念,则应当明确其实益。若在此考虑,所谓的"取回标的物的完全所有权",无非是消灭让与担保权。因此,这也可换成"因清偿而消灭让与担保权的权利"这一说法。进而可认为此与"因清偿而消灭抵押权(及其他担保权)的权利"平行[87]。如此一来,由于在抵押权中并没有设定人的取回权这一概念,所以让与担保的情形也不需要"取回权"这一概念。确实,若采"作为让与担保的法律构造,至少所有权对外地移转至担保权人"这一立场,则"取回"担保标的物这一说法也是合适的。但若加强担保性构造的程度,则将倾向于与抵押权平行的观点,进而所谓的"取回权"等概念就没有必要存在了。

如此考虑,在实现完结前,设定人可以清偿被担保债务而消灭让与担保权,并回复标的物完全的所有权。这反倒是当然的。对此没有考虑消灭时效的余地[亦参见"5(3)"]。

5. 此外,还想对剩余的若干问题进行论述。

(1)首先是关于本判决的先例性价值。这一点已如"4"中所述,本

---

[87] 参见铃木禄弥:《判批》,载《民商》第87卷第2号(1982年),第268页及以下。

[75] 判决仅仅是认定原判决的法律构造存在错误,其先例性价值极低。而且,对于支持 X1 等人的请求,即使认为本判决肯定了其请求,但若案情发生了变化(特别是前文指出的①～⑤的全部或部分特征发生变化),其请求是被否定,还是说会因此产生何种程度的变化,也只能等待今后的判例。

(2) 其次,是否允许约定在清偿期以前根据特约排除清偿期后的取回(约定仅在清偿期后几年内允许,或是完全不允许)?早年的判决是肯定这一点的。但是,通过关于让与担保的担保性构造的判例、学说的努力,参照《预告登记担保法》第 11 条所谓的取回权的保障,现在应作否定理解。

(3) 最后,还想说一下与预告登记担保中取回权期间限制的关系。《预告登记担保法》第 11 条但书前半句能否类推适用到让与担保上?该但书的前提是该法预先设定的特别的实现程序,而让与担保与其实现构造相异,所以不能肯定直接的类推适用(特别是,本案中,Y 可以说根本都还没有着手实现担保。所以,当此种实现处于未着手的状态时,即使是预告登记担保,取回权也不受期间的限制)。但是,不能仅仅因为实现构造相异这一点就否定类推适用吧。问题在于,如何理解让与担保或预告登记担保。首先,是将预告登记担保理解为纯粹的担保权,还是说也不能忽视其所有权取得的性质(以取得标的物自身为目的)。若采前者理解,似乎应认为,如连本息都已清偿,则担保权人应当不存在不满,债务人不论经过多少年都可取回。如此看来,该但书(不论何时之前都应允许的取回被限制在 5 年内)是为债权人利益的特例。反过来,若采后者理解,则债务人本来没有取回权,该但书(在 5 年内允许取回)是为债务人利益的特例。如此,根据如何理解预告登记担保的性格,该但书的意义有所不同。如此看来,在让与担保的性格上,当采取与上述预告登记担保的性质相异的立场时(例如,认为让与担保是与抵押权类似的担保物权,而对预告登记担保也不能无视其所有权取得的性质),应否定该但书的类推适用。理由在于,因为这将会 [76] 导致为债权人或债务人一方利益的特例被作为为另一方利益的特例而适用。反过来，若认为让与担保与预告登记担保有着同样的性格（例如，无论何者都不能无视所有权取得的性格），也可允许该但书的类推适用［特别是，在连清算余地都没有的情形中（在该意义上当然可视为担保实现）（因为该但书的前提是处于着手实现担保后的状态），可以说"是允许类推适用的"］。对于此等问题，本判决作如何理解，无法得知。因此，本文只是想要指出，如上面所暗示的，"取回权"的肯否问题，最终涉及非典型担保与典型担保、非典型担保相互间的关系如何这一根本的问题[88]。

［原载于《法学協会雑誌》第 100 卷第 9 号（1983 年），第 1711 页及以下］

第六节　自让与担保权人处受让标的不动产之第三人可否援用让与担保权设定人享有之清算金支付请求权的消灭时效——最高法院平成 11 年 2 月 26 日第二小法庭判决（判时 1671 号 67 页）

一、判决要点

① 让与担保的被担保债权的清偿期到来后，即使在标的不动产被

---

〔88〕关于本判决的评析，除石井彦寿：《判批》，载法曹会编：《判解民昭和 57 年度》，法曹会 1987 年版，第 78 页外，还有堀内仁：《判批》，载《手研》第 328 号（1982 年），第 47 页；堀内仁：《判批》，载《金法》第 992 号（1982 年），第 4 页；平井一雄：《判批》，载《ロースクール》第 48 号（1982 年），第 84 页；清水，前注〔75〕，第 194 页；铃木，前注〔87〕，第 266 页；林锡璋：《判批》，载《法時》第 54 卷第 11 号（1982 年），第 161 页；本城武雄、加藤智泰：《判批》，载《名城》第 32 卷第 2 号（1983 年），第 124 页；伊藤进：《判批》，载《ジュリ》第 792 号（1983 年），第 70 页；平井一雄：《判批》，载《判タ》第 505 号（1983 年），第 19 页；平井一雄：《判批》，载《ジュリ》第 798 号（1983 年），第 114 页；小野宪昭：《判批》，载《専修大学大学院紀要経済と法》第 18 号（1984 年），第 73 页；长谷川贞之：《判批》，载半田正夫等编：《现代判例民法学的课题——森泉章教授還暦記念論集》，法学书院 1988 年版，第 424 页；吉田真澄：《判批》，载谷口知平等编：《新演習民法破棄判例——総則・物権》，法律文化社 1989 年版，第 165 页；北英昭：《判批》，载椿寿夫主编：《担保法的判例Ⅱ》，有斐阁 1994 年版，第 38 页。此外，关于原判决，平井一雄：《判批》，载《金判》第 609 号（1981 年），第 48 页；伊藤荣树：《判批》，载《判タ》第 439 号（1981 年），第 46 页。

处分给第三人时，让与担保设定人也可将对让与担保权人享有的清算金支付请求权作为被担保债权，而就相关标的不动产行使留置权。

② 于此情形，相关第三人得对让与担保设定人援用清算金支付请求权的消灭时效。

③ 于此情形，让与担保设定人若已对让与担保权人采取中断清算金支付请求权消灭时效的措施，且被担保债权存续时，则可对有关第三人继续主张留置权。

二、事实概要

Y（被告、控诉人、第一次被上告人、发回重审被告、第二次被上告人）在1957年10月之前从诉外人A处借款52万日元，并约定从1957年11月至1966年6月，每月在30日之前还款5000日元。并且，作为担保，Y在1957年10月22日将自己所有的土地及建筑物为A提供了让与担保，并以赠与为原因，对A进行了所有权移转登记。但是，在1963年5月以后，Y就怠于偿还上述借款。另外，A在1979年8月29日将上述土地及建筑物赠与给X（原告、被控诉人、第一次上告人、发回重审原告、第二次上告人），并在同月31日作了以赠与为原因的所有权移转登记。

基于上述情事，X以Y及其同居人B为相对人，提起诉讼请求腾退前述建筑物。

[78] 最初的问题是，不动产让与担保中，被担保债权的清偿期到来后，在清算金支付前所作的标的物处分的效力如何？关于这一点，最判平成6年2月22日民集48卷2号414页[89]认定，"以不动产为标的的让与担保合同中，债务人在清偿期未清偿债务时，不问上述让与担保合同是所谓的归属清算型还是处分清算型，债权人因为取得了处分标的物的权能，所以债权人基于该权能将标的物让与给第三人时，原则上，受

---

[89] 参见本书边码43。

让人确定地取得标的物的所有权，在有清算金的情形中，债务人只可以对债权人请求支付，不能清偿残存债务而取回标的物。即使受让的第三人构成所谓背信的恶意人，这一法理也同样适用"。但是，"对于请求以清算金换取给付的主张等其余抗辩，还需进一步审理"，因而发回重审。

在发回重审中，又出现了这样的问题。Y尚未受有清算金支付，但能以相关清算金支付请求权作为被担保债权而就标的不动产行使留置权，在此前提下，X能否援用相关请求权的消灭时效？原审认为，由于Y对X不享有中断该消灭时效的方法，所以如果X可以援用该消灭时效，将欠缺公平，所以没有认定X的消灭时效援用权。结论上，在以请求支付清算金额换取给付的限度内，即对Y支付659.5182万日元，支持了X的建筑物腾退请求。X进而提起上告。

三、判旨

撤销原判并改判。

"在被担保债权清偿期届满后自让与担保权人处受让让与担保标的物的第三人，就让与担保权设定人对让与担保权人享有的清算金支付请求权，可以援用消灭时效。此种理解是合适的。盖因，作为《民法》第145条规定的当事人而可援用消灭时效之人，被限定在因权利消灭而受有直接利益之人〔参见最高法院昭和39年（オ）第523号、第524号同42年10月27日第二小法庭判决·民集21卷8号2110页，最高法院昭和45年（オ）第719号同48年12月14日第二小法庭判决·民集27卷11号1586页〕。虽然上述第三人基于所有权对占有标的物的让与担保权设定人请求交付，但让与担保权设定人主张以对让与担保权人享有的清算金支付请求权作为被担保债权而行使留置权时，上述第三人不能无条件地受有其交付，且当基于留置权而作出拍卖时，上述第三人会因此丧失标的物所有权。尽管会受到此等制约，但因清算金支付请求权的消灭，上述第三人可就标的物的所有权免除上述制约，所以上述第三人构成因清算金支付请求权消灭而受有直接利益之人。让与担保权设定人尽管不享有通过作出对上述第三人的行为而中断清算金支付请求权消灭时效的方法，但根据'限于被担保债权存续而得留置标的物'这一留置权的性质，若已对作为债务人的让与担保权人采取中断其消灭时效的措施，其效力也及于上述第三人。即使作出上述理解，也不会给让与担保权设定人带来不利益。

"在此基础上来看本案，根据前述事实关系，X 是在被担保债权清偿期后从诉外人 A 处受赠作为让与担保权标的物的本案土地及本案建筑物的第三人，所以构成可以援用清算金支付请求权消灭时效的第三人。而且，在 X 援用消灭时效的时点上，Y 自取得清算金支付请求权之时起显然已经过 10 年。而在本案中，Y 没有举证证明已对作为让与担保权人的诉外人 A 采取中断上述清算金支付请求权消灭时效的措施。所以，Y 关于以上述清算金换取给付的抗辩有失妥当，应当无条件地支持 X 请求 Y 腾退本案建筑物的请求。"

四、先例和学说

依第一部分判决要点依次说明。

1. 以清算金支付请求权作为被担保债权的留置权的成立与否
（1）学说

[80] 让与担保权人不提供清算金而请求交付让与担保标的物时，暂且不论其法律构造，让与担保设定人可拒绝交付，这一点没有异议。但是，让与担保标的物在清偿期经过后被处分的情形，其处分相对人请求交付时，让与担保设定人能否主张留置权？学说上存在异议。

在本案第一次上告审判决之前，也有学说认为应支持留置权的主张[90]。但该学说受到了内在的批判。"第三人因为不负有清算金支付债务，所以按照道垣内助教授关于留置权的观点（……），要想设定人可以对第三人主张留置权，只能采取这样的构造，即暂且在作为清算金

---

[90] 道垣内（旧），第 273 页。

支付债务人的让与担保权人处成立留置权,但因标的物所有权已被让与给第三人,所以也可以对第三人主张留置权。但是,在处分清算型中,清算金支付请求权因对第三人作出处分才成立。换言之,清算金支付请求权发生之时,是标的物所有权确定地移转至第三人之时,所以并未发生留置权的余地。"[91] 此种批判完全正当。尤其是在对判例法理的理解上,作为留置权肯定论者的我,已经改变了立场[92]。高木教授也认为,"让与担保标的物被处分给第三人,而处分相对人作出交付请求的情形,不能以仅能以让与担保权人支付清算金来换取给付进行抗辩"[93]。

对此,松冈教授认为,正因为"因处分才发生清算义务",所以才没有缺少牵连关系这一要件,而且从与预告登记担保相关判例法理(最判昭和58年3月31日民集37卷2号152页)的均衡上来看,也应认为标的物所有权人享有留置权,可以基于相关留置权而拒绝对处分相对人作出交付[94]。当然,之后,对于一般留置权,松冈教授又采用了"在留置权成立之时,标的物归属第三人所有,从而在一开始就与债务人为不同之人的情形中,留置权在与债务人的关系上成立,但不能对抗第三人"这样的观点[95],与前述立场间的关系不明。

此外,近江教授认为,"抽象层面上,清算金支付义务(清算义务)因清偿期到来才发生(不考虑清算期间而参照《预告登记担保法》第3条),所以在该时点上成立留置权","因留置权是物权,所以可以对抗第三人"[96]。

---

[91] 小林、角,前注〔45〕,第106页(角执笔)。
[92] 参见本书边码56—57。
[93] 高木,前注〔16〕,第338页。
[94] 松冈,前注〔66〕,第948—949页。
[95] 田井义信编:《物権·担保物権法》,法律文化社1999年版,第342页(松冈久和执笔)。
[96] 近江幸治:《判批》,载《金法》第1556号(1999年),第37页。

（2）先例

如前所述，关于预告登记担保，有判决支持标的物所有权人对处分相对人行使留置权。此外，最判平成9年4月11日裁判集民183号241页在没有详细论证的情况下认定，对于被担保债权清偿期后受让标的不动产的第三人，让与担保设定人可以以对让与担保权人享有的清算金支付请求权作为被担保债权而主张留置权。本判决也沿袭了这一认定。该问题点留待后述。

即使从后者没有刊登在民集上这一点来看，似乎也可认为最高法院理解本判决的结论是当然地从预告登记担保相关判例法理中所推导出来的。

2. 受有标的物处分的第三人援用清算金支付请求权的消灭时效

对于消灭时效的援用者，不论是大审院还是最高法院，都认为是"因时效而直接受有利益之人"，但在具体的判断上，相比于大审院所展现的比较狭隘的立场，最高法院逐渐扩张了援用者的范围。关于这一点已有许多整理，在此不再赘述[97]。对于学说亦是同理[98]。

3. 对让与担保权人采取清算金支付请求权消灭时效中断措施的效力

（1）学说

如果让与担保设定人对让与担保权人采取了中断清算金支付请求权消灭时效的措施，则该请求权的时效消灭将受到妨碍。但是，不能认为在与标的物所有权人的关系上当该中断然具有效力。因为《民法》第148条将时效中断的效力仅限定在"当事人及其承继人间"。

若按文言理解该条文并适用，则即使让与担保设定人对让与担保权人采取了时效中断措施，此举也仅在两者之间具有效力，标的物所有权人似乎仍可主张时效消灭。

在抵押权方面，也有学说肯定上述结论[99]。但是，多数学说反对

---

[97] 例如，山本丰：《民法145条》，载广中俊雄、星野英一编：《民法典的百年 II》，有斐阁1998年版，第276页及以下。

[98] 例如，松久三四彦：《時効の援用者》，载《北法》第38卷第5、6号（1988年），第1533页及以下。

[99] 例如，铃木禄弥：《民法総則講義〔改訂版〕》，创文社1990年版，第286页。

这一观点，并在解释论上做出努力。关于这一点，也已存在非常多的整理[100]。

（2）先例

最判平成7年3月10日判时1525号59页认定，因债务人承认而产生时效中断的效力，物上保证人对此作出的否定将与担保权的附随性相抵触，亦有悖《民法》第396条的宗旨，所以不允许此等否定。

本判决虽就让与担保标的物的第三取得人说明了这一判旨，但并未提及《民法》第396条。

五、评论

仅讨论第一部分判决要点中的①和③。

1. 关于留置权的成立以及对标的物所有权人的对抗，如上面所指出的，近江教授提倡肯定说，其根据在于抽象层面上，清算金支付义务因清偿期到来而发生。当然，作为近江教授的解释学说，这显然能够成立。但是，作为判例法理，能否与其他判例所展现的法理相整合成立，则是另一问题。

在让与担保中，清算金请求权在作出出卖标的不动产给第三人等处分时，或在此之前支付或提供清算金时发生。这一判例法理已多次被指出[101]。即使在最近，最判平成8年11月22日民集50卷10号2702页中也确认了这一点。另外，前述最判昭和58年3月31日判决在预告登记担保中认可留置权的成立，其案情也是标的不动产被处分给第三人之前，在预告登记担保的权利人与债务人之间作出合意，使标的不动产的所有权确定地归属于预告登记担保权利人，从而只剩下清算金支付关系。而且，《预告登记担保法》明确将清算金请求权的发生时期规定为清算期间经过时（第3条第1款）。

[83]

---

[100] 近江幸治：《判批》，载《リマークス》第11号（1995年），第29—30页。
[101] 详见本书边码56。

如果思考清算金发生时期会如何对留置权的成立与否产生影响，则前述关于预告登记担保的最判昭和 58 年 3 月 31 日判决，即使在案情上也不能构成本案的先例。而且，更一般地，正因为预告登记担保与让与担保间清算金请求权的发生时期不同，所以关于预告登记担保的判例不能成为让与担保的先例。

如此一来，不能认为最高法院只是简单地遵循既存判例。经过前述最判平成 9 年 4 月 11 日判决与本判决，我们将对下面这一事态产生新的认识。即，在清算金请求权因处分而发生的前提下，对于并未受让留置权标的不动产的第三人所主张的留置权（因向该第三人自己作出处分而发生的清算金请求权为被担保债权）的效力。这给判例法理中的留置权赋予了什么样的性格呢？难免会产生此种疑问。但判决中没有说明任何的理由。

进一步来说的话，判例法理想要如何说明本判决和最判昭和 34 年 9 月 3 日民集 13 卷 11 号 1357 页的关系呢？该判决认定，在清偿期到来前，让与担保权人将标的不动产处分给第三人时，对于有关第三人主张的标的不动产腾退请求，债务人不能将对让与担保权人享有的损害赔偿债权作为被担保债权而行使留置权。若以本判决为前提，不当处分的相对人不是能得到更强的保护吗？

2. 在此，想顺带说一下消灭时效中断的相对效力。

[84] 因债务人承认而中断时效的，不允许物上保证人否定这一效力。这一判例法理将担保权的附随性和《民法》第 396 条的宗旨都作为其理由。但是，本判决没有列举条文根据，而将"'限于被担保债权存续而得留置标的物'这一留置权的性质"作为理由。

《民法》第 396 条是关于债务人及作为物上保证人的抵押权设定人的规定。如此一来，前述最判平成 7 年 3 月 10 日判决通过列举《民法》第 396 条而对第三取得人出现的情形作了留白处理。实际上，即使在该判决的评释中，也列举了第三取得人出现等情形，并解释称即使在此种情形下也不应支持第三取得人对中断效力的否定。有评价认为"反倒不涉及第396条的话理由会更加条理清晰"[102]。

本判决虽然是关于留置权的判决，但其前提是若债权人与债务人之间采取时效中断的措施，则受有标的不动产的第三人不能否定其中断效力。即使对于抵押标的物的第三取得人而言，也可预想到最高法院会采取同样的立场。但是，不能因此就认为最高法院对于出现抵押不动产的第三取得人的案件，也会与本判决一样，仅将担保权对被担保债权的附随性作为其结论的依据。对于抵押不动产的第三取得人，《民法》第397条的宗旨恐怕会是当然的问题。与作为法定担保物权的留置权不同，必须要从这一观点——在抵押权中，到何时为止会受到他人设定之物权的约束——出发来考察问题[103]。

[原载于《私法判例リマークス》第20号（2000年），第14页及以下]

第七节　被担保债权清偿期届至后让与担保权人的债权人扣押标的不动产与第三人异议——最高法院平成18年10月20日第二小法庭判决（民集60卷8号3098页）

一、事实概要

X（原告、被控诉人、上告人）在2000年9月12日从诉外人A处借款400万日元，并约定清偿期为2001年3月11日。当时，X将自己所有的不动产（本案不动产）为A提供了让与担保，并在2000年9月12日进行了以让与担保为原因的所有权移转登记。

在清偿期日的2001年3月11日到来后，X没有偿还本金。但在第

---

[102] 山野目章夫：《判批》，载《リマークス》第12号（1966年），第13页。
[103] 关于本判决的评析，有竹内俊雄：《判批》，载《ひろば》第52卷第8号（1999年），第66页；近江幸治，前注〔96〕，第34页；吉田光硕：《判批》，载《判夕》第1009号（1999年），第49页；野泽正充：《判批》，载《法セ》第540号（1999年），第105页；山田诚一：《判批》，载《金法》第1581号（2000年），第112页；金丸和弘：《判批》，载《金判》第1286号（2008年），第38页。

二天，X 支付 12 万日元后，A 将清偿期延后至 6 月 11 日。但是，X 仍未能偿还本金，再次从 A 处获得同意延长了期限，但清偿期未定。之后，X 在 2001 年 8 月 11 日支付 12 万日元，在 2002 年 2 月 25 日支付 48 万日元，并在同年 3 月 8 日、4 月 10 日、5 月 10 日、6 月 10 日、7 月 10 日各支付 12 万日元。

Y（被告、控诉人、被上告人）对 A 享有债权。Y 就本案不动产申请了强制拍卖，并在 2002 年 6 月 28 日拍卖开始裁定作出后，于次月 1 日进行了扣押登记。

X 在该年 7 月 25 日以支票的形式向 A 偿还了 400 万日元本金，并在同月 31 日就本案不动产进行了以解除为原因的所有权移转登记。之后，在同年 9 月 6 日，X 对 Y 提起了请求对本案不动产排除强制执行的第三人异议之诉。此即为本案之诉。

一审 X 胜诉。一审认定，"让与担保权设定人在让与担保权人完成变价处分之前可以清偿被担保债务而取回标的不动产并回复其所有权。让与担保权人的债权人对标的不动产进行强制执行的情形亦同"。因此，由于 X 已清偿债务并完成所有权移转登记，所以可以根据第三人异议之诉而请求驳回强制执行。

二审 Y 逆转胜诉。二审的判示非常详细。其首先引用了最判昭和 62 年 2 月 12 日民集 41 卷 1 号 67 页，论述了一般论，"债务人在其所有的不动产上设定让与担保权时，债务人迟延履行债务的，债权人取得处分标的不动产的权能。基于该权能，可以通过适当评估标的不动产而使其价额确定地归属于自己所有，或通过作出向第三人出卖等处分，进行变价处分，以其评估额或出卖价款等抵充自己债权的清偿"。在此基础上，其进而认定"此种情形中债权人对标的物所作的'处分'，不限于任意让与等，还包括了民事执行法上的强制执行等。担保权人为使自己的债权得以满足，对有关不动产取得了任意处分的权能。即使从担保权人的债务人看来，该有关不动产也是共同担保其债权的财产"。应用于本案，最开始被担保债权的清偿期日被约定为 2001 年 3 月 11 日，但之后延长了清偿期且未定期限。问题在于 Y 的扣押在该延长作出之后。但是，"对于债务人没有在清偿期日作出债务清偿的情形，让与担保权人取得处分标的物的权能，不过此处所说的清偿期日，原则上是指就被担保债权设定让与担保权之际，担保权人与担保设定人之间约定的清偿期日"。"因为如此考虑，可适正调整担保权人、担保设定人以及其他交易人的利害。"（背后的论理非常难以琢磨。在下文"三、评释"部分论述。）

X 提起上告。

二、判旨

驳回上告。

"1. 以不动产为标的的让与担保中，被担保债权的清偿期届至后，让与担保权人的债权人扣押标的不动产，登记其内容时，设定人即使在扣押登记后全额清偿了债务，也不能通过第三人异议之诉请求驳回强制执行。理由在于，设定人迟延履行债务时，让与担保权人取得处分标的不动产的权能［参见最高法院昭和 55 年（才）第 153 号同 57 年 1 月 22 日第二小法庭判决·民集 36 卷 1 号 92 页］，所以被担保债权的清偿期届至后，设定人应处于忍受标的不动产被变价处分的地位。让与担保权人的债权人强制拍卖不动产而变价，也与让与担保权人的变价处分一样，需要由设定人忍受。在与扣押标的不动产的债权让与担保权人的债权人的关系上，已经不能通过行使扣押后的取回权而主张回复标的不动产的所有权。

"与上述情形不同，让与担保权人的债权人在被担保债权清偿期前扣押标的不动产的情形，至少，当设定人在清偿期前清偿债务全额而取回标的不动产时，设定人可以通过第三人异议之诉请求驳回强制执行。理由在于，在清偿期前，让与担保权人不过是在实现债权担保目的的必要范围内享有标的不动产所有权，没有处分标的不动产的权能。所以，没有理由通过此等扣押限制设定人行使取回权。

"2. 本案中，根据原审适法确定的事实关系，在被担保债权的清偿期后，Y 作为让与担保权人的债权人扣押了标的不动产，在该扣押登记后，X 作为设定人行使取回权。所以，X 不能对作为扣押债权人的 Y 主张通过行使取回权而回复标的不动产的所有权。所以不能通过第三人异议之诉请求驳回强制执行。原审的判断阐述了上述宗旨，所以能被支持。上告论点不被采用。"

三、评释

1. 本判决判定，按照案情，在被担保债权清偿期到来后，让与担保权人的债权人扣押标的不动产并作出扣押登记之后，设定人将不能再行使取回权而排除该扣押。与此相较，又判定在被担保债权清偿期前，让与担保权人的债权人扣押标的不动产的，至少当设定人在清偿期前全额清偿债务并取回标的不动产时，设定人可以通过第三人异议之诉请求驳回强制执行。

让与担保权人的债权人扣押让与担保标的不动产时，让与担保设定人能否通过第三人异议之诉排除该扣押？这一问题早有学说论述。在本判决当时，多数学说认为，原则上设定人可以提起第三人异议之诉，但对于让与担保权人的权利是处于担保目的一事，扣押债权人为善意无过失时，可以通过类推适用《民法》第 94 条第 2 款而受保护[104]。此外，在本案中，对让与担保权人的所有权移转登记是以让与担保为原因作出的。也有有力的见解认为，作出此种以让与担保为登记原因的登记时，设定人可以主张让与担保权人的权利仅仅是出于担保目的从而对抗第三人[105]。但是，也有见解认为，以归属清算的方法实现让与担保权时，即使在实现后，登记也一直以此种原因存续，所以结果上只会导致

---

[104] 代表性的学说，米仓，前注〔80〕，第 81 页及以下。
[105] 星野，前注〔45〕，第 324 页；加藤雅信：《非典型担保法の体系》，载椿寿夫编：《担保法理の现状と课题（别册 NBL No.31）》，商事法务研究会 1995 年版，第 66 页；鸟谷部茂：《不动产非典型担保》，载椿寿夫编：《担保法理の现状と课题（别册 NBL No.31）》，商事法务研究会 1995 年版，第 95 页。

第三人很有可能为恶意或有过失[106]。

如上所述，学说在对这一问题进行论述时没有区分清偿期以前和以后。对此，本判决重视这一区别，因前后不同，能否提起第三人异议之诉来排除扣押这一结论也会有所变化。

2. 但这并不意味着本判决比学说更加缜密。

判例法理认为，"以不动产为标的的让与担保合同中，债务人在清偿期未清偿债务时，不问上述让与担保合同是所谓的归属清算型还是处分清算型，债权人因为取得了处分标的物的权能，所以债权人基于该权能将标的物让与给第三人时，原则上，受让人确定地取得标的物的所有权，在有清算金的情形中，债务人只可以对债权人请求其支付，不能清偿残存债务而取回标的物"。（最判平成6年2月22日民集48卷2号414页）

[89]

关于这一判例法理作出之前的判例流变和学说，已经有所整理[107]，在此不再赘述。但是，在此之前的最高法院判决中，有认定让与担保权人因被担保债务的不履行而"取得处分标的物的权能"，同时在具体的个案上详细说明了该权能的行使。最判昭和57年1月22日民集36卷1号92页认为"以相当的价格作出向第三人出卖等处分"；最判昭和57年4月23日金法1007号43页认为"将上述不动产的所有权让与给第三人并作出所有权移转登记时"；最判昭和62年2月12日民集41卷1号67页认为"债权人作出将标的不动产出卖给第三人等处分时"。换言之，"标的不动产让与给第三人"，可以理解为是设定人取回权的丧失事由[108]。

进而，若存在"标的不动产让与给第三人"，则不会发生让与担保权人的债权人扣押标的不动产的情况（当然，在登记移转前如何，将

---

[106] 道垣内弘人：《担保物权法〔第2版〕（现代民法Ⅲ）》，有斐阁2005年版，第313页。

[107] 参见本书边码47及以下。

[108] 同旨，松村和德：《判批》，载《リマークス》第35号（2007年），第122页。

是一个问题。这一点在下文论述)。另外，采用归属清算方式，支付或提供清算金时，或者客观上不产生清算金的情形中已通知未发生清算金时，让与担保的实现因此而终止，标的不动产的所有权完全地移转至让与担保权人。因此，让与担保权人的债权人当然可以扣押标的不动产，设定人毫无可能对此主张异议。对此，在上述情形之前的阶段中，由于设定人的取回权存续，所以设定人的地位——具体而言，是能否通过第三人异议之诉来排除扣押——与被担保债权的清偿期到来或未到来之间没有关系。这是学说的立场。所以并非"不存在学说"〔109〕。

[90] 3. 如上所述，判例法理认为，因为被担保债权清偿期到来，让与担保权人"取得处分标的物的权能"。原判决由此推导出"担保权人为使自己的债权得以满足，对有关不动产取得了任意处分的权能。即使从担保权人的债务人看来，该有关不动产也是共同担保其债权的财产"，所以"此种情形中债权人对标的物所作的'处分'，不限于任意让与等，还包括民事执行法上的强制执行等"。

若如此认为，则在让与担保权人的债权人作出扣押的时点上，债务人一方就已丧失清偿被担保债权而回复标的不动产完全所有权的权利了。债务人一方可以清偿被担保债务的时机是在标的不动产被"处分"给第三人之前，扣押属于该等"处分"。所以，已经没有取回权的设定人，不能就扣押主张异议。

然而，本判决仅列举了实质性理由，即"设定人迟延履行债务时，让与担保权人取得处分标的不动产的权能"，"所以被担保债权的清偿期届至后，设定人应处于忍受标的不动产被变价处分的地位。让与担保权人的债权人强制拍卖不动产而变价，也与让与担保权人的变价处分一样，需要由设定人忍受"。进而，与原判决不同，认为"在与扣押标的不动产的债权让与担保权人的债权人的关系上，已经不能通过行使扣押后的取回权而主张回复标的不动产的所有权"。在此展现的论理构

---

〔109〕 生熊长幸：《判批》，载《民商》第136卷第2号（2007年），第283页。

造为，并非取回权消灭，而是不能以清偿被担保债务而回复不动产所有权来对抗扣押债权人。

对此应作何理解？

从结论来看，本判决的逻辑如下。

① 被担保债务清偿期到来后，若标的不动产所有权被移转至第三人，则在该时点取回权消灭。这是此前的判例法理所明确的。反过来说，所有权没有移转时，取回权不消灭。

② 因此，在标的不动产所有权因强制执行程序而移转至买受人时，取回权也在该时点消灭，但在此之前不消灭。

③ 然而，《民事执行法》在扣押上承认处分禁止的效力。作为强制执行的第一阶段，这是为了将执行财产安定下来。即使在被担保债务清偿期到来后，对让与担保标的不动产进行强制执行的，也需要进行扣押。

④ 因此，在被担保债务清偿期届至后作出扣押并进行登记时，即便债务人行使取回权，也不能对扣押债权人主张取回权行使的效果。

下面来讨论这一理解及结论的妥当性。

4.（1）本判决不认为取回权将因清偿期届至后扣押让与担保不动产而消灭。

对此，原判决认为清偿期届至"取得处分标的物的权能"，所以"担保权人为使自己的债权得到满足，对有关不动产取得了任意处分的权能。即使在担保权人的债务人看来，该有关不动产也是共同担保其债权的财产"。进而，由此推导出"此种情形中债权人对标的物所作的'处分'，不限于任意让与等，还包括《民事执行法》上的强制执行等"这一结论。该逻辑认为取回权因扣押而消灭。

但是，原判决的此种逻辑难以理解（此外，虽然本判决自身也认为清偿期到来后标的不动产属于让与担保权人的责任财产[110]，但我不

---

[110] 生熊，前注〔109〕，第289页，占部洋之：《判批》，载《判評》第590号（《判時》第1993号）（2008年），第184页。

认为这一理解妥当)。

(2) 由于被担保债权的清偿期到来,标的不动产将会构成让与担保权人的责任财产吗?对于这一点,判例法理认为让与担保权人就标的不动产享有的所有权,限于担保目的的范围。可以指出,这一点应当不会因清偿期的到来而产生变化。同理,关于抵押权,也不能因为被担保债权的清偿期到来,就认为抵押不动产将构成抵押权人的责任财产。

[92] 当然,对于预告登记担保,若清算期间届满,即使不支付清算金,标的物的所有权也移转至预告登记担保权利人处(《预告登记担保法》第2条第1款),并在标的物价额的限度内,被担保债权消灭(同法第9条)。但是,在该时点存在清算金时,"债务人等在受有清算金支付债务的清偿之前,可以向债权人提供相当于债权等之金额(指如果债权不消灭,债务人应支付的债权等之金额)的金钱,而请求取回土地等的所有权"(同法第11条)(着重号为笔者所加)。在此,(虽然也需要清算期间届满)预告登记担保权利人的权利内容将因清偿期的到来而发生变化。所以,同理来理解不动产让与担保的实现构造也并非不可能。换言之,在清偿期到来后,(不限于担保目的的范围的)完全的所有权暂时归属于让与担保权人,但在一定时期之前可以取回。

然而,此种观点一直为学说所批判。在让与担保中,只要将"何时之前可以清偿被担保债务"作为问题即可,没有必要考虑同预告登记担保一样的两阶段构造[111]。即使在判例中,最判昭和57年1月22日民集36卷1号92页也认为,"债务人即使在债务清偿期到来后,在债权人完成变价处分前,也可以通过清偿债务而取回标的物。所以,如此来看,债务人所谓取回请求的行使,是基于债务人因清偿债务所回复之所有权的物权返还请求权或基于合同的债权返还请求权,或者是由此产生的撤销或移转登记请求权"。此外,最判平成6年2月22日民集48卷2号41页也认为"清偿剩余债务而取回标的物"(着重号为笔者所

---

[111] 道垣内,第319页。

加)。另外,最判平成 8 年 11 月 22 日民集 50 卷 10 号 2702 页认为"一方面,在让与担保权人作为实现让与担保权而使标的物归属于自己或进行变价处分的情形中,让与担保权设定人的清算金支付请求权是请求从其价额中扣除被担保债权额而支付其余额的权利。另一方面,让与担保权设定人的取回权,是在让与担保权人完成让与担保权的实现前,通过清偿而使被担保债务消灭,从而回复让与担保标的物所有权等的权利。两者的发生原因不同,是不同的权利,所以让与担保权设定人即使抛弃取回权,其效果也只是出现抛弃取回权的状况。让与担保权设定人并不能因上述取回权的抛弃而取得清算金支付请求权"。也就是说,在可以行使取回权期间,不发生清算金支付请求权。如此一来,不动产让与担保中,在清偿期到来后,(不限于担保目的范围的)完全的所有权暂时归属于让与担保权人——这一观点不能被采用。

[93]

由此看来,处分权能因清偿期到来而归属于让与担保权人,所以标的不动产将构成让与担保权人的责任财产——这一构造并不妥当。而且,在判例上,这一见解也不能被采纳。

(3) 作为取回权丧失事由的"处分等"包含扣押,这一点如何理解?

与此相异,本判决认为在扣押阶段,取回权不应消灭。本判决没有明确其理由[112]。不过,作为其理由,本判决的调查官列举了①仅仅在让与担保权人的债权人因强制拍卖申请而作出扣押登记的阶段,清算金之有无及其数额尚未确定,以及②在扣押登记后也可能撤回拍卖申请或因无剩余而撤销拍卖(于此情形,应认可发生取回的效果)[113]。

但是,不太清楚理由①的意思。恐怕其前提是以买受人拍得的价格

---

[112] 此外,生熊,前注〔109〕,第 289 页,以及永石一郎:《判批》,载《金判》第 1269 号(2007 年),第 14 页认为,在结果上,本判决与扣押后不能行使取回权相同。

[113] 参见增森珠美:《判批》,载法曹会编:《判解民平成 18 年度(下)》,法曹会 2009 年版,第 1106 页。另外,第 1112 页脚注 9 认为:与撤回拍卖等相并列,因为对抗不能,也可能发生"第三人主观样态的问题(可能适用背信恶意理论)"。但是,在第三人先作出扣押后,恐怕难以构成背信恶意人吧。关于这一点,参见本书边码 53—55。

[94] 作为基准而决定清算金额。但是，果真如此吗？考虑标的不动产被出卖给第三人的情形，清算金额并非通过实际的处分价额而决定，而是适当的处分价额与被担保债权之间的差额[114]。即使在标的不动产被赠与给第三人的情形中，在赠与的时点将不能再取回[115]，现实的处分价额也不再是问题。另外，拍得价格也不一定与适当的处分价额相同。若是如此，以扣押登记的时点为基准时，清算金额为适当的处分价额与被担保债权额之间的差额，这一解决方法也并非不可能。何况"在与让与担保权人的关系上，即使在扣押登记后，设定人也可在买受人缴纳价款前行使取回权"[116]，这似乎是将价款缴纳时作为清算金决定的基准时。然而，投标、拍卖的时点到价款缴纳时点，标的不动产的客观价额上升时，让与担保权人（＝清算金支付义务人）将遭受不当的不利益。当然，本案中，由于上述各点也与如何理解清算金有关，所以留待后述。在仅此确认理由①不充分即可。

与此相对，理由②可以理解。但若是如此，在对第三人作出买卖等处分之时该合同被解除的情形，似乎也会发生同样的问题。特别是，对于向第三人作出买卖等处分的情形，在处分合同成立的时点上，取回权消灭，但还是存在解除的可能性[117]。

确实，作出买卖等处分合同时，标的不动产的所有权在合同成立时点移转至有关第三人。与之不同的是，在强制执行程序中，买受人取得所有权是在价款缴纳时（《民事执行法》第 79 条）。但是，可以由这一不同推导出的是，以"标的不动产所有权移转至第三人时取回权消灭"这一规则为前提的买卖等与扣押的区别。但无法说明这一规则自身的妥当性。

[95]

（4）若是如此，似乎只能认为"取回权不因清偿期届至后让与担

---

[114] 道垣内，第 323 页。
[115] 前揭最判平成 6 年 2 月 22 日正是赠与之例。
[116] 增森，前注[113]，第 1116 页。
[117] 包括学说在内，鱼住，前注[51]，第 47 页。此外，本书边码 50—52。增森，前注[113]，第 1111 页，脚注 6。

保不动产的扣押而消灭"这一本判决的判示,在结果上,是认为此前的判例法理已确立"标的不动产所有权移转至第三人时取回权消灭"这一规则,并通过形式上的适用来赋予其根据。

当然,这并非不妥当。对于扣押,之后构成权利变动原因的"处分"只是在与债权人的关系上没有效力,在与债权人以外之人的关系上是有效的。上述做法合乎这一确立的规则。

5.(1)本判决认定"在与扣押标的不动产的债权让与担保权人的债权人的关系上,已经不能通过行使扣押后的取回权而主张回复标的不动产的所有权"。但只是列举了"设定人迟延履行债务时,让与担保权人取得处分标的不动产的权能","所以被担保债权的清偿期届至后,设定人应处于忍受标的不动产被变价处分的地位。让与担保权人的债权人强制拍卖不动产而变价,也与让与担保权人的变价处分一样,需要由设定人忍受"这一实质性理由。

关于这一点,本判决的负责调查官提示了两种法律构造的可能性。一种法律构造是,X因清偿债务而从让与担保权人处回复标的不动产的所有权,若Y扣押了有关不动产,则两者立于《民法》第177条的对抗关系。若在X取得登记之前完成扣押登记,则Y取胜。另一种法律构造是,因扣押的处分禁止效力,在与作为扣押债权人的Y的关系上,让与担保权人A对设定人X所作的所有权移转没有效力[118]。

(2)如何来说明前者,即立于对抗关系?

相关判决有最判昭和62年11月12日判时1261号71页。对于债务人清偿债务后让与担保权人将标的不动产让与给第三人的情形,该判决适用《民法》第177条,认定如果有关第三人不是背信的恶意人,则取得标的不动产的完全所有权。虽然该判决的案情还有些不明确的点,但若是在清偿期到来后作出清偿,则在与清偿期到来后出现的扣押债权人的关系上,似乎也通过《民法》第177条来规制。

[96]

---

[118] 增森,前注〔113〕,第1106—1107页。

我此前曾认为不论清偿期到来前后，对于与受让标的不动产的第三人的关系均适用《民法》第 177 条这一做法系判例法理[119]。但若真是如此，且无论是受让人还是扣押债权人在《民法》第 177 条的关系上都是同等的"第三人"，则在与清偿期到来前的扣押债权人的关系上，也将通过该条来规制。然而，这与本判决傍论的说示不符。即，对于清偿期到来前的扣押，设定人可以通过第三人异议之诉来请求驳回强制执行。另外，对于我过去阐述的对判例法理的理解，也有批判认为，若是在债务人已经清偿债务后，则设定人对让与担保权人已享有请求撤销移转登记的地位，也可将与之后出现的第三人之间的关系理解为对抗关系；但是在清偿期前，设定人不能回复自己名义的登记，所以欠缺《民法》第 177 条适用的前提；不能从上述 1987 年判决中得出结论认为不论清偿期到来前后，对于与受让标的不动产的第三人的关系均适用《民法》第 177 条这一做法系判例法理[120]。

对于这一批判，也许可以反驳说，不能单纯地认为若是限于清偿期到来前，由于债务人处于应清偿被担保债务的状态，所以不享有可以回复自己名义登记的地位，因而仍有《民法》第 177 条的适用余地。但是，在关于所谓的"撤销与登记""解除与登记"的判例法理上，仅仅在与现实撤销或现实解除后的第三人的关系上，通过《民法》第 177 条来处理。因此，这会与不考虑撤销可能时期、解除可能时期的做法产生平衡的问题。

不得不说，果然还是很难采用《民法》第 177 条的法律构造。

（3）那么，似乎应采用后者的解释，即最终还是回到扣押的一般论，以其处分禁止效力作为根据。所以理解本判决也应是以此为前提的。

当然，对于此种观点，将会产生这样的疑问，即在清偿期前作出扣

---

[119] 佐伯仁志、道垣内弘人：《刑法と民法の対話》，有斐阁 2001 年版，第 88 页（道垣内发言）。

[120] 参见佐伯、道垣内，前注〔119〕，第 111 页。

押的情形是否也是一样的？但实际上在这一情形中，前文所述的理由①本来就不成立。在清偿期前即使作出标的不动产的让与的，取回权也不消灭，债务人可以清偿被担保债务而回复标的不动产的完全所有权。同样地，在因扣押才开始的强制执行程序中，即使所有权以买受人出现这一形式发生移转，取回权也不消灭。如此一来，即使在扣押登记后行使取回权，由于这不构成"不当侵害执行债权人对拍卖程序的满足的处分"，所以应认为不能因扣押的处分禁止效力来否定其效力。但这一点与关于清偿期前扣押的本判决判示内容的理解相关，所以后面会再次讨论。

6. 由上述分析将得出"3"末尾所述的对本判决的理解。

判决的结论应当说是妥当的。归根到底是不等式的问题。一方面，因清偿期到来，让与担保权人将享有处分标的不动产的权能。若行使该权能，则设定人不能再取回。即，"对第三人的让与"＞"取回权"。另一方面，在清偿期到来后，标的不动产被扣押，之后该不动产被让与担保权人处分给第三人。此时，根据扣押的处分禁止效力，受让人劣后于之后在有关强制执行程序中出现的买受人。即，"扣押"＞"对第三人的让与"。根据这两个不等式，可以得出"扣押"＞"取回权"。

7. （1）再来探讨判旨的后半部分，即"让与担保权人的债权人在被担保债权清偿期前扣押标的不动产的情形，至少，当设定人在清偿期届至前清偿债务全额而取回标的不动产时，设定人可以通过第三人异议之诉请求驳回强制执行"这一部分。

对此，首先有一个问题是，"设定人在清偿期届至前清偿全额债务而取回标的不动产"是要件吗？对于这一点，虽然也有理解认为这是要件[121]，但是本判决显然没有将其作为要件[122]。根据"设定人迟延履行债务时，让与担保权人取得处分标的不动产的权能"，"所以被担

[98]

---

[121] 池田雄二：《判批》，载《北法》第61卷第3号（2010年），第900、897页。
[122] 増森，前注〔113〕，第1109页等。

保债权的清偿期届至后,设定人应处于忍受标的不动产被变价处分的地位"这一本判决的理解,由于在清偿期前不处于忍受变价处分的地位,所以不清偿被担保债务就可以排除扣押,若将取回作为要件,则将会强迫设定人在期限前清偿,并不妥当[123]。

问题在于,此时,扣押债权人能否根据《民法》第94条第2款的适用或其类推适用而受到保护?虽然本判决在这一点上也留白处理[124],但学说上多持肯定说[125]。

另外,清偿期在第三人异议之诉提起之前到来的该如何处理,也是一个问题。虽然也有观点认为第三人异议的成立与否不应在中途有所变化[126],但应认为瑕疵已被治愈[127]。

(2)以本判决为机缘,对于这之外的情形也有许多论述。其中,对于"清偿期""取回权行使(清偿)""扣押"的顺序进行组合,会有六种可能。但是,若在清偿期前清偿被担保债务,则此时从理论上而言清偿期尚未到来,被担保债权并非既已存在。而且,即使清偿期经过后,如果设定人先于扣押而清偿被担保债务并回复登记,则在这之后当然就不能再扣押了。

如前所述,前揭最判昭和62年11月12日判决对于债务人清偿债务后让与担保权人将标的不动产让与给第三人的情形,适用《民法》第177条,认为有关第三人如果不是背信恶意人,则取得标的不动产的完全所有权。如此一来,可认为,即使对于清偿后在设定人回复登记前作出扣押的情形,判例法理在方向上也是适用《民法》第177条并将其作为对抗问题来处理[128]。

---

[123] 最近的议论,安永正昭:《講義物権・担保物権法》,有斐阁2009年版,第396页。

[124] 增森,前注〔113〕,第1115页,脚注15。

[125] 小山泰史:《判批》,载《金法》第1803号(2007年),第84页。

[126] 田高寛貴:《判批》,载《ジュリ》第1332号(2007年),第75页。

[127] 结论同旨,松村,前注〔108〕,第123页。

[128] 增森,前注〔113〕,第1109、1114页,脚注16。

当然，对于这一观点，或许会有疑问认为，清偿后让与担保权人没有处分标的不动产的权能，难道不是类似于被担保债权清偿前让与担保权人的债权人扣押标的不动产的情形吗？但是，归根到底，这是在清偿债务并回复标的不动产的所有权后，设定人处于可以回复登记名义的地位，此时适用《民法》第 177 条。这一观点可以说是与判例法理的整体（不限于让与担保）有整合性。而且，这也与"清偿期到来后受有处分的第三人与扣押债权人之间的优劣，通过登记的先后来决定"相联系。

8. 最后，再讨论本判决中没有作出判断的几个问题点。

（1）如"一、事实概要"中所述，本案中，向让与担保权人移转标的不动产所有权登记的原因为"让与担保"。前文已经有所介绍，对于这一点存在一定的议论[129]，但不管怎样，本案是处理被担保债权清偿期到来后的问题，所以这一点并非问题。

（2）如本判决，若采取"取回权不消灭，在与让与担保权人的关系上可以行使取回权，但是其效果不能对抗扣押债权人"这一构造，将会产生新的问题。

在清偿期届至后，以让与标的不动产给第三人的形式实现让与担保，导致取回权消灭时，在此种情形中，判例认为在让与担保权人支付清算金之前，自有关第三人处受有标的不动产交付请求的设定人，可以将清算金支付请求权作为被担保债权，就标的物行使留置权，以此保护设定人的清算金支付请求权（最判平成 9 年 4 月 11 日裁判集民 183 号 241 页、最判平成 11 年 2 月 26 日判时 1671 号 67 页）。因此，即使在本案中，似乎也可认为 X 虽然不能对 Y 主张取回的效力，但在受有清算金支付之前，可以就标的不动产行使留置权。

然而，如本判决，如果认为取回权不因扣押而消灭，则若在让与担保权人与设定人之间已清偿被担保债务，将不发生清算金。所谓清算

[100]

---

[129] 另外，最近的议论，鸟谷部茂：《不動産の譲渡担保と登記》，载《広島法科大学院論集》第 3 号（2007 年），第 121 页及以下。

金，归根到底不过是作为标的不动产的适当评估额而被抵充被担保债务的结果所发生的差额。在被担保债权因清偿而消灭的情形中，不可能发生。设定人对让与担保权人享有的，是以自己的所有物被用于清偿让与担保权人的债务为理由的不当得利返还请求权。

没有取回而买受人出现，取回权因此而消灭时，设定人将对让与担保权人享有清算金支付请求权，但是根据上述判例法理，设定人可以将清算金支付请求权作为被担保债权而行使留置权。从与这一点的平衡来看，即使在买受人出现之前作出取回，但其效果不能对买受人主张的情形中，若不能行使留置权，将会非常诡异。因此，也有学说认为，在清偿期到来前让与担保标的不动产被不当处分而受让人取得所有权时，设定人可以将损害赔偿请求权作为被担保债权而行使留置权；否定这一做法的最判昭和34年9月3日民集13卷11号1357页应当被变更。此种情形下损害赔偿请求权的内容，与清算金支付请求权一样，实质上是以从标的物评估额中扣除被担保债权额后之金额为基础算定的；两者之间同样处理即可[130]。根据这一观点，本案中的不当得利返还请求权，实质上也与清算金支付请求权一样，似乎能肯定以之作为被担保债权的留置权。

[101]

但是，如此一来，在不动产的双重买卖中，受让人甲先取得登记，受让人乙先取得占有时，对于甲对乙作出的腾退请求，似乎也应支持乙可将对让与人享有的损害赔偿请求权作为被担保债权而行使留置权。然而，判例认为此时不能行使留置权（最判昭和43年11月21日民集22卷12号2765页），且学说对此也几乎没有异议[131]。

结论上，所谓适用《民法》第177条的场景，是两当事人均可能具备对抗要件的情形。若认为保护的必要性因此变弱，则此时将不能行

---

[130] 田高宽贵：《讓渡担保判例における担保權構成の伸長と限界》，载川井健、田尾桃二编：《転換期の取引法》，商事法务2004年版，第214—215页；田高宽贵：《クロススタディ物権法》，日本评论社2008年版，第289页。

[131] 反对说，加贺山茂：《現代民法担保法》，信山社2009年版，第233页及以下。

使留置权。与此相对,在该条适用场景以外的场景中,似乎应允许行使留置权。但是,应当指出,不能据此认为支持了设定人可以将清算金支付请求权作为被担保债权而行使留置权。

(3)本判决展现的立场是,让与担保权人、让与担保设定人、扣押债权人的法律关系会因清偿期的到来与否而有所不同。本判决将本案理解为是清偿期到来后作出扣押。但是,本案中,清偿期真的已经到来了吗?

如"一、事实概要"末尾所述,原判决认为,"对于债务人没有在清偿期日作出债务清偿的情形,让与担保权人取得处分标的物的权能,不过此处所说的清偿期日,原则上是指就被担保债权设定让与担保权之际,担保权人与担保设定人约定的清偿期日"。理由在于,"因为如此考虑,可适正调整担保权人、担保设定人以及其他交易人的利害"。但是,背后的论理令人费解。

原判决首先认定,"即使担保权人暂时取得的处分权能因之后的情事而发生变动(例如,根据担保权人与担保设定人的合意而保留行使处分权),也不应侵害就担保不动产而与担保权人进入交易关系之人的利益"。因此,若以此为理由,将得出"因此,与担保权人进入交易关系之人可以根据《民法》第94条第2款的类推适用等法理而得到救济"。换言之,因此,处分权能变动后出现的第三人的保护,将依据《民法》第94条第2款的类推适用这一例外法理。

原判决接着认定,"另一方面,在与担保权人的扣押债权人的关系上,根据扣押的处分限制效力,即使暂时形成的处分权能因之后的情事发生变动,也不能对抗担保权人的扣押债权人。如此,也可防止担保权人与扣押债权人[作者补注5]之间通过通谋而假装处分权能的变动"。不知这与原判决的"此处所说的清偿期日,原则上是指就被担保债权设定让与担保权之际,担保权人与担保设定人约定的清偿期日"这一判示

[102]

[作者补注5] 恐怕是"担保权人与设定人"的误记。

间存在什么关系。话说起来，如果扣押的处分禁止效力成为问题，则这里所说的"处分权能的变动"应当是扣押后的变动，因为扣押以前的变动与扣押的效力没有关系。

因此，原判决的上述论理果然还是应该理解为"扣押效力发生前发生处分权能变动时，原则上扣押债权人不被保护，但是可以根据《民法》第94条第2款的类推适用而被保护。在扣押效力发生后处分权能发生变动时，根据扣押的处分限制效力，该变动不能对抗扣押债权人"。

所以，原判决得出如下结论。即，"由此来看，对于本案不动产，在A享有处分权能期间的2002年7月1日，Y基于强制拍卖申请而进行了本案扣押的登记，所以在不存在上述……例外情事的本案中，X将不能再以本案不动产的处分（取回）来对抗Y。即，本案中，如上所述，X对A清偿债务，在两者之间，X回复本案不动产的所有权。但是，于此情形，应认为X受到Y所作本案扣押的效力。自A处回复的所有权应当不能对抗Y"。换言之，可以看出，本案是作为扣押效力发生后处分权能发生变动的情形来处理的。

然而，原判决认定"X在清偿期经过后的2001年3月12日支付12万日元，并从A处取得同意，将清偿期延长到3个月后的同年6月11日。但是，X在同年4月11日、5月9日分别偿还了12万日元的利息，同年6月11日却未能偿还本金。当时从A处取得同意延长了期限，但清偿期未定"。基于此等事实关系，不可能将本案看作是扣押效力发生后处分权能发生变动的情形。换言之，在作为扣押效力发生时的2002年7月1日以后，处分权能没有发生变动。

当然，若认为在期限被延长至2001年6月11日以后，在该期限经过后的2002年7月1日发生扣押的效力，且认为期限延长但清偿期未定没有法律意义，则扣押效力的发生是在被担保债务的清偿期限后。本案的最高法院判决，对本案案情，"似乎理解认为，A没有约定明确的期限等而变更清偿期自身，A不过是受领利息相当额而在事实上延长了让与担保权的实现而已"。这一本案负责调查官的解说，也正是这一宗旨吧[132]。但是,若是如此,则原判决应完全没有必要就期限延长与扣押之间的关系进行各种说示,而将最高法院认为颇不合理的理解作为前提。

上告受理申请理由中应当对这一点进行更加详细的论述,并主张判决理由存在矛盾[133]。

[原载于《法学协会雑誌》第 128 卷第 7 号（2011 年）,第 1899 页及以下]

第八节　让与担保权设定人抛弃取回权与请求支付清算金——最高法院平成 8 年 11 月 22 日第二小法庭判决（民集 50 卷 10 号 2702 页）

一、事实概要

Y（被告、控诉人、附带被控诉人、上告人）在 1984 年 3 月末左右对死者 A 贷款 1.8 亿日元,并就 A 所有的土地（以下称"本案土地"）设定了归属清算型让与担保,同时以让与担保为原因由 A 对 Y 进行了所有权移转登记。

---

[132] 增森,前注〔113〕,第 1110 页,脚注 1。同旨,田高宽贵:《判批》,载《速報判例解説》第 1 卷（《法セ》增刊）（2007 年）,第 96 页。

[133] 关于本判决的评析,除增森,前注〔113〕,第 1098 页的调查官解说外,还有印藤弘二:《判批》,载《金法》第 1794 号（2007 年）,第 4 页；田高,前注〔126〕,第 74 页；荒木新五:《判批》,载《判タ》第 1234 号（2007 年）,第 41 页；小山,前注〔125〕,第 77 页；生熊,前注〔109〕,第 279 页,盐崎勤:《判批》,载《登記インターネット》第 90 号（2007 年）,第 122 页；永石,前注〔112〕,第 10 页；松村,前注〔108〕,第 120 页；太矢一彦:《判批》,载《銀法》第 677 号（2007 年）,第 72 页；生熊长幸:《判批》,载《金法》第 1812 号（2007 年）,第 41 页；福田修久:《判批》,载《判タ》第 1245 号（2007 年）,第 196 页；田高,前注〔132〕,第 93 页；庄菊博、杉江隆司:《判批》,载《専修ロージャーナル》第 3 号（2008 年）,第 57 页；青木则幸:《判批》,载《登情》第 48 卷第 2 号（2008 年）,第 106 页；杉本和士:《判批》,载《金判》第 1287 号（2008 年）,第 2 页；占部,前注〔110〕,第 181 页；玉越义雄:《判批》,载《別冊判タ》第 22 号（2008 年）,第 54 页；池田,前注〔121〕,第 908 页。此外,相关文章有,山野目章夫:《ハノイの想い出と譲渡担保の新しい判例》,载《金判》第 1256 号（2007 年）,第 1 页。

A 在清偿期内怠于支付上述贷款债务，就该债务陷入履行迟延后死亡。但之后 Y 没有支付或提供清算金，也没有通知不存在清算金。在此期间，X（原告、被控诉人、附带控诉人、被上告人）作为 A 的继承财产法人，其继承财产管理人通知 Y 抛弃本案土地的取回权，并请求支付清算金。

此外，Y 在 A 死亡后使用本案土地经营停车场，在上述取回权抛弃通知作出前已取得 1320 万日元的收益。因此，X 的继承财产管理人主张 Y 所得收益构成不当得利，在一审口头辩论期日中，以之作为主动债权，在相当于上述贷款债务的金额上作出了抵销的意思表示。

X 主张因自己抛弃本案土地的取回权而对 Y 取得了清算金支付请求权，提起本案诉讼请求预付部分清算金 5000 万日元（该金额相当于从本案土地的评估额中扣除上述抵销后的贷款余额）。

一审认定"让与担保权设定人在陷入债务履行迟延后，可以自行抛弃行使取回权的利益"，在该时点上，清算金的有无及其金额被确定。另外，在支持 X 的继承财产管理人主张的 Y 不当得利的基础上，命令 Y 向 X 支付 5000 万日元。

Y 提起控诉，但其控诉被驳回。

[106]　　Y 进而提起上告，主张取回权因债务完全清偿才发生，因为不能抛弃债务，所以也不能抛弃取回权。

二、判旨

撤销原判决，撤销一审判决，驳回请求。

"在让与担保权人不支付或提供清算金，也不通知没有清算金期间，让与担保权设定人即使抛弃让与担保标的物的取回权，也不得对让与担保权人请求支付清算金。盖因在让与担保权人作为实现让与担保权而使标的物归属于自己或进行变价处分的情形中，让与担保权设定人的清算金支付请求权是请求从其价额中扣除被担保债权额而支付其余额的权利。且让与担保权设定人的取回权，是在让与担保权人完成让与担保权的实现前，通过清偿而使被担保债务消灭，从而回复让与担保标的物的所有权等的权利。两者的发生原因不同，是不同的权利，所以让与担保权设定人即使抛弃取回权，其效果也只是出现抛弃取回权的状况。让与担保权设定人并不能因上述取回权的抛弃而取得清算金支付请求权。而且，若不如此理解，则让与担保权设定人通过抛弃取回权，就可以制约让与担保权人本来享有的自己决定让与担保权实现时期的自由，明显不当。"

三、评释

1. 结论上，本判决被认为是理所当然的。如后所述，要点在于，不能因为设定了让与担保，就认为债务人享有代物清偿权。然而，由于一、二审得出了相反的结论，学说上也存在一定的反对论。判决的说理中也有若干不清楚的地方。下文将详细讨论该判决。

2. 本案中的问题是，是否会因抛弃让与担保中的"取回权"，而发生清算金支付请求？因此，首先有必要明确，这里所称的"取回权"为何？

对于让与担保中的"取回权"，最判昭和 57 年 1 月 22 日民集 36 卷 1 号 92 页认为，"债务人行使所谓的取回请求，是基于债务人因清偿债务所回复之所有权的物权返还请求权或基于合同的债权返还请求权，或者是由此产生的撤销或移转登记请求权。所以，法律构造上并无余地将债务的清偿与伴随上述清偿的标的不动产的返还请求权等合成一体，并将之变为一项具有形成权性质的取回权"。当然，该判决没有对何种权利被称为"取回权"作出积极的判断。

作出积极判断的是最判昭和 62 年 2 月 12 日民集 41 卷 1 号 67 页。该判决认定，"即使在清偿期经过后，……债务人可以清偿债务全额而消灭让与担保权，并回复标的不动产的所有权（以下称该权能为'取回权'。）"。这是判例法理中"取回权"的定义。

对于清算金支付请求权，最判昭和 46 年 3 月 25 日民集 25 卷 2 号 208 页认为，"变价处分标的不动产，或通过适当地评估标的不动产而

[107]

从具体化的上述不动产价额中扣除自己的债权额，尚有余额时，需要将对应的金钱作为清算金支付给债务人"。该判决在让与担保中并未将标的物价额与被担保债权额间失去合理均衡作为要件，从而确立了一般性地存在清算义务。

仅从这一判示也可得知，判例中，所谓的清算金，归根到底是从标的不动产中回收债权后产生的剩余。

所以，若回收债权、清偿被担保债务，则债务人当然不能再清偿被担保债务。因此，前揭最判昭和62年2月12日认定"债务人就其所有的不动产设定让与担保权的情形中，债务人迟延履行债务时，债权人取得处分标的不动产的权能，基于该权能，可以通过使标的不动产的适当评估价额确定地归属于自己所有，或作出向第三人出卖等处分，进行变价，以其评估额或出卖价款等抵充自己的债权（含变价所需之相当费用额）。最后有剩余时，需要将之作为清算金支付给债务人"。"即使在清算期经过后，在债权人完成担保权的实现之前，(1) 债权人适当评估标的不动产而使其所有权归属于自己的归属清算型让与担保中，标的不动产的适当评估额超过债务额的情形，债权人对债务人支付或提供清算金之前；标的不动产的适当评估额没有超过债务额的情形，债权人对债务人作出此等意思的通知之前；(2) 作出将标的不动产以相当价格出卖给第三人等处分的处分清算型让与担保中，在该处分之前，债务人可以清偿债务全额而消灭让与担保权，并回复标的不动产的所有权（以下称该权能为'取回权'）"。即，清算金的发生时期与取回权的丧失时期一致。

3. 若以此种判例法理为前提，则"因为抛弃取回权，所以支付清算金"这一主张，只能是由设定人主导进行让与担保权的实现。但这是承认了设定人的（附清算）代物清偿权。无论如何也不能考虑承认此等权利[134]。本判决没有支持X的主张，乃极为当然之事[135]。

[108]

---

〔134〕秦光昭：《判批》，载《金法》第1477号（1997年），第5页。
〔135〕亦参见伊藤进：《判批》，载《リマークス》第16号（1998年），第29—30页中的指摘。

当然，关于这一点，有见解认为在因设定人无资力清偿被担保债权而不能行使取回权，然从诸般情事来看需尽快确定法律关系的情形中，设定人一方也可作出清算金请求[136]。也有见解认为，与抵押权人不同，让与担保权人取得标的物所有权，所以不应允许在已取得所有权的情况下还能对债务人请求被担保债权全额。由设定人对让与担保权人请求从标的物中回收被担保债权较好。换言之，没有必要连让与担保权人恣意决定实现时期的自由都承认[137]。这些见解的主张，在理论上或许与承认取回权的抛弃存在些许差异。倒不如说是将推动让与担保权实现程序的权利赋予设定人[138]。

[109]

但是，将设定让与担保的宗旨理解为可根据债务人一方的判断而以标的物来清偿，这一观点恐怕存在不合理之处[139]。

4. 判旨的理由如何呢？理由有两点。第一，清算金支付请求权与取回权是发生原因相异的不同权利。第二，不应限制让与担保权人享有的实现时期决定权。

对于第二点，已在"3"中有所论述。与此相对，我不认为第一点理由是妥当的。

判旨认为，"让与担保权设定人的清算金支付请求权是请求从其价额中扣除被担保债权额而支付其余额的权利"。"让与担保权设定人的取回权，是在让与担保权人完成让与担保权的实现前，通过清偿而使被担保债务消灭，从而回复让与担保标的物的所有权等的权利"。

这里看到的"取回权"的定义与前揭最判昭和 62 年 2 月 12 日相同。但是，若是如此，则"取回权"不会因某种原因而"发生"。仅就

---

[136] 荒川重胜：《判批》，载椿寿夫主编：《担保法の判例Ⅱ》，有斐阁 1994 年版，第 43 页。

[137] 鸟谷部茂：《判批》，载《法教》第 200 号（1997 年），第 143 页。

[138] 生熊长幸：《判批》，载《判评》第 462 号（《判时》第 1603 号）（1997 年），第 176 页；大西武士：《判批》，载《判夕》第 944 号（1997 年），第 76 页。此外，竹内俊雄：《判批》，载《高冈》第 9 卷第 1 号（1997 年），第 133 页。

[139] 高桥真：《判批》，载《民商》第 119 卷第 4、5 号（1999 年），第 784—785 页。

[110] 这一点而言,"发生原因相异的不同权利"这一说法就存在疑问。但是,就算撇开这一点不谈,如上所述,判例法理认为取回权的消灭时期=让与担保权的实现完成时期。因而,X通过抛弃取回权而使让与担保权的实现完成,并使得清算金支付请求权发生,所以即使说是"取回权"与"清算金支付请求权"的发生原因不同,也不构成理由。

坦白说,我认为只要指出第二点理由——更具体而言,即设定让与担保权并不会赋予债务人以代物清偿权——就已足够。

此外,与上述相关联,本案调查官解说认为,"因为如果债务人不完全清偿被担保债务就不发生取回权,所以无法根据判例法理推导出'在此之前的阶段可以抛弃取回权'这一理论根据","从一般权利的性质上而言,作为权利人的担保权设定人当然可以抛弃作为请求权的上述物权或债权性请求权,但是无法找出'既然此等权利是上述请求权,所以由于抛弃上述权利就径直使担保权人负有清算金支付义务这一债务'的理论依据"[140]。

这是基于"根据判例理论,(1)取回权是作为因债务人完全清偿被担保债务而消灭让与担保权,进而担保权设定人回复完全所有权的物权性请求权的取回权,或者是作为基于让与担保权设定合同的债权性请求权的取回权,取回权的发生是被担保债务完全清偿的效果。(2)取回权只能是上述物权性请求权或债权性请求权"[141]这一理解。但是,前揭最判昭和62年2月12日认定,"归属清算型让与担保中,即使债务人迟延履行债务,且债权人对债务人作出意思表示使标的不动产确定地归属于自己所有,如果债权人没有对债务人支付、提供清算金或者通知标的不动产的适当评估额未超过债务金额时,债务人享有取回权,仍可以清偿债务全额而使让与担保权消灭",取回权的发生并未被理解为被担保债务完全清偿的效果。

---

[140] 长泽幸男:《判批》,载法曹会编:《判解民平成8年度(下)》,法曹会1999年版,第978页。

[141] 长泽,前注[140],第978页。

另外，该调查官解说认为"在让与担保权的情形，债权人清算金支付义务及其金额确定的时点与设定人取回权消灭的时点一致"[142]，但是若将取回权理解为只能是作为"被担保债务完全清偿的效果"而发生的"上述物权性请求权或债权性请求权"，则在清算金支付义务发生以前不存在取回权，认为清算金支付义务确定与取回权消灭同时发生将存在理解上的困难。 [111]

如果此等理解构成判旨第一点理由的前提，则显然并不妥当。

5. 此外，判旨认为"让与担保权设定人即使抛弃取回权，其效果也只是出现抛弃取回权的状况"。

但是，在这一点上，已有批判认为，由于不认为清偿义务会因此而消灭，所以至多也只能是表明"眼下不清偿"这一意向，随时可以撤回，又没有法律意义[143]。正是如此！顺便一提，即使表明抛弃取回权，让与担保权人也可请求债务人清偿，如果存在保证人，则也可以请求履行保证债务；也可以执行债务人的一般财产。

6. 最后是我自己此前的主张。在使用"抛弃取回权"或"取回权发生原因"这一概念的背景下，我曾思考对让与担保中"取回权"这一概念进行实体化。但是在此想要指出这一思考本身并不妥当。

对于预告登记担保，若清算期间经过，即使不支付清算金，标的物的所有权移转至预告登记担保权利人处（《预告登记担保法》第2条第1款），且在标的物价额的限度内，被担保债权消灭（同法第9条）。但是，在该时点存在清算金时，"债务人等在受有清算金支付债务的清偿之前，可以向债权人提供相当于债权等之金额（指如果债权不消灭，债务人应支付的债权等之金额）的金钱，而请求取回土地等的所有权"（同法第11条）（着重号为笔者所加）。在此，（虽然也需要经过清算期间）预告登记担保权利人的权利内容将因清偿期的到来而发生变化。取 [112]

---

[142] 长泽，前注〔140〕，第975页。
[143] 加藤新太郎：《判批》，载《NBL》第622号（1997年），第74页。同旨，高桥，前注〔139〕，第780页。

回权是将其复原的特别权利,此时的支付并不是被担保债务的清偿。

与此相对,在让与担保中,前揭最判昭和57年1月22日认为,"债务人即使在债务清偿期到来后,在债权人完成变价处分前,也可以通过清偿债务而取回标的物。所以,如此看来,债务人所谓取回请求的行使,是基于债务人因清偿债务所回复之所有权的物权返还请求权或基于合同的债权返还请求权,或者是由此产生的撤销或移转登记请求权"。此外,最判平成6年2月22日民集48卷2号41页也认为"清偿剩余债务而取回标的物"(着重号为笔者所加)。不动产让与担保中,在清偿期到来后,(不限于担保目的范围的)完全的所有权暂时归属于让与担保权人——这一观点不能被采用。

如此一来,在让与担保中,就没有必要考虑同预告登记担保一样的两阶段构造,即"所有权归属于担保预告登记权利人→取回",只要将"何时之前可以清偿被担保债务"作为问题即可[144]。即使在抵押权中,债务人清偿被担保债务而消灭抵押权,也没有特别构造为某种权利。

虽然使用了"取回权"这一用语,但是创造出取回权的抛弃等概念,似乎应当反省其出发点吧[145]。

[原载于《法学协会雑誌》第128卷第8号(2011年),第2134页及以下]

---

[144] 道垣内,第319页。

[145] 本判决除长泽,前注〔140〕,第969页的调查官解说外,还有鸟谷部,前注〔137〕,第142页;秦,前注〔134〕,第4页;生熊,前注〔138〕,第172页;副田隆重:《判批》,载《判夕》第940号(1997年),第71页;加藤,前注〔143〕,第72页;秦光昭:《判批》,载《金法》第1492号(1997年),第52页;大西,前注〔138〕,第72页;鸟谷部茂:《判批》,载《広法》第21卷第2号(1997年),第263页;竹内,前注〔138〕,第129页;佐藤繁:《判批》,载《法的支配》第108号(1998年),第85页;伊藤,前注〔135〕,第26页;佐贺义史:《判批》,载《判夕》第978号(1998年),第48页;高桥,前注〔139〕,第300页;龙泽孝臣、平城恭子:《判批》,载《金法》第1581号(2000年),第170页;冈内真哉:《判批》,载《金判》第1286号(2008年),第32页。此外,关于第一审判决,有生熊长幸:《判批》,载《判評》第410号(《判時》第1445号)(1993年),第197页;荒川,前注〔136〕,第41页;田中淳子:《判批》,载《愛知大学大学院法研究論集》第11卷第1号(1993年),第187页;以及,荒川重胜:《譲渡担保権設定者の:"受戾権"と清算金請求権》,载《立命》第231、232号(1993年),第1202页。

第二章　个别动产、集合动产让与担保 [113]

第一节　承认基于动产让与担保而行使物上代位权的事例——最高法院平成 11 年 5 月 17 日第二小法庭裁定（民集 53 卷 5 号 863 页） [114]

一、事实概要

诉外人 A 公司与 Y 银行就信用证交易达成了基本合意，约定为担保 A 因该交易而负担的债务，为 Y 在进口商品等之上设定让与担保权。基于这一基本约定，对于 A 进口本案商品，Y 发行了信用证，并在 1997 年 10 月 24 日至同月 30 日间，通过接受开出 3 份美元期票（票据金额换算成日元为 1092.4371 万日元）的方法，对 A 贷款与进口价款决算资金相当的金额。当时，作为该期票金债权的担保，在各自对应的本案商品上，Y 受有让与担保权的设定，且给 A 开具了本案商品的"信托收据"（trust receipt），并赋予其处分权限。在此所谓的"信托收据"，是指信用证发行银行保留根据信用证交易约定书中让与担保的相关规定而取得的所有权，同时将让与担保标的不动产交付给让与担保设定人（即进口业者），并赋予其处分权限。

随后，A 在 1997 年 10 月 24 日至同年 11 月 11 日间，将本案商品出卖给诉外人 B 公司。

然而，A 在 1997 年 10 月 30 日申请了破产，并在同年 11 月 12 日被宣告破产。X 被选任为破产管理人。基于与 Y 之间的银行交易约定，A 因该破产申请而就前述期票金债务丧失了期限利益。

因此，Y 在 1997 年 12 月 9 日，以前述期票金债权为被担保债权，行使基于让与担保权的物上代位权，申请扣押 A 对 B 享有的本案商品的买卖价款债权。执行法院在同月 10 日接受了该申请，基于让与担保权的物上代位，发出了债权扣押命令。

[115] 　对此，X 请求撤销该命令并申请执行抗告，但是被驳回。所以，X 向原法院请求批准向最高法院抗告。原法院批准了这一请求（因这一批准，视为存在批准抗告）。

二、判旨

驳回抗告。

"在上述事实关系下，作为信用证发行银行的 Y，基于对进口商品的让与担保权而行使物上代位权，可以对转卖的进口商品的买卖价款债权进行扣押。即使在作为债务人的 A 受到破产宣告后作出上述扣押，亦同。原审判断与此同旨系正当，可以维持。原裁定不存在所谓的违法。抗告理由不能采用。"

三、评释

1. 是否承认基于让与担保的物上代位？这一问题，在本判决当时，学说上多采肯定说。但是，正如已经有所指出的那样，此类见解的论述主要是考虑对损害保险金的物上代位[1]。对此，我主张（1）对于租金，将其当作孳息收取权的问题来处理即可；（2）在设定人将个别动产让与担保的标的物出卖给第三人，并承认第三人即时取得的情形中，若肯定对买卖价款债权的物上代位，则将会承认让与担保权人享有超过所有权人的权利，但让与担保权人作出的毕竟是所有权取得的合

---

[1] 吉田光硕：《判批》，载《民商》第 122 卷第 4、5 号（2000 年），第 649—650 页。椿寿夫：《判批》，载《リマークス》第 21 号（2000 年），第 22 页等。

意,即使实质上是担保,也无须认为其享有超过当事人所选法律形式的权利;(3)即使在标的物灭失或毁损的情形中,让与担保权人作为所有权人(限定于债权担保目的),也可以被担保债权额为限度,对侵权行为人直接请求损害赔偿[2]。

对于我的这一见解,主要都是从实质妥当性的观点来批判,鲜有从理论性的角度来批判的。在少数理论性批判中,也有主张应当留意与"连一般债权人都可行使债权人代位权"之间的平衡[3]。但让与担保权人也是债权人,可以行使债权人代位权,所以这一批判不能成立。此外,也有批判认为,若在与第三人的关系上出现"外观作出"的问题则另当别论;作为当事人间的法律关系,不如承认物上代位较好[4]。但是,承认物上代位权正是在与第三人的关系上承认其优先地位。因而这一观点作为批判并不妥当[5]。

[116]

2. 另外,虽然不存在公开的下级审裁定例,但有报告说"在大阪地方法院,除与本案当事人相关联的一系列案件外,似乎也存在若干基于让与担保权而行使物上代位权并申请扣押债权的事例(均被支持),但在东京地方法院,直到最近都完全没有实例"[6]。当然,最高法院也没有先例。

3. 在此等学说和下级审的背景下,本裁定的意义在于最高法院首次承认基于让与担保权的物上代位。

---

〔2〕 道垣内(旧),第261—262页。

〔3〕 山野目章夫:《流動動産譲渡担保の法的構成》,载《法時》第65卷第9号(1993年),第24页。

〔4〕 《〈シンポジウム〉集合動産譲渡担保の再検討》,载《金融法研究》第6号(1990年),第83页(米倉明发言)。

〔5〕 今尾真: 《所有権移転型担保に基づく物上代位に関する基礎的考察(1)》,载《明法》第73号(2002年),第1页;今尾真:《所有権移転型担保に基づく物上代位について》,载《私法》第65号(2003年),第170页;水津太郎:《所有権移転型担保に関する物上代位論の基礎》,载《法学政治学論究》第60号(2004年),第393页。

〔6〕 河边义典:《判批》,载法曹会编:《判解民事平成11年度(上)》,法曹会2002年版,第458页。

但是，本裁定完全没有说明理由。这一点体现了本裁定归根到底是"在上述事实关系下"的事例裁定[译者注]，有评价认为"反而可以推测出最高法院避免作出一般论的判断"[7]。但是，难得为了统一法律解释而批准了抗告，所以如果是事例裁定，似乎应当指明哪些点被肯定了；如果是作为一般论的裁定，似乎应当努力通过说明某种应然的理由来提高判例法理的安定性吧。

[117]　实际上，在本裁定之后，有报告指出，2001年东京地方法院执行部在处理与本案相同的案件中，有2件承认基于动产让与担保的物上代位的事例，但是对于上述以外类型的动产让与担保，对其物上代位权的行使采取了消极的处理方式[8]。另外，也出现了如东京地判平成14年8月26日金法1689号49页的判决——虽然是一般论，但是广泛肯定了基于让与担保的物上代位。

4. 那么，若认为本裁定是事例裁定，则其有何特征。在与本案类似的交易中，有关商品的所有权一次都没有移转至债务人，因此有学说强调在性质决定上可认定其是所有权保留[9]，但此等性质认定与结论之间的逻辑推导关系为何，并不明确。

此外，第一，有见解指出，本案中，Y赋予了A让与担保标的动产的出卖权限[10]。由于已被赋予出卖权限，所以自A处受有处分的B，不论其主观样态如何，都取得标的动产的所有权，而X不能追及标的动产自身。如此一来，与因向第三人交付标的物而消灭的动产买卖先取特权（《民法》第333条）一样，有必要保护物上代位权的担保

[译者注] 所谓事例裁定，是指裁定并未展现抽象的一般法理，而是仅就具体事实关系下的法理作出判断。
[7] 河边，前注[6]，第461—462页。
[8] 河边，前注[6]，第471页，脚注12。
[9] 德田和幸：《判批》，载《判评》第493号（《判时》第1697号）（2000年），第190—191页。
[10] 山本克己：《動産担保権に基づく物上代位の問題点》，载《自正》第50卷第11号（1999年），第135—136页；松冈久和：《判批》，载《法教》第232号（2000年），第113页；角纪代惠：《判批》，载《金法》第1588号（2000年），第45页。

权人。

第二，有见解指出，被担保债权是标的动产购买资金的贷款债权。被担保债权与标的物之间存在直接的牵连性。此外，承认物上代位时，作为其标的债权的标的动产出卖价款债权与被担保债权之间也存在密切的牵连关系，所以，类似于承认动产买卖先取特权的状况[11]。

第一种见解指出"有余地认为，射程限定在让与担保权人对设定人授予处分权的情形"[12]，第二种见解认为本裁定与案情有关，"在(1)是以特定动产为标的的让与担保，且(2)担保标的物与被担保债权间存在相当程度的牵连性的情形中，承认让与担保权人行使物上代位权"[13]。

[118]

5. 即使承认基于让与担保的物上代位，对于其被承认的局面和要件，确实有必要进行进一步的分析吧。实际上，以本裁定为机缘（部分是此前即已开始的），逐渐开始有细致的探讨。在此，有观点认为，在流动动产让与担保中，让与担保权人着手实现前，设定人不仅可以出卖商品，还可以自由使用出卖价款，所以至少在日常经营过程中作出出卖处分的情形中，不应承认物上代位[14]。此外，也有见解认为，在不动产让与担保中，不应承认物上代位[15]。

另外，在本裁定之后，最决平成22年12月2日民集64卷8号1990页认为，"以构成部分变动的集合动产为标的的集合物让与担保权，对于让与担保权人而言，是将构成让与担保标的集合动产的动产

---

[11] 小山泰史：《判批》，载《摄南》第24号（2000年），第76页；山野目章夫：《判批》，载星野英一等编：《民法判例百選Ⅰ（第5版新法対応補正版）》，有斐阁2005年版，第202页（强调被担保债权与物上代位标的债权间的牵连关系）。野泽正充：《判批》，载《法セ》第542号（2000年），第109页（强调标的物与被担保债权间的牵连关系）。

[12] 山本，前注[10]，第136页。

[13] 野泽，前注[11]，第109页。

[14] 吉田，前注[1]，第656页；小山，前注[11]，第82页；角，前注[10]，第45—46页；山野目，前注[3]，第24页。

[15] 吉田，前注[1]，第654—655页；小山，前注[11]，第85页（但至少对出卖价款，有所谓的保留）。

(以下称'标的动产')的价值作为担保来掌握,所以在标的动产灭失的情形中,为填补其损害,其效力及于对让与担保权设定人享有的损害保险金支付相关的请求权。当然,以构成部分变动的集合动产为标的的集合物让与担保合同,是以让与担保权设定人销售标的动产而继续营业为前提的,所以让与担保权设定人继续日常经营的情形中,即使因标的动产灭失而发生上述请求权,如果没有特别的情事,如达成合意可以径直对上述请求权行使物上代位权等,不应当允许让与担保权人对有关请求权行使物上代位权"。

这一2010年最高法院裁定采用的逻辑是,在广泛承认物上代位的基础上,从合意的宗旨上加以限制。此时,使用了"将价值作为担保来掌握"这一一般性文言作为理由。但是,不应着急地奔向一般性肯定说,而应当精心积累案件吧。本裁定逐渐丧失了"只是个案裁定"的意义。

6. 此外,本裁定也认定即使在动产让与担保设定人受到破产宣告后,也可行使物上代位权。对于这一点,已有诸多议论,本评释中不再赘述[16]。

[原载于《法学協会雑誌》第128卷第12号(2011年),第3239页及以下]

---

[16] 本裁定,除河边,前注[6],第439页的调查官解说外,还有吉田光硕:《判批》,载《判夕》第1014号(2000年),第48页;松冈,前注[10],第112页;德田,前注[9],第189页;野泽,前注[11],第109页;近江幸治:《判批》,载《ジュリ》第1179号(2000年),第77页;秦光昭:《判批》,载《NBL》第692号(2000年),第66页;平野英则、八尾晃:《判批》,载《国際商取引学会年報》第1、2号(2000年),第103页;椿,前注[1],第22页;荒木新五:《判批》,载《Credit&Law》第125号(2000年),第48页;吉田,前注[1],第644页;小山,前注[11],第69页;竹内俊雄:《判批》,载《青森法政論叢》第1号(2000年),第76页;角,前注[10],第43页;园部秀穗:《判批》,载《判夕》第1036号(2000年),第66页;山野目,前注[11],第202页;清水惠介:《判批》,载《金判》第1286号(2008年),第88页。此外,以本裁定为机缘的论稿有,山本,前注[10],第126页,椿寿夫:《動産譲渡担保権に基づく物上代位の行使》,载《金法》第1562号(1999年),第6页。以及,作为原裁定的解说有,堂园升平:《判批》,载《銀法》第560号(1993年),第79页。

第二节　集合动产让与担保的再讨论——"标的物"的中途处分　[120]

一、问题之所在

1. 实务中使用的集合动产让与担保合同书中约定，集合物相关的个别动产被处分给第三人时，或者从合同约定的场所中搬出时，随时需要取得让与担保权人的同意。但实际上大多都不需要每次都进行承诺，取而代之的是由设定人对让与担保权人定期进行在库状况的汇报。一方面，设定人的处分或搬出行为若属于让与担保合同缔结时所设想的"设定人通常的营业范围内"，那么对于让与担保权人而言，反而没有必要主张异议。另一方面，如果要求每次处分或搬出都要一一请求让与担保权人承诺，对于设定人而言，事实上难免会给经营带来障碍。所以，考虑这一实际情况，也有合同书会明确约定"债务人可以在通常的营业范围内作出商品的出卖、加工等处分"。

但若是如此，为何允许"设定人在日常经营范围内的处分"呢？这是从集合动产让与担保的本旨中推导出来的吗？抑或是"让与担保权人不能主张异议"这一完全事实上的结论？进一步，作出超出"设定人日常经营范围"的处分时，让与担保权人享有何种权利呢？对于此等问题，一直以来没有什么论述。本节想要稍微填充一下这一论述的间隙。

2. 另外，即使在采集合物论的学说中也有各种各样的微妙差别。在理论上可将其分成两类。第一类，让与担保的标的物是集合物自身，个别动产并非标的物。即使承认让与担保权人对个别动产的权利，也是透过集合物这一媒介，所采用的逻辑是"因为它们是作为标的物的集合物的构成要素"（观点①）。与此相对，第二类，认为集合物这一概念不过是为了说明流动动产通过一份合同而构成让与担保标的物的便宜概念而已。个别动产与集合物自身一同，都是让与担保标的物（观点②）。　[121]

就集合物本来的观点而言，似乎应采观点①，但多数论者采观点②。当然，议论尚未有定论，比较探讨两者间的优劣仍是重要的课题。因此，有必要深入探讨个别动产的问题点，即处分情形中的法律关系。

换言之，一直以来集合物论多作为抽象论，或者说多以设定情形为中心而展开的，而本节想要从设定人处分标的物（实际上，集合动产让与担保中的"标的物"是什么，就是我们已经看到的一个问题）这一情形出发对集合物论进行再讨论。

3. 所以下面将采用如下结构来进行论述。

首先，考虑"处分"的三种情形。第一种，设定人出卖；第二种，第三人毁损；第三种，设定人的债权人扣押。一方面，从"处分"这一用语来看似乎仅是上面第一种情形，本节开头也列举了此例。另一方面，在上述三种情形以外的情形中，在让与担保权实现之前，也会有标的物权利关系出现问题的情形。但是，如果"处分"这一用语被广义理解为是让与担保实现以前标的物发生变动的情形，则上面三种情形是其中典型的会出现问题的情形。

在各个情形的内部，可以分为（1）组成集合物的个别动产处分的情形和（2）保持流动性的集合物自身处分的情形。再进一步，在各自情形中，又对（a）集合物本身是让与担保标的物，个别动产不过是作为其构成要素的观点（观点①）得出的结论，与（b）集合物本身也是让与担保标的物，但个别动产本身也是标的物的观点（观点②）得出的结论，进行若干比较讨论。

[122]

二、设定人出卖

1. 个别动产的出卖

（1）日常经营范围内处分[17]的情形

（a）（b）对于集合物论，不论是采用观点①还是采用观点②，显

---

[17] "日常经营范围内的处分"是什么？首先，是否为日常经营范围内的处分，不应根据被处分的动产的数量来判断。短期内设定人接到大量的订单，即使组成集合物的动产几乎全被出卖，但是立刻大量进货，组成集合物的动产再增加，也并没有什么问题。在设定人的经营中属通常（高兴地）进行的交易。其次，处分价格虽是重要因素，但季节商品在季节结束后也会便宜出售，所以并非决定性标准。所谓的日常经营范围外处分，从结论上来说，应限于以侵害让与担保权人的优先清偿权为目的的处分，或是破产间隙为确保事业运转资金而倾销的情形。

然，在这一情形下，处分相对人都可以就构成处分标的的动产取得完全所有权，并且让与担保设定人也不用对让与担保权人负责。这是从集合动产让与担保的本旨所得出的。此外，对于处分价款债权，也不应承认让与担保权人的物上代位[18]。

当然，在理论上如何论证，观点①和观点②有所不同。观点①认为个别动产不是让与担保的标的物，所以设定人当然可以处分个别动产。至于与集合物自身的关系，应认为构成集合物的使用。与此相对，观点②认为个别动产属于让与担保的标的物，因此不是当然地允许个别动产的处分，而是通过对让与担保合同的解释来允许处分罢了。

[123]

（c）结论虽然相同，但观点①的说法似乎更顺畅。特别是，采用观点②时，在合同中明文约定若无让与担保权人的承诺则禁止出卖时，若仍依据当事人合理的意思解释认为日常经营范围内的处分有效，则多少会有些矛盾。不如直接认为是标的物的使用更妥当。

（2）超过日常经营范围的处分

（a）若采用观点①，个别动产因出卖而当然脱离集合物，让与担保权人对此没有任何权利。设定人违反让与担保合同当然是个问题，但不管怎样都是金钱债权，与请求让与担保的被担保债权相同，所以意义不大。在此，对让与担保权人享有权利的集合物的价值进行毁损的行

---

[18] 仅就这一情形而言，也可以认为日常经营范围内的处分是设定人当然的权利。因为前提是其买卖价款是作为设定人事业的运转资金而使用的，所以不能承认物上代位。但是，我的个人看法是，对于一般让与担保权否定物上代位。理由如下：某一动产的完全所有权人 A 将有关动产出租给 B 时，B 将有关动产作为自己的所有物出卖给 C，C 即时取得该动产。此时，A 只能根据租赁合同的债务不履行或侵害所有权的侵权行为对 B 请求损害赔偿，对于 B 对 C 享有的买卖价款债权没有特别的优先权。与此相对，A 的权利为让与担保，若认可上面有物上代位权，则 A 在买卖价款债权上取得了优先权。即，作为担保权人的当事人，比所有权人享有更强的权利。然而，在让与担保合同中，A 采用的是自己是标的物完全所有权人这一外观，虽然让与担保实质上也是担保，但不应承认 A 享有超出"当事人采用的外观"的权利，所以应当否定物上代位权。所谓让与担保的担保性构造，让与担保权人的权利相较完全的所有权人更受限制，应近似于担保权人。虽然强调担保性构造，但是却赋予比所有权人更强大的权利，这并不妥当。[此外，对于将《民法》第 370 条类推适用到让与担保的学说（通说），也可采用相同的批判。根据该条的适用，让与担保权人相较于通常的买受人（受有《民法》第 87 条第 2 款的适用），可将自己的权利及于更广泛的范围。]

为，成立侵权行为，可追及处分相对人的责任。

且说，关于处分相对人侵权行为的问题，其中也仍有一些点需要进行讨论。

首先，对于故意或过失，需要认识到什么程度？一般而言，应认为要认识到存在对让与担保权人的违法侵害（不触及侵权行为的一般要件论），但是单单认识到有关动产是作为让与担保标的物的集合物的构成要素是不够的。换言之，若有关处分在通常的营业范围内，则这是集合动产让与担保中所设想的事态，不能说是对让与担保权人的违法侵害，所以要成立故意或过失，需要认识或者可能认识到有关处分超出了日常经营的范围。若将这一点与前面脚注 17 中所说的放在一起思考，则结论上需要有对让与担保权人的害意。即，需要处分相对人已知或应知存在让与担保权，并且已知或应知设定人的意图是侵害让与担保权人的优先清偿权或倾销（为避免破产而硬要倾销）。若合起来思考，则至少是故意的过失，大多是有积极害意的情形吧。

其次，是侵权行为效果的问题。一般认为是金钱损害赔偿[19]，但是不能请求停止侵害或回复原状吗？抽象论上，作为侵权行为的效果，即使认为可以请求停止侵害或回复原状（对于认可后者，批判尤为强烈），其要件相较于认可金钱损害赔偿请求也更为严格。但是，若

---

[19] 关于具体损害赔偿的方法以及赔偿额的算定问题，若考虑集合动产让与担保系担保继续性交易所生债权这一通常形态的话，则与侵害最高额抵押权标的物的情形类似。但是，对于后者的赔偿方法以及赔偿额的算定也没有详细论述。

首先，在担保权实现以前也可以请求损害赔偿吗？虽然在普通抵押权的情形中也有争议，但尤其是最高额抵押的情形，被担保债权额不确定，所以损害额难以算定，应认为不能在担保权实现之前请求。其次，通常情形下，损害额被认为是在因侵害而不能优先受清偿之额的限度内，但如果侵害时被担保债权额是 5000 万日元，原本价值 1 亿日元的集合物，其价值因侵害而跌落到 6000 万日元，之后被担保债权额在实现时变成 7000 万日元时，该如何思考？（前提是从侵害到实现期间集合物的内容不发生变动。若有变动，则又会出现相当因果关系的举证问题。参见"三、1"。）由于最高额担保的特殊性，即实现时的担保债权额才是问题，中途的债权额几乎没有意义，所以应认可 1000 万日元的损害赔偿请求。（此外，对于本注中关于侵害最高额抵押标的物的内容，之后已经改说。简单而言，参见道垣内，第 186—187 页。但是，集合动产让与担保中变动的不仅是被担保债权，所以应与最高额抵押权区分。）

是有积极的害意,应该也是可以的。

(b)根据观点②(认为就个别动产成立让与担保权),在第三人即时取得之前,让与担保权人可以请求返还有关动产(严格而言,与集合物的构成要素放在一起,例如放回仓库)。即时取得后与观点①一样,至多只是侵权行为的问题而已(亦参见"三、1")。

[125]

那么,作为即时取得要件的善意无过失,是对什么的善意无过失呢?即使认为个别动产也是让与担保标的物,如上面"(1)"中所述,若是日常经营范围内的处分,则第三人应当可以取得处分标的物的完全所有权。若是在这一范围内,设定人享有个别动产的处分权。如此一来,要想构成"对于无处分权是恶意的",或者"对于不知无处分权存在过失",就得是处分相对人已知有关处分是设定人日常经营范围外的情形,或者就不知道存在过失的情形。所以,根据与上文观点①中故意过失的讨论相同的探讨,在结论上,限于处分相对人有想要侵害让与担保权人优先清偿权的害意的情形,将否定即时取得。

(c)如此看来,不论是观点①还是观点②,在解决上都颇为相近。即,除了想积极地阻止让与担保权人享有优先清偿并以此为目的而买受的情形,处分相对人受到保护。当然,采用观点①时,让与担保权人要证明处分相对人的害意。与此相对,采用观点②时,处分相对人需要证明善意无过失,即没有害意。但是,即使对于善意无过失,根据判例和通说,也是采用推定的方式,所以差别很小。还有一点,处分相对人有害意时,能否请求返还被处分的动产本身?在这一点上似乎存在区别。但如果在侵权行为中也能认可停止侵害或回复原状请求的话,也就没有差别了。

结论上,可以说基本没有差别。

2. 内容变动的集合物自身的处分

虽然应在理论上进行思考,但没有认可的必要性。内容变动的集合物中,有价值的在于设定人一边继续通常的营业一边将其作为担保的情形。价值可以发生变动的集合物自身被出卖,且出卖人尽管已经出卖却仍可使其内容发生变动,这实际上不足以构成问题。

[126]

三、第三人毁损

1. 个别动产的毁损

（a）如观点①，若构成让与担保标的的仅仅是集合物本身，则个别动产的毁损被认为构成部分集合物的毁损。更彻底地，集合物自身仍旧继续存在，所以也可认为担保标的物没有发生变化。但是，集合物价值发生了减少，所以还是认为集合物部分毁损更合理。

若这样认为，那就是侵权行为了。首要的问题是，让与担保权人只能就设定人对侵权行为人享有的损害赔偿请求权进行物上代位吗？如前所述["二、1.（1）"注〔18〕]，我个人认为让与担保权人是没有物上代位权的。

那么，可以肯定让与担保权人独自的损害赔偿请求权吗？本来，如果是日常经营范围内的处分，设定人可以自由处分并取得其出卖价款以充当营业资金。例如，若将组成集合物的 1000 匹布料中的 200 匹以正当价格出卖给第三人，则该出卖有效，且出卖价款可以用于自己的经营。与此相对，1000 匹布料中的 200 匹被毁损的情形（假设 800 匹的变价款项不足以回收全部被担保债权），如果让与担保权人可以对侵权行为人请求损害赔偿，而设定人至少都不能从侵权行为人处取得全额的损害赔偿，则将会不均衡，也会导致设定人难以继续经营。

本来，如果设定人凭借作为损害赔偿而受领的金钱补充在库商品（集合物的内容），让与担保权人能因此得到满足。在超出日常经营范围的处分的情形中，设定人违反担保合同，且由于没有补充的意图，所以也有余地认为让与担保权人享有直接的损害赔偿请求权。但是，在设定人没有违反合同的情形中，正确的做法是与日常经营范围内的出卖一样，等待设定人补充。所以结论上否定让与担保权人的损害赔偿请求权。理论上，如果设定人没有违反合同，则可以自己处分，所以不能因为这是第三人的行为，就认为发生了损害。

（b）如观点②，若认为个别动产也构成让与担保的标的，且如我所主张的否定物上代位权,则显然认可让与担保权人的损害赔偿请求权。但是,如上所述["二、1.(2)"注〔19〕],在实现前不能请求损害赔偿,且损害赔偿额限于因毁损而侵害优先清偿权的范围。因此,如果第三人毁损让与担保标的物不构成被担保债权清偿期的到来事由,实际的损害赔偿请求将在之后进行。所以,在毁损以后,实现之前,若集合物的内容发生变动,则对于毁损行为与实现时集合物全体价值小于被担保债权之间相当因果关系的证明,将会颇为困难。

当然,对于被告(第三债务人)已承认原告的代理受领权,却直接向债务人进行支付,因此而侵害原告利益的案件,最判昭和61年11月20日判时1219号63页作出如下判示。这之间的关系是个问题。即,"若无特别情事,由于债权人本可以自由选择通过何种担保权来实现债权,所以,因丧失其中一个担保而不能自该担保权处受有债权之实现,其自身可以理解为损害"。若将这一一般论也适用到多个物的担保并存的情形中,则个别动产中的一个动产被毁损,在该时点也可请求损害赔偿。但是,至少眼下这一判例应限定地理解为是就"握有不同种标的物的复数担保权并存的情形"所作的判示,暂且不要超出这一判示来探讨。

(c)即使采用观点①,也并非不能认可让与担保权人的损害赔偿请求权,如此一来,观点①和观点②之间又几乎没有差别。但是,如上所述,应当否定让与担保权人的损害赔偿请求权。所以,若如此理解,则在容易推导出该解释这一点上,观点①更优。

2. 集合物全体的毁损 [128]

(a)(b)首先应注意,不能因为构成集合物的个别动产全部毁损,就认为集合物自身也灭失了。某一仓库中的全部商品构成集合动产让与担保的标的物时,由于设定人经营的关系,短期内也有可能相关仓库中的商品全部没有了,但是让与担保的标的不会因此而消失。若再次往相关仓库中搬入商品,则对于以该商品为构成要素的集合物,让与担保关系继续。这一点得到普遍承认。

就上述例子而言,集合物全体的毁损,是全部动产连同仓库自身都消失得一干二净的情形。进一步地，仓库内 A 架子上的全部商品构成标的物的情形中，A 架子被推倒；或者仓库内中间过道以东部分放置的全部商品构成标的物时，仓库的布局发生变化，中间过道消失。这些情形也都是（当然，虽然后者很难认为会由第三人作出）。此等情形中，根据否定物上代位权的私见，不论采用观点①还是观点②，作为担保标的物的毁损，似乎都可对作出侵权行为人的第三人请求损害赔偿，但是，严格来说，应当分成三种情形来讨论。

第一种情形，合同已约定担保灭失的情形视为被担保债权清偿期到来的情形。这是实务中普遍的情形。在该情形中，即使认为若不到担保实现时便就不能请求损害赔偿，但由于本来就已处于可以实现的状态，所以可以对第三人请求损害赔偿。

第二种情形，合同已约定设定人的担保提供义务或担保保持义务的情形。在该情形中，设定人负有义务将 A 架子复原，或者复原中间过道。若履行这一义务，则让与担保权人似乎就没有损害，反过来，若不能履行这一义务，则根据《民法》第 137 条第 3 项，被担保债权清偿期到来，所以与上面一样，也可对第三人请求损害赔偿。

第三种情形，合同中没有约定上述任意一种情形。此种情形，不适用《民法》第 137 条第 2 项，所以在被担保债权本来的清偿期到来之前，似乎不能请求损害赔偿。

[129] 当然，实务上几乎不可能出现第三种情形，所以似乎也无须将其当作问题。

（c）在此，观点①和观点②之间没有差别。

四、设定人之债权人扣押

1. 个别动产的扣押

（a）采用观点①时，一方面，可认为由于个别动产是集合物的一部分，所以与扣押某件物品的一部分——例如仅扣押房屋的柱子——是一样的，所以不允许扣押（若已开始，将构成执行异议的对象）；另一方面,也可认为设定人的债权人可以自由扣押,让与担保权人不能提出任何的异议。进而,若采中间性观点,则也可认为集合物因扣押而固定化,成为内容不变动的集合动产让与担保,即复数的个别动产让与担保。

那么,该采何种见解呢?首先,第一种观点不妥当。也就是说,当个别动产被出卖而脱离集合物时,让与担保权人不能提出任何的异议,反而可以对扣押享有很强的权利,这有失均衡。其次,最后一种观点也不妥当,因为就结论而言,事实上可以全部排除个别动产的扣押。换言之,如果认为因固定化而导致个别动产个别地构成让与担保标的,将适用通常动产让与担保标的物扣押相关的观点。众所周知,在这一点上,其中一种见解认可让与担保权人可以提出第三人异议。另一种见解仅认可优先清偿(作为分配要求或第三人异议的部分承认)。两种见解相互对立。若认可第三人异议,则当然可以排除扣押。即使不认可,但若能从被扣押动产的拍卖款项中回收被担保债权的全额,且让与担保权人总是可以主张优先清偿或要求分配,则除了绝大部分情形——即暂时扣押的复数动产的价值整体上超过被担保债权额的情形——扣押都是作为无剩余扣押而被排除(《民事执行法》第 129 条第 2 款)。此等结论,似乎与个别动产出卖的情形有失均衡[20]。

在这一问题上,目前想要采用"设定人的债权人可以自由扣押"这一立场。会有批判认为,这一立场使得让与担保权人的权利过于脆弱,并不妥当。但是,若从与个别动产被出卖时的均衡来看,这一立场有一定的妥当性。而且,如果让与担保权人把个别动产的扣押作为被担保债权的清偿期到来事由=标的物固定化事由,则可以确保优先清偿权(虽然让与担保关系因此而强制终止)。

(b)如观点②,若认为个别动产也是让与担保的标的,则其状态

[130]

---

[20] 当然,如果可以解释为——若仅用未被扣押的动产就可回收被担保债权,则不能排除扣押;若从剩余财产中不能回收时,则可排除扣押——将不存在不均衡,结论也是稳定的。但是,这一解释在固定化之后仍将复数的动产让与担保理解为一体化,难免会被质疑这与固定化本身的概念相悖。或者说,将复数的动产、不动产作为让与担保标的物时,或许还需进一步深究此种情形下的一般法律关系。

刚好与观点①中的集合物固定后一样。因此，事实上总是可以排除扣押。但是，虽说同样是个别动产构成让与担保的标的，但是与固定化的情形不同，标的物的流动性仍旧持续。或许还另有思考的余地。

虽然采用观点①，但是并不会必然推导出"允许自由扣押"这一个人立场。此外，观点②的结论也非常微妙。在这一点上，与其说观点①和观点②相对立，倒不如先进一步探讨什么才是妥当的解决方案。

2. 保持流动性的集合物的扣押

没有必要承认这种情形。其内容处于变动状态，所以不能扣押。与此相对，若内容固定化，则可进行扣押，但此种情形没有必要与复数动产扣押的情形加以区分。

五、结语

以上就是对让与担保标的物中途处分情形的探讨。这里注意到的是，如果采用观点①，即推行集合物论的观点，则集合动产让与担保的效力将会变得极其微弱。但是那也挺好的。最判昭和62年11月10日民集41卷8号1559页出现以后，对于集合动产让与担保的强大性的批判层出不穷，这些批判中包含了值得赞同的观点。

[131]

当然，问题在于，当采用分析论[译者注]时，由于认为个别动产构成让与担保的标的，所以尤其是相较于上述采用观点①的情形，让与担保权人的权利会更强。而学说之所以推行集合物论，不是因为理论上不可能采用分析论，而是因为集合物论的观点可以保护让与担保权人的权利，鉴于此，从观点①中推导出的结论似乎并不妥当。

但是，本节只是想在理论上填补空白并展现"模样如何"。希望能为将来摸索更为妥当的解决方案——基于"应承认集合动产让与担保何种程度的效力"这一实质性的政策性讨论——提供帮助。

[原载于《金融法研究资料编》第5号（1989年），第128页及以下]

〔译者注〕即认为集合动产让与担保的客体为构成集合物的个别物。与此相对的为集合物论，认为客体并非个别物，而是集合物。

第三节 英格兰浮动担保中担保权人对个别财产的权利 [132]

一、引言

1. 讨论对象

(1) 在英格兰,作为公司经营融资中的担保手段,浮动担保(floating charge) 发挥着重要的作用。1870 年代的几个判决承认了这一担保手段的合法性[21],进而在之后被广泛运用。其在英格兰法上有超过 100 年的历史。

关于这一担保的定义,多会引用 1903 年 Re Yorkshire Woolcombers Association, Ltd. 案判决中 Romer 爵士的判示[22]。

"……我认为若某种担保权具备如下三种属性,则其是浮动担保。即,①就某公司现在及将来一定范围的财产(a class of assets) 所作的担保;②一定相关范围的财产在通常经营的过程中时刻变化;③将来由利害关系人或为该人采取一定程序之前,就该一定范围的财产,有关公司可以通常的方法持续经营。"

为便于叙述,在此作若干补充。若采取上述"一定程序",则浮动 [133] 担保的标的财产将固定化,债务人也将不能再自由处分。这被称为"结晶化(crystallisation)"。典型地,因浮动担保权人请求法院选任"收益管理人(receiver)"而发生浮动担保的结晶化,借有关收益管理人之手实现担保[23]。

---

[21] Re Panama, New Zealand and Australian Royal Mail Co. (1870) 5 Ch. App. 318; Re Florence Land and Public Works Co. (1878) 10 Ch. D. 530; Moor v. Anglo-Italian Bank (1879) 10 Ch. D. 681; Re Hamilton's Windsor Ironworks (1879) 12 Ch. D. 707; Re Colonial Trusts Corp. (1879) 15 Ch. D. 465. *See* Pennington, *The Genesis of the Floating Charge*, 23 Mod. L. Rev. 630 n. 1 (1960).

[22] [1903] 2 Ch. 284, at 295 (C. A.). 此外,最近 Re Bond Worth Ltd. [1979] 3 All E. R. 919 (Ch. D.) 判定,尽管财产会因持续经营而减少,并不会增加,但对于此等财产,也可以成立浮动担保(at 954 f-g by Slade J.)。

[23] 关于英格兰的浮动担保,日本已有许多文献,但最具概括性的是黄宗乐:《イギリス浮动担保に関する研究》,载《阪法》第 91 号(1974 年),第 27 页以下;黄宗乐:《イギリス浮动担保の実行について》,载《阪法》第 96 号(1975 年),第 81 页以下。

（2）在结晶化之前的阶段，浮动担保权人对组成担保对象（＝一定范围的财产）的个别财产有何种权利，上述定义并没有明确。这一点，无论是判例还是学说，实际上都没有解决。

然而，如后所述，如何思考这一问题，将会左右下面两个重要的具体问题。第一，债务人超出"通常经营的过程"而处分个别财产时，将会如何？具体来说，浮动担保权人对处分相对人有何种权利？第二，债务人的第三债权人扣押个别财产时如何？具体来说，浮动担保权人可否主张自己的优先权？这是浮动担保法律关系中"留有不明确的诸点"[24]的由来。

（3）本节的讨论对象是关于英格兰法浮动担保中浮动担保权人对个别财产享有何种权利，尤其是关注上面所说的两个具体问题。

2. 与日本流动动产让与担保理论的关系

（1）日本关于流动动产让与担保的学说议论一直以来都是集中于在法律关系说明上是否应采用集合物论，以及标的物的范围如何特定这两点上。但是，1979年、1982年、1987年的三项最高法院判决[25]显然采用了集合物论，并且对有关集合物范围特定的标准作了论述，所以应议论的范围也必然扩大了。即，需要广泛探讨从流动动产让与担保的成立到实现之前各种阶段发生的各种法律问题[26]。

在这一讨论中，当然应考虑结论的妥当性。但与其同等重要的是，如果在基本法律关系的说明上采用集合物论，则此时个别问题的解释便不能与其相矛盾。所以，为了避免此种矛盾，应当更明确地解释集合物论的构造。作为其中的一环，则需要更深入地思考作为整体的集合

[24] Ferran, *Floating Charge: the Nature of the Security*, 47 Cambridge L. J. 213 (1988); J. H. Farrar, N. Furey, B. Hannigan and P. Wylie, Farrar's Company Law 224 (2d ed. 1988).

[25] 最判昭和54年2月15日民集33卷1号51页、最判昭和57年10月14日判时1060号78页、最判昭和62年11月10日民集41卷8号1559页。

[26] 林良平、田原陸夫、道垣内弘人：《〈シンポジウム〉集合動産譲渡担保の再検討》，载《金融法研究・資料編》第5号（1989年），（我个人的报告为本书边码120及以下）即为尝试之一。

物与作为其组成物的个别动产之间的关系。

（2）如上文简单指出的，英格兰浮动担保的议论正是围绕此点进行的。而且，对于英格兰浮动担保，在日本似乎一直以来都只是强调以公司（债务人）的全部财产为标的的情形，但即使在英格兰的实务中，土地等非流动资产也是作为其他个别担保的标的的，仅将流动资产作为浮动担保的标的[27]。这一方式与日本的流动动产让与担保比较接近。

从以上各点来看，英格兰浮动担保相关的议论对思考日本流动动产让与担保相关的同种问题，至少有可供参考的点。

3. 本节的构成

首先，在"二"中，介绍关于浮动担保权人对个别财产享有何种权利的判例变迁。将如该部分所述，判例的立场使得浮动担保权人的权利极为脆弱。因此，浮动担保权人为确保自己的权利，需要采取一些手段。其次，在"三"中，探讨关于这一手段及其有效性的议论。进而，在"四"中，介绍最近澳大利亚法的展开及受此影响的学说上的争论。最后，在"五"中，指出与日本议论的关系并作结语。

[135]

二、判例的变迁

1. 早期的判例法理

（1）早期的判例认为浮动担保就个别财产也即时成立担保权，因此浮动担保权人对个别财产也享有权利。

最早提出这一观点而被援引的案例[28]是 1878 年 Re Florence Land and Public Works Co. 案的判决[29]，当时仍处于争议浮动担保有效性的阶段。Jessel 掌卷法官（Master of the Rolls，上诉法院民事庭庭长）为说明浮动担保的有效性，作了如下论述。

---

[27] R. Goode, Commercial Law 790 (1980).
[28] Pennington, *Supra* note 21, at 644.
[29] (1878) 10 Ch. D. 530 (C. A.).

"附担保公司债证书是以继续营业的公司的财产为标的的担保。在公司持续经营期间，在日常经营的过程中处分公司财产的权限被赋予给董事。"[30]

随后，1887年的Hubbuck v. Helms案判决[31]引用了上述判示（当然，对于与结论间的联结，并不明确），支持浮动担保权人关于禁止债务人超出"日常经营范围"而作出处分（具体而言，在该案中是出卖公司的全部资产）的申请。Stirling法官论述如下。

"公司超出日常经营范围而出售其全部营业及资产时，为了在作出请求选任收益管理人的裁判之前保存有关财产，应当发生公司债权人的权利。……因此，在此作出……禁止（相关）交易的禁止命令。"[32]

支持此种形式的禁止命令，时至今日，在英格兰法上，该判决都是唯一的。

（2）之后也出现了一些类似的诉讼，即债务人的其他债权人扣押部分浮动担保标的物，对此，浮动担保权人主张优先清偿权。即使浮动担保尚未结晶化，也认定浮动担保权人已就扣押财产取得权利，进而判定浮动担保权人胜诉。在1891年的Re Standard Manufacturing Co.案判决[33]中，Fry爵士论述如下。

"公司债创设出来担保。只是给予公司继续营业的许可。"[34]

这一判示之后被一些判决[35]所引用。学说认为，这些判决承认了浮动担保权人对个别财产的权利[36]。

---

[30] *Id.* at 540–541.
[31] (1887) 56 L. J. Ch 536.
[32] *Id.* at 539.
[33] [1891] 1 Ch. 627 (C. A.).
[34] *Id.* at 641.
[35] Simultaneous Colour Printing Syndicate v. Foweraker [1901] 1 Q. B. 771, 773 by Wright J.; Duck v. Tower Galvanizing Co. Ltd. [1901] 2 K. B. 314, 317 by Lord Alverstone C. J.; Re London Hinge Co. Ltd. [1905] 1 Ch. 576, at 581 by Buckley J. 此外，Re Opera, Ltd. [1891] 3 Ch. 260 (C. A.) 更明确地论述了浮动担保权人的权利优先于扣押债权人的权利。
[36] Dean, *Automatic Crystallisation of a Floating Charge*, 58 L. Inst. J. 842, 843 (1984).

(3) 1893 年的 Driver v. Broad 案判决[37]更明确地阐述了浮动担保权人就个别动产享有的权利如何给结论带来影响。案件的争点为,以"债务人享有的全部财产"作为浮动担保的对象,并以此来担保的公司债的出售,是否构成《欺诈防止法》(Statute of Frauds)第 4 条所谓的"就土地之权利"的买卖。对于作为债务人的公司所享有的不动产上权利,若相关公司债权利人在该时点享有担保,则这将构成"就土地之权利"的买卖,合同的成立要求以书面形式。反过来,如果公司债权利人在浮动担保结晶化之前就个别财产不享有权利,则不要求书面形式。Esher 爵士论述如下,并认定要求书面形式。

"此等公司债构成公司享有的土地、建筑物的担保权,因此有关合同涉及关于土地的权利,属于《欺诈防止法》的对象。这对我而言是显然易见的。虽然有主张认为相关担保权被表述为'浮动担保',所以不构成《欺诈防止法》的对象,但浮动担保这一制度的含义是指虽然存在担保,但公司在一定条件下可以出卖担保标的物,在出卖时担保消灭。"[38]

(4) 后来的判例多数引用 Government Stock and Other Securities Investment Co. v. Manila Railway Co. 案判决[39]。案件的争点为,在浮动担保的被担保债务不履行后,浮动担保权人采取实现程序之前,为其他债权人所设定的个别不动产担保权的效力如何。如果担保设定是在债务人日常经营范围内,则不管浮动担保权人对个别财产的权利如何,都应承认其有效性[40](因此,下面的判示也可成为傍论)。但是,在认定浮动担保权人对个别财产享有权利上,需要重视下列 Macnaghten 爵士

[137]

---

[37] [1893] 1 Q. B. 744 (C. A.).
[38] Id. at 747.
[39] [1897] A. C. 81 (C. A.).
[40] 关于后续个别担保的设定构成债务人被允许的"日常经营范围内"的处分,存在许多的判例。Re Florence Land and Public Works Co., *supra* note 21; Re Hamilton's Windsor Ironworks, *supra* note 21; Weatley v. Silkstone Co. (1885) 29 Ch. D. 715; Cox Moore v. Peruvian Corp. [1908] 1 Ch. 604. See *generally*, Farrar, *Floating Charge and Priorities*, 38 Conv. (n. s.) 315, 317-318 (1974); R. Goode, Legal Problems of Credit and Security 83 (2d ed. 1988).

的判示[41]。

"浮动担保是在持续营业中针对一定资产的衡平法担保权。这与在时刻变化的条件下被担保的标的物有关。在担保化的事业中止营业，或者受有担保权利益之人介入之前，其一直在沉睡。这是此种担保权的本质。"[42]

这一判示也被后来的一些判决所引用[43]。学说认为这些判决承认了浮动担保权人对个别财产享有的权利[44]。

（5）更明确地阐述这一法理的在 1898 年的 Davey & Co. v. Williamson & Sons 案判决[45]。案件的争点为，浮动担保的部分标的物被其他债权人扣押，而浮动担保权人对此主张优先权。浮动担保尚未结晶化。Russell 爵士论述如下。

"在此，在被扣押的动产上，为了能向公司债权利人进行支付，设定了有效的担保，该被担保债权显著超出有关动产的价值。执行债权人的权利既劣后于公司债权利人普通法上的权利，也劣后于其衡平法上的权利。……本案中，不妨碍公司债权利人对有关财产主张自己的担保权。"[46]

之后在涉及扣押的案件中，出现了引用本判决或上文所述的 Government Stock and Other Securities Investment Co. v. Manila Railway Co. 案判决，并承认浮动担保权人优先权的判决[47]。

（6）同样的判示在 1899 年 Wallace v. Evershed 案判决[48]中 Coz-

---

[41] E. g. Calanan, *Priorities between Execution Creditors and Floating Chargees*, 10 N. Z. U. L. Rev. 111, 121 (1982).

[42] ［1897］A. C. 81, 86（C. A.）.

[43] Foster v. Borax Co. ［1901］1 Ch. 326, 333 by Lord Alverstone C. J.; Player v. Crompton & Co. Ltd. ［1914］1 Ch. 954, 963-964 by Warrington J.

[44] Pennington, *supra* note 21, at 645-646; Dean, *Crystallisation of a Floating Charge*, 1 Company and Sec. L. J. 185, 188 and 190 (1983).

[45] ［1898］2 Q. B. 194.

[46] *Id.* at 200.

[47] Cairney v. Back ［1906］2 K. B. 746; Norton v. Yates ［1906］1 K. B. 112.

[48] ［1899］1 Ch. D. 891.

ens-Hardy 法官的见解里也能看到。该案的争议是,作为浮动扣保对象物一部分的个别不动产,其他债权人对其享有担保权时,在其实现程序的诉讼中,是否有必要让浮动担保权人作为当事人参加。该法官认为浮动担保权人就相关不动产享有担保权,因此需要其作为当事人参加,并论述如下。

"'浮动担保'的真正效果是什么呢?是创设出现在的担保权,还是说在公司债权利人请求选任收益管理人之前不存在实效性的担保权?我认为下列见解是正确的。即,浮动担保对一定资产产生即时的衡平法担保权(an immediate equitable charge),但是在通常的经营过程中,且仅为公司的经营,其恰如不存在担保权一般,而赋予公司以处分相关资产的权利。之后,若发生应支付本金的事实,则在该时点上,相关公司债权利人有权选任收益管理人,并实现担保权。"[49]

2. 判例法理的变迁

(1) 但是,在 1896 年也出现了否定浮动担保权人对个别财产享有权利的判决。即,Biggerstaff v. Rowatt's Wharf Ltd. 案判决[50]。该案的争点是,浮动担保以包括债务人享有的债权在内的全部财产为标的时,第三债务人可否将被动债权发生以后取得的债权作为主动债权来抵销?如果浮动担保权人在该债权的发生时点就对个别财产,即本案中的对第三债务人享有的债权,取得了担保权,则这在普通法上属于以不附着抵销抗辩的形式取得债权,所以不支持第三债务人的抵销主张[51]。因此,如果按照以前的判例,似乎不会支持抵销的主张。

但是,本判决支持了抵销。在其理由中,Kay 爵士论述如下。

"本案公司债,是不完全让与(incomplete assignment)。在收益管理人被选任之前,其是不完全的。"[52]

---

[49] Id. at 894.
[50] [1896] 1 Ch. 93 (C. A.). 是第一起否定浮动担保权人对个别财产享有权利的判决例(Pennington, supra note 21, at 645)。
[51] Cf. W. Gough, Company Charges 170 (1978).
[52] [1896] 2 Ch. 93, 196.

[140]　　　（2）之后，在 1904 年，在前文介绍的 Government Stock and Other Securities Investment Co. v. Manila Railway Co. 案判决中，Macnaghten 爵士肯定了浮动担保权人对个别财产的权利，并在 Illingworth v. Houldsworth 案判决[53]（案件争议是浮动担保是否需要在公司登记簿中登记）中作出了如下论述。

　　"在与所谓的个别担保的对比中，如何定义浮动担保，我认为没有那么困难。我认为个别担保是与特定的、限定的财产，或者可以被特定的、限定的财产相关的担保。另一方面，浮动担保在性质上是未确定的、移动的，在发生某种事实或作出某种行为固定并可把握担保标的物的形态且与之相联结之前，浮游于效果所及之财产上，即所谓的与之一同浮动。"[54]

　　（3）1910 年的 Evans v. Rival Granite Quarries, Ltd. 案判决[55]被认为确立了"在结晶化之前，浮动担保权人对个别财产不享有权利"这一理论[56]。案情为，对作为浮动担保标的的债务人在银行的存款，第三债权人作出了扣押，法院发出了无条件的扣押命令（garnishee order absolute）[57]，浮动担保权人对此主张异议。在该判决中，Fletcher Moulton 爵士和 Buckley 爵士分别展开了如下见解。

　　首先，Fletcher Moulton 爵士引用了上文介绍的 Illingworth v. Houldsworth 案判决中 Macnaghten 爵士的话，并接着论述如下。

[141]　　"我觉得 Macnaghten 爵士在此考虑了浮动担保的两个特性。即，①服从于担保的财产并非永续的，而是时刻变化的，以及②浮动担保自身也不与该时点存在的财产相联结或定着于该财产上。对于认为浮动担

---

　　〔53〕　[1904] A. C. 355 (H. I.).

　　〔54〕　Id. at 358.

　　〔55〕　[1910] 2 K. B. 979 (C. A.).

　　〔56〕　Pennington, supra note 21, at 358; R. Goode, supra note 27, at 645.

　　〔57〕　在英格兰法上，债权执行程序分为取得附条件的扣押命令[garnishee（原文有 typo）order nisi] 阶段和发出无条件的扣押命令（garnishee order absolute）阶段。前者是禁止向本来的债权人支付，后者是命令向扣押债权人支付。本案中，意味着进入了后一阶段。See e. g., 17 Halsbury's Law of England, paras. 533 (1976)。

保是现时点的担保的判决,这一说明拭去了此等判决所带来的全部困难。确实,认为浮动担保是现时点的担保较好,但不要忘了浮动担保既不定着于服从担保的财产之上,也不会固定该财产。对于此等观念的理解,我不觉得有任何的困难。"[58]

此外,Buckley 爵士论述如下。

"浮动担保并非将来的担保权。一方面,其是现在的担保权,在现时点上作用于作为标的物的全部公司财产。另一方面,其并非个别担保。担保权人不能主张财产被个别地担保化。担保设定人可以不经担保权人同意而处分财产。在此种形态中,财产被担保化。浮动担保并非在财产的个别担保中允许设定人可在营业过程中处分财产,而是在发生某种事实或担保权人一方作出某种行为使其结晶化并引发个别担保之前,不会个别地作用于个别财产。"[59]

从这一立场可以得出如下结论,即若在结晶化之前完成扣押(取得债权执行中的无条件扣押命令,即扣押完成),则扣押债权人"获胜"[60]。

3. "许可"理论与"将来财产的担保"理论——Pennington 教授的整理　[142]

(1) 1960 年《现代法评论》(Modern Law Review)上刊载的 Pennington 教授的论文[61]对上述判例的状况进行了确切整理。之后的议论多多少少都是在这篇论文搭建的框架内进行的。在此,引用他的公司法教科书(更简洁明了地整理)的论述,虽然篇幅较长。

"在浮动担保判例中,关于其性质存在两种不同的理论流派。以前的理论可简单称为'许可'理论(licence theory),其认为虽然已设定浮动担

---

[58]　[1910] 2 K. B. 979, 994.

[59]　*Id.* at 999.

[60]　当然,从肯定浮动担保权人对个别财产的权利的立场出发,似乎也可得出这一结论。Robson v. Smith [1895] 2 Ch. 118 认为在选任收益管理人之前,不存在浮动担保权人撤回对债务人的处分许可,并推导出同样的结论(*esp.* at 125 by Romer J.)。Robinson v. Burnell's Vienna Bakery Co. [1904] 2 K. B. 624 和 Heaton and Dugard, Ltd. v. Cutting Bros., Ltd. [1925] 1 K. B. 655 也是同样结论。但是,关于对个别财产的权利关系,没有作出明确的判示。

[61]　Pennington, *supra* note 21, at 645-646.

保,但对于公司出卖该财产或者对该财产进行担保化的权限,是贷款人许与有关公司以许可。新的理论则是'将来财产的担保'理论（mortgage of future assets theory）,其认为在相关担保进入结晶化的阶段之前,不会个别地与相关财产的任何物相联结,在此期间,对于公司从有关担保中自由处分该财产,不存在任何障碍,由此来说明公司处分财产的权限。

"这些理论不单引起学术上的兴趣,实践中也会产生不同的结果。根据'许可'理论,贷款人在给予许可时,自然可以对其范围加以某种限制。他可以适当的方法许可公司继续营业,此种许可不应被看作是许可作出权限外行为,或者终止营业并出售资产,或者以一项交易处分全体事业。公司企图作出任一此等行为时,采用'许可'理论的法院将会发出防止此种行为的禁止命令吧,所以浮动担保尚未结晶化这一点并不重要。且采用'将来财产的担保'理论的法院,将会拒绝介入吧。贷款人在他享有个别权利的财产被不当处分之前,不能提出异议。因为在浮动担保结晶化之前,贷款人不享有此等个别权利。……此外,根据'许可'理论,在许可终止前,公司只不过是被赋予以通常的方法持续营业的权限,因此,可以支付期限已到来的债务,但是判决债权人扣押公司财产而强制支付债务并不在许可的范围内。公司的债务人可以将公司对自己负有的债务（限于其支付期限在许可存续期间到来时）,与自己对公司负有的债务相抵销。但是,若采用'将来财产的担保'理论,则在浮动担保结晶化之前所作的公司财产的扣押,均对公司债权利人或附担保贷款人有效。而且,在结晶化的时点,浮动担保权人取得公司对第三债务人的债权,该债权上附着了第三债务人可主张的抵销权。……

"在目前的判决情况下,关于浮动担保的性质,哪种理论是正当的,难以进行判断。但是从最近裁判上的见解来看,无疑是'将来财产的担保'理论更占优势。"[62]

（2）将浮动担保的理论分为"许可"理论和"将来财产的担保"

---

〔62〕 R. Pennington, Company Law 450-451 (6th ed. 1990).

理论,这一思考方式被后来几乎所有的文献所追随。其中,"将来财产的担保"理论得到了权威学者的广泛支持[63],即使超出日常经营的范围而作出处分,浮动担保权人也不能禁止该处分[64]。判例所采的见解认为,在与扣押债权人的关系上,只有当扣押完成前浮动担保权已结晶化,浮动担保权人才优先[65]。并且判例的这一立场是妥当的[66]。直到近年都几乎不存在异议。

三、浮动担保权人采取的各种手段及其有效性 [144]

1. 处分限制条款

(1) 如"二"中所述,近年来判例倾向采"将来财产的担保"理论。按照这一理论,债务人超出日常经营的范围而处分个别财产,或者债务人的第三债权人对个别财产作出扣押时,浮动担保权人处于极其弱势的地位。而且,即使采用"许可"理论,判例也将极为广泛范围的交易理解为属于"日常经营的范围"[67]。特别是,判例法理认为优先于浮动担保的个别担保的设定也属于日常经营范围[68],这将导致浮动担保权人的地位显著脆弱。

因此,现在通常都会在担保合同中加入在一定范围内限制债务人处分权的条款[69]。这一限制条款的必要性在 1877 年就已被提出[70]。现

---

[63] Pennington, *supra* note 21, at 646; W. Gough, *supra* note 51, at 71, 74, 90; R. Goode, *supra*, note 27, at 48; Gough, *The Floating Charge*: *Traditional Themes and New Directions*, in Equity and Commercial Relationships 247-250, 253, 257-259 (P. D. Finn ed. 1987).

[64] R. Goode, *supra*, note 27, at 48; Gough, *supra*, note 63, at 257-259.

[65] Calanan, *supra*, note 41, at 130.

[66] W. Gough, *supra* note 51, at 90; Gough, *supra*, note 63, at 247.

[67] 许多文献对此提出批评(*e. g.* R. Goode, *supra* note 40, at 85)。判例上认为将三家分店中的一家出售(Re H. H. Vivian & Co. [1990] 2 Ch. 654),或者与其他公司合并(Re Borax Company [1901] 1 Ch. 326),都是债务人可以做的行为。当然,仅限于"目的在于伸展营业,而非意图终止交易时"(R. Goode, *supra* note 40, at 85)。

[68] 参见前注〔40〕中所举判例。

[69] R. Goode, *supra*, note 27, at 801.

[70] *See* Farrar, *supra* note 40, at 318.

在实务中见到的限制条款，一般都是禁止设定优先于有关浮动担保的个别担保[71]。

（2）限制条款基本是有效的，对此不存在争议[72]。

最早见到的判决例是1891年的Brunton v. Electrial Engineering Corp.案判决[73]。案件的争议是，存在"债务人不得自由设定优先于本案公司债的任何抵押或负担（mortgage or charge）"这一限制条款，在债务人日常经营的过程中雇用的事务律师所取得的先取特权（solicitor's lien）是否构成有关限制条款的违反？判决在认定限制条款有效的前提下，认为事务律师的先取特权不构成债务人"设定的""抵押或负担（mortgage or charge）"[74]。

（3）问题是，对第三人的效力如何。关于这一点，限制条款创设出浮动担保权人的衡平法权利，对此拘束恶意之人。这一一般论本身没有异议[75]。作为可靠根据，其被1892年的The English and Scottish Mercantile Investment Co. v. Brunton案判决[76]中Esher爵士的判示所引用。案情为，禁止设定优先于有关公司债的担保权时，第三债务人作为担保取得金钱债权，对此，浮动担保权人对此主张自己对相关债权的优先权。

"若他们已经知道公司债中的规定（道垣内注：限制条款），则在衡平法上，他们已认识到就有关标的物存在优先的担保，并基于此认识而取得了担保。"[77]

然而，如前文所述，第三人对于限制条款的恶意，并不容易被认定。在上述判决中也是，结论上否定了恶意，浮动担保权人败诉。

---

[71] Farrar, *supra* note 40, at 318; W. Gough, *supra* note 51, at 237.
[72] Farrar, *supra* note 40, at 318.
[73] Farrar, *supra* note 40, at 318.
[74] 最近类似的案件，George Banker (Transport) Ltd. v. Eynon [1974] 1 All E. R. 900 (C. A.).
[75] R. Goode, *supra* note 40, at 85; Farran, *supra* note 24, at 237.
[76] [1892] 1 Q. B. 700 (C. A.).
[77] *Id.* at 707.

在结论上，因存在限制条款而导致后续的个别担保劣后于浮动担保的例子似乎只有 1905 年的 Cox v. Dublin City Distillery Comp. 案判决[78]。在该案中，限制条款列举出债务人可以做的行为，判决认定没有许与设定优先于浮动担保的担保，所以第三债权人取得的质权劣后于浮动担保。

（4）限制条款通常会与浮动担保一起被登记在公司登记簿中[79]。[146] 如此一来，似乎可以轻松地认定第三人的恶意，但判例没有采取此种立场。在公司登记簿中登记浮动担保，仅仅是显示存在担保，即使限制条款的存在与其一同在登记簿上登记，第三人对此也不构成恶意。

最早明确这一立场的是前面所举的 The English and Scottish Mercantile Investment Co. v. Brunton 案判决[80]。但是，更简明地阐述这一宗旨的是 1906 年的 Re Standard Rotary Machine Co. 案判决[81] 的判旨。

"如果看登记簿，则他们……应该已经知道相关公司的全部财产已被设定了担保。所以他们会认为总之这些公司债都会采用浮动担保设定的通常样式吧。这是当然且适当的。不能因此就认为他们绝对没有注意到'不能进一步设定与浮动担保相冲突的担保'的条款被插入公司债中。……不能因为对公司债的存在是恶意的，就认为相关银行对公司债中的相关特定条款也是恶意的。"[82]

之后，1898 年的 Re Castell & Brown, Ltd. 案判决[83] 对这一一般论进行补充，认为后续取得担保权的银行没有义务对先行浮动担保的内容进行调查。此外，后续取得担保权的银行在其他交易中作为担保而从某位客户处取得了先行的附浮动担保公司债（其上记载有限制条款），所以很容易知道限制条款。但即使对这一案情，1903 年的 Re Valletort

---

[78] [1906] 1 J. R. 446 (C. A.).
[79] R. Goode, *supra* note 27, at 772.
[80] [1892] 2 Q. B. 700, *esp.* 709-712.
[81] (1906) 95 L. T. 829.
[82] *Id.* at 834 by Kekewich J. *Accord*, Wilson v. Kelland [1910] 2 Ch. 306, 313 by Eve J.
[83] [1898] 1 Ch. 315, 320 by Romer J.

Sanitary Steam Laundry Co. 案判决[84]也认为"对于其他客户作为担保而寄存于银行的文书的内容,银行被视为存在恶意——此种法律原则并不存在"[85],所以否定银行的恶意。另外,在1928年的G. and T, Earle, Ltd. v. Hemsworth R. D. C. 案判决[86]中,认定"在公司债中,对于后续担保,设置此等限制是极为一般的做法。但是,这一事实本身并不足以视为就特定公司债的实际条款存在恶意"[87]。

(5)学说上也对上述判例法理持有很强的批判。因为根据《公司法》的规定｛现行法为1985年《公司法》第191条［Companies Act 1985（C. 6）］｝,对于公司债的登记,利害关系人连其内容都可查看,没有查看时应视为恶意[88]。

但是,在现在的判例法理中,限制条款的实效性应该说是变得极为有限了。

2. 自动结晶化条款

(1)以"二、2"中所见判例法理为前提,若特别考虑与扣押债权人之间的关系,则浮动担保权人为了确保自己的优先权,在有关执行终止之前使浮动担保结晶化较好。然而,从上面介绍的判决中也可看到,若单单只是就个别财产作出扣押,并不会发生结晶化[89]。另外,即使在债务人超出日常经营范围而作出处分时,如果没有尽早发生结晶化并去实现担保,自己的权利也将会受到侵害。然而,即使超出日常经营范围而作出处分,也并不会仅因此就发生结晶化,这一点完全没

---

[84] ［1903］2 Ch. 654.

[85] *Id*. at 659 by Swinfen Eady J.

[86] (1928) 44 T. L. R. 605.

[87] *Id*. at 608 by Wright J.

[88] Farrar, *supra* note 40, at 322. *Accord*, Hare and Milman, *Floating Charge, Prohibition Clauses and Problems of Notice*, 126 Sol. J. 74（1982）.

[89] 当然,若扣押使得债务人难以继续营业,则在该时点发生结晶化,这一理解应是正确的（See Ferran, *supra* note 24, at 233）。"营业终止"一直以来都被视为构成结晶化的事由（e. g. R. Goode, *supra* note 27, at 796）,但是 Re Woodroffes（Musical Instruments）Ltd. 案判决明确肯定了这一点（［1986］1 Ch. 366, 378 B-C by Nourse J.）。

有争议[90]。

来看一则判决。1903 年的 Edward Nelson & Co. v. Faber & Co. 案 [148]
判决[91]。该案的争议是，被担保债务的履行迟延是否会自动发生结晶
化？Joyce 法官论述如下。

"从各种判决中，我思考如下。本案中出现的此种公司债，在公司
清算，或营业终止，或借公司债权利人之手选任收益管理人之前，不会
停止浮动担保。换言之，不构成实际活动的担保。于是，即使在该公司
债的利息支付已经逾期之后，在公司清算，或营业终止，或收益管理人
被选任之前，公司都可以在日常经营范围内处分财产。"[92]

（2）因此，公司债权利人为了确保自己的权利，设计了下列两种
约定。一种是，单单通过通知而发生结晶化的约定（crystallisation by
notice clause or semi-automatic crystallization clause）。另一种是，若发生
特定的事由，则无须浮动担保权人作出任何行为就发生结晶化的约
定[93]（automatic crystallization clause）。

其中，因通知而结晶化的条款，最近判例承认了其有效性。实际
上，在 1986 年的 Re Woodroffes（Musical Instruments）Ltd. 案判决[94]中
就已经以其有效作为前提了。但以更明确形式提出这一问题的是 1986
年的 Re Brightlife, Ltd. 案判决[95]。

在 1985 年《破产法》制定之前，对于破产程序中优先债权人与浮
动担保权人之间的优劣，采用如下法律制度（现行法制参见"五"）。
即，采用选任收益管理人的方法而结晶化的浮动担保，其被担保债权劣
后于其他优先债权。但是，如果采用其他方法结晶化，则在该时点构成

---

[90] E. g., R. Goode, supra note 40, at 86-87.
[91] [1903] 2 K. B. 367.
[92] Id. at 376-377.
[93] Wilkinson, *Automatic Crystallization of Floating Charge*, 8 Company Law. 75, 76 (1987); R. Goode, supra note 40, at 69.
[94] [1986] 1 Ch. 367.
[95] [1987] 1 Ch. 200.

[149] 个别担保,所以在之后开始的破产程序中,可以优先于包括优先债权人在内的其他债权人[96]。本案中,浮动担保权人基于特约而作出结晶化的意思表示后,债务人破产。因此,在相关意思表示的时点浮动担保是否结晶化,对于决定浮动担保权人与其他优先债权人之间的优劣而言,是非常重要的争点。

Hoffmann 法官认为,一方面,浮动担保基本上是基于当事人间的合意,所以其对特定债权人特别地优待。另一方面,即使加损害于其他债权人,从公益观点出发加以限制,也应是在议会中讨论。但目前的现状是尚未通过立法来规制。这说明法院也认为从公益观点出发课以更多的限制是不适当的。因此,(无须通知的)自动结晶化条款也应是有效的[97]。进而继续论述如下。

"但是,为此目的,对于自动结晶化条款,没有必要作出任何的判断。基于合同条款 3 (B) 和 13 所作的通知,是公司债权利人的有效介入。在可解释为已规定担保合同条款因该介入而导致结晶化时,没有任何理由可以否定结晶化。"[98]

(3) 但是,因通知而结晶化的条款并不会完全发挥实效。例如,对于第三债权人的扣押,浮动担保权人为了确保自己的优先权,需要在执行终止前发生结晶化。但是,有时候浮动担保权人也可能没有注意到扣押。为了更有效地确保权利,浮动担保权人会要求约定无须通知而因扣押等自动发生结晶化。

[150] 这就是自动结晶化条款,自从 1970 年代以来常被使用[99]。一般地,除了个别财产的扣押,为其他债权人设定担保权、不履行被担保债权或其他债权人享有的债权等,都是结晶化事由[100]。

前面所举的 Re Brightlife, Ltd. 案判决认为此等自动结晶化条款也

---

[96] See generally, id. at 211E-212B.
[97] Id. at 214H-215E.
[98] Id. at 215F.
[99] R. Goode, supra note 40, at 69.
[100] Ibid.

是有效的。但是，该案毕竟是关于因通知而结晶化条款的案件，自动结晶化条款部分只是傍论[101]。因此，学说上对其有效性展开了激烈的讨论。

一方面，无效论的观点很强。由于会给第三人带来不测的损害[102]，所以《破产法》修改相关的Cork委员会报告也采这一立场[103]。另外，也有主张认为至少要在公司登记簿上登记结晶化事由[104]。

另一方面，有学者指出上述见解的缺陷在于，没有区分当事人间有效性的问题和对第三人的关系就进行论述[105]。还有见解认为在当事人之间应认为完全有效[106]。即使如此理解，在因自动结晶化条款而结晶化后，由于表面上债务人继续享有处分权限，所以第三人可以通过表见性权限的法理（apparent authority）而受到保护[107]。但是，在与扣押债权人的关系上，由于这一法理不适用，所以自动结晶化条款成为了浮动担保权人有力的武器[108]。

四、议论的再燃

[151]

1. 澳大利亚的判例

（1）如"二"末尾所述，一时间不论是判例还是学说都认为在结晶化之前，浮动担保权人不享有对个别财产的权利。当然，在1978年

---

[101] R. Goode, *supra* note 40, at 71; Ferran, *supra* note 24, at 233–234.

[102] Dean, *supra* note 36, at 844–845.

[103] Insolvency Law and Practice, Report of the Review Committee, Chairman Sir Kenneth Cork, Cmnd. 8558, paras. 1575–1579, 1580（1982）. 这一报告未被吸收进1985年、1986年的新《破产法》中。

[104] Boyle, *The Validity of Automatic Crystallisation Clauses*,〔1979〕J. Bus. L. 231, 240. See Farrar, *The Crystallisation of a Floating Charge*, 40 Conv.（n. s.）397, 412（1976）.

[105] Wilkinson, *supra* note 93, at 77.

[106] W. Gough, *supra* note 51, at 102; Gough, *supra* note 63, at 260–262; R. Goode, *supra* note 40, at 70.

[107] W. Gough, *supra* note 51, at 104; Gough, *supra* note 40, at 90; Ferran, *supra* note 24, at 234.

[108] W. Gough, *supra* note 51, at 105.

的 Cretanor Maritime Co. v. Irish Marine Management Ltd. 案判决中 Buckley 爵士判示,"公司债在租船者的财产上创设出即时的衡平法担保权,但是限于担保权浮动,尽管存在此等担保,租船者犹如不存在该担保一般,享有处分其财产的权限"[109]。学说上也有采用"许可"理论的[110]。但是并非主流。

然而,澳大利亚 1979 年以后判例法理的展开,再一次引发了对这一问题的关注[111]。

(2) 澳大利亚最初的变化首先是 1978 年的 Landall Holdings Ltd. v. Caratti 案判决[112]。案件的争议为,债务人出卖已设定浮动担保的土地,但浮动担保权人主张自己对相关土地享有衡平法权利。结论上,相关土地因出卖而从浮动担保的对象物中脱离。但是,在该过程中,Lavan 法官论述如下。

"原审法官认定对于相关土地,浮动担保权人一刻都不享有作为担保的衡平法权利。我认为这是错误的。我的见解是,公司债的发行会就相关土地创设出即时的衡平法担保。……

"浮动担保是公司财产上的衡平法担保,但是若在浮动担保结晶化之前,公司在日常经营过程中将标的物的普通法或衡平法权利让与给第三人,则因标的物的丧失而减损担保价值或加入新的标的物时,担保权人需要忍受。"[113]

另外,在该判决中,Wickham 法官也援引上文所举的 Cretanor Maritime Co. v. Irish Marine Management Ltd. 案判决,认定浮动担保权人享有衡平法权利,原判决有误[114]。

---

[109] [1978] 3 All E. R. 164, at 173 e-f (C. A.).
[110] Dean, supra note 36, at 843.
[111] 此外,Farrar 认为由于世界经济不景气,浮动担保权人不得不寻求救济的案件增加,因而呼吁重新讨论浮动担保的效力 [Farrar, World Economic Stagnation puts the Floating Charge on Trial, 1 Company Law 83 (1980)]。
[112] [1979] W. A. R. 97 (S. C.).
[113] Id. at 103.
[114] Id. at 107-108.

(3) 1982 年的 Hamilton v. Hunter 案判决[115]对浮动担保权人的权利作出了重要判断。案件稍有些复杂。A 公司为 Y_1 设定了浮动担保，但由于陷入信用困难，在法院的监督下，A 开始了债务整理程序(scheme of arrangement)。在该程序中，包含 Y_1 在内的部分担保债权人没有参加。相关程序的财产管理人 X 为了在清偿程序期间发生的债务，将程序期间 A 取得的全部财产在程序终止时让与给自己。对此，Y_1 基于浮动担保选任了收益管理人 Y_2。基于此等情事，X 提起诉讼，请求确认自己取得了尚未附着于 Y_1 等人权利的财产。

Holland 法官论述如下，认为 X 仅取得了已经附着于 Y_1 的浮动担保的财产。

"我认为，本案中 A 公司对 X 的让与，不在 A 公司就处分本案财产而享有的本案担保合同上的默示权利或批准的范围内。……

"因此，问题在于，这会给超出处分权限或无权限所作的财产让与中受让人的权利带来何种效果？……在对 Y_1 的关系上，受让人仅以附着了 Y_1 衡平法担保的形式取得相关财产。X 完全知晓本案担保合同，且对于本案担保及相关财产，以及 A 公司从本案担保中自由处分相关财产的权限受有限制，也应是知晓的。X 应当知晓本案让与在担保合同上已超出 A 公司所享有的权限，或者权限已被用尽。在知道此等情事时，根据衡平法的原理，X 只能取得与'附着衡平法担保（通过本案担保合同而为 Y_1 产生的衡平法担保）的形式所受让与'相同的权利。"[116]

该判决没有明确表示是根据"二"中所介绍的"许可"理论作出的，反而是极力避免拥护哪一理论。但是，显然承认了在结晶化之前发生浮动担保权人衡平法上的权利。

---

[115] (1983) 7 A. C. L. R. 295 [S. C. (N. S. W.)].
[116] Id. at 306-307. 此外，虽然并非浮动担保的案件，但引用并赞同本文所举判旨，Re Margart Pty Ltd. (1984) 9 A. C. L. R. 269, 271-272 by Helsham C. J. [S. C. (N. S. W.)].

第二年，即 1983 年的 Torzillu Pty Ltd. v. Brynac Pty Ltd. 案判决[117]中，在浮动担保权人选任收益管理人数日前，债务人出售了自己的一个营业部门，该买受人请求禁止收益管理人处分自己购买的部门，并提起诉讼。判决认定相关部门的出售超出了债务人通常的营业范围，所以不支持买受人的主张。

判决中并未进行详细地说理。但是，其结论显然与"将来财产的担保"理论——即对于超出日常经营范围的处分，浮动担保权人没有维护自己权利的手段——相异。

（4）再之后，对于单纯将判例法理区分为"许可"理论和"将来财产的担保"理论抱有疑问的判决也出现了。这是 1987 年的 Tricontinental Corp. v. FCT 案判决[118]。该案中，租税官员基于所得税法的规定，对构成浮动担保对象财产的金钱债权的债务人，发出请求向自己支付的通知后，浮动担保结晶化，浮动担保权人主张自己对相关债权的权利。在驳回浮动担保权人的主张时，Williams 法官论述如下。

"确实，附浮动担保的公司债权利人即使在结晶化之前，为了阻止公司超出日常经营范围而处分财产，也可以介入取得禁止命令。……但是，我从引用的各项判例中发现，对于作为担保权人取得禁止命令的权利，构成其基础的衡平法性质难以定义。浮动担保是现在的担保，担保权人在没有结晶化时，为了维护自己对财产的权利，可以得到衡平法上的救济，这是显然的。但是，……在结晶化之前，对于担保财产，公司债权利人无论是普通法上还是衡平法上都不享有使所得税法上的通知丧失效果的权利。虽然很勉强，但是也只能得出这样的结论。"[119]

2. 英格兰的争论

受澳大利亚判例展开的影响，在英格兰也开始了争论。

在判例上，前文"三、2"中所举的 1986 年的 Re Woodroffes（Musi-

---

[117] (1983) 8. A. C. L. R. 52 [S. C. (N. S. W.)].
[118] (1987) 73 A. L. R. 433 [S. C. (Q.)].
[119] Id. at 444.

cal Instruments）Ltd. 案判决受到关注。虽然是傍论，但其认为"担保浮动期间，担保权人不能寻求任何救济的观点是错误的。担保权人为了阻止公司超出日常经营范围而处分其资产，总是可以介入或请求禁止命令"[120]。

在学说上，主张即使在结晶化之前，浮动担保权人就个别财产也享有衡平法权利的观点再次变得有力[121]。当然，与此相对，也有学说主张浮动担保权人仍然没有任何权利[122]。

讨论围绕着判例中细小的文言展开，这里就没有必要再介绍了。哪种观点占据优势，尚不能作出判断，英格兰的判例也并不明晰。讨论只是刚刚再次燃起。

[155]

五、结语

（1）上面提到的英格兰浮动担保的讨论中，"许可"理论的确对应于日本的通说。这一"许可"理论已暂时被完全废弃。但是，如"四"中所看到的，正出现再次动摇而回归的状况。这意味着什么呢？

很遗憾，本节无法展示自信的分析。只是，为避免误解，在此还是想要指出这并非强化浮动担保效力这一政策性判断的根据。

如"三、2.（2）"中所述，直到最近，在债务人开始破产程序之前，若浮动担保结晶化，则浮动担保权人可以在破产程序中占据优越于其他优先债权人的地位。然而，1985年修订的《破产法》{现行《破产法》为1986年《破产法》[Insolvency Act 1986（C. 32）]第175条（2）（b）、第251条}规定，设定时是浮动担保的担保（a charge which, as created, was a floating charge），其被担保债权劣后于其他优先债权。即使浮动担保在破产程序开始以前结晶化，这也是"设定时是

---

[120] [1986] 1 Ch. 366, 377-378 by Nourse J.
[121] Farrar, *supra* note 111, at 83; Ferran, *supra* note 24, at 214; J. Farrar, N. Furey, B. Hannigan and P. Wylie, *supra* note 24, at 225.
[122] E. g., Gough, supra note 63, at 253. 严厉地批判了在个别财产上承认衡平法权利的观点。

浮动担保的担保",所以其被担保债权劣后于其他优先债权[123]。

如此,立法上对浮动担保的效力加以了限制。另外,在实务的发展方向上,从费用等成本考虑,也开始脱离浮动担保,而尽可能地设定个别担保[124]。

应当说英格兰的讨论始终是从理论优劣的观点出发所展开的吧。

(2)当然,本节并没有主张我国流动动产让与担保的讨论也应同样仅从理论优劣的观点出发展开。在此只是确认也同样需要理论的包装,并为此提供一点参考资料。

[原载于星野英一、森岛昭夫编:《現代社会と民法学の動向——加藤一郎先生古稀記念(下)》,有斐阁1992年版,第521页及以下]

---

[123] *See generally*, I. Fletcher, The Law of Insolvency 489–490 (1990).
[124] Milman and Hare, *Company Charge: Recent Developments in Canada*, 125 Sol. J. 549, 550 (1981); Robbie and Gill, *Fixed and Floating Charge: A New Look at the Bank's Position*, [1981] J. Bus. L. 95, 96.

第三章 债权让与担保

第一节 将来债权概括性让与的有效性与对抗要件——基于最高法院平成11年1月29日第三小法庭判决

一、引言

最高法院第三小法庭在1998年1月29日作出判决认为,"在以将来发生的债权为标的的债权让与合同……的缔结时",作为让与标的的"债权发生的可能性很低,并不当然左右上述合同的效力"。将将来债权让与有效性限定在自合同缔结时数年内的原判决遭到撤销(民集53卷1号151页),不论是对于债权流动化方案还是对于集合债权让与担保,都是作为其基础的重要判断。

基于这一1998年的最高法院判决,本节并非从有关案件的解决视角出发,而是以一般论的分析为中心进行讨论。当然,对于将来债权让与的可否,最近有非常深入的探讨。即使在本判决作出以后,也有一些概论性的论稿进行了详细介绍和分析[1]。因此,这里主要想讨论本判

---

〔1〕 池田真朗:《将来債権譲渡の効力(上)、(下)——最判平11·1·29をめぐって》,载《NBL》第665号(1999年),第6页及以下,第666号(1999年),第27页及以下;(收录于氏著:《債権譲渡法理の展開》,弘文堂2001年版,第234页及以下),升田纯:《将来債権に関する最高裁判決(平11·1·29)と実務のガイドライン(上)、(下)》,载《月刊クレジット&ロー》第115号(1999年),第6页及以下,第117号(1999年),第16页及以下;八木一洋:《判批》,载《ジュリ》第1156号(1999年),第133页及以下。

决作出以后的实际问题。

想讨论三个问题。

第一，1998年最高法院判决同时提示的限制基准的意义内容。如下文所述，该判决没有认定将来债权的概括性让与总是有效的，其认为某些情形中因违反公序良俗而否定让与担保全部或部分的效力。因此，具体哪些情形符合，是非常重要的。

第二，在一般论上，就长期的将来债权让与所具备的对抗要件，何种程度上可以认可其效力。1998年最高法院判决虽然也就受让人具备的对抗要件的效力进行了论述，但是具体来说，是就合同缔结后第6年零8个月起1年内发生的债权，认为合同缔结后立刻对债务人作出的附有确定日期的通知构成第三人对抗的有效要件。那么，即使对于持续数年的将来债权让与，若存在合同缔结时一次的对抗要件具备行为，则相关债权让与之后也可以无限期地对抗第三人吗？这一问题也被遗留下来。

第三，关于将来债权的扣押。虽然1998年最高法院判决广泛地肯定了"以将来发生债权为标的的债权让与合同"的效力，但是对于将来债权的扣押，实务上采取的操作是仅认可将来1年债权的扣押。本判决会给实务带来影响吗？在何种范围上认可将来债权的扣押？这些在实务上也都是重要的问题，也与本判决的射程有关。

下面，"二"中，在必要范围内介绍该判决的内容。"三"中，思考以往学说与判例之间的关系。在此基础上，"四""五""六"中按顺序讨论上面指出的问题，"七"中作简单结语。

二、最高法院1998年1月29日判决介绍

1. 案件概要

Y（被告、控诉人、上告人）为回收对医师A享有的债权，在1982年11月16日与A缔结合同，约定将A自1982年12月1日至1991年2月28日（8年零3个月）期间从社会保险诊疗报酬支付基金中应受支付

的诊疗报酬债权的一部分让与给 Y。同月 24 日，Y 以附有确定日期的证书对该基金通知了这一债权让与。具体包括 1982 年 12 月至 1984 年 10 月每月 44.1451 万日元，1984 年 11 月至 1991 年 1 月 9.1674 万日元，1991 年 2 月 101.4679 万日元，总计 7946.8602 万日元的债权。

另外，仙台国税局长因为 A 没有支付国税，从而作出滞纳处分，扣押了 A 自 1989 年 7 月 1 日至 1990 年 6 月 30 日期间自上述基金处应受有支付的各项诊疗报酬债权，并在 1989 年 5 月 25 日对该基金送达了记载相关内容的扣押通知书。 [160]

如此，1989 年 7 月至翌年 6 月的诊疗报酬债权出现了让与与扣押的竞合。因此，就被扣押的债权（合计 519.6009 万日元），在 1989 年 7 月 25 日至 1990 年 6 月 27 日期间，该基金以债权人不确知等为理由，以 A 或 B 为被提存人进行了提存。

在 1989 年 10 月 4 日至翌年 8 月 2 日期间，仙台国税局长就各提存金依次扣押了 A 的返还请求权。在此基础上，X（国家。原告、被控诉人、被上告人）以 Y 为被告提起确认诉讼，请求确认 A 和 Y 之间的债权让与合同中自 1982 年 12 月起超出 1 年的部分无效，所以 X 对返还请求权所作的扣押有效，并就各返还请求权享有收取权。

一审的争点为 A 和 Y 之间债权让与合同的有效性。一审和二审均认定，将来债权的让与，限于有关债权的发生是确实期待的非遥远将来的一定金额以上安定债权之时才被认可。在此种一般论的前提下，一审和二审认定 X 所扣押的返还请求权部分相应的债权，自本案债权让与之日起已经过 6 年零 7 个月，对该部分的债权，在债权让与合同时点上，无论如何也不能称之为确实期待地安定地发生债权。所以不认可 A 和 Y 之间债权让与合同的效力。进而，X 胜诉。

Y 提出上告。

2. 判旨

撤销并改判。

"1 对于以将来发生的债权为标的的债权让与合同的有效性，考虑如下。

[161] "在债权让与合同中,作为让与标的的债权,其发生原因或相关金额等需要特定,此点自不待言。将来一定期间内发生或清偿期应到来的数个债权作为让与标的的情形,应当通过适当的方法明确上述期间的始期和终期等,从而使得让与标的的债权特定。

"然而,原判决认为,对于以将来发生的诊疗报酬债权为标的的债权让与合同,限于确实期待的非遥远将来的安定发生的一定金额以上之时才有效。但是,在以将来发生的债权为标的的债权让与合同中,应认为合同当事人斟酌构成让与标的的债权发生基础的情事,考虑上述情事下债权发生的可能性程度,在此基础上,如果上述债权未如预期所发生时,就受让人发生的不利益,通过追究让与人合同上的责任而进行清算,从而缔结合同。所以,上述合同缔结时上述债权发生的可能性很低,并不当然左右上述合同的效力。

"当然,综合考虑合同缔结时让与人的资产状况、让与人营业等发展的相关预期、合同内容、合同缔结过程等,对于以将来一定期间内发生的债权为标的的债权让与合同,参照社会通常观念,上述期间的长度等合同内容对让与人的营业活动等所增加的限制显著超出了相当范围,或者给其他债权人带来了不当的不利益等,在有此种特别情事的情形下,上述合同违反公序良俗,应全部或部分否定其效力。

"以合同缔结后1年内相关支付机关应向医师支付的诊疗报酬债权为标的的债权让与合同,在就其合同有效性发生争议的案件中,上告理由引用的最高法院昭和51年(才)第435号同53年12月15日第二小法庭判决·裁判集民事125号839页,只不过是在上述相关案件的事实关系下作出了肯定的判断。很难说该判决明确了以将来发生债权为标的的债权让与合同的有效性的一般标准。

[162] "2 由此来看,对于本案合同下的债权让与,其期间及让与所涉的各债权额都明确特定,也具备对Y以外的A的债权人的对抗要件。虽然A和Y缔结本案合同的过程,以及合同缔结当时A的资产状况等

内容并不明确，但众所周知，在开设诊疗所等机构或设置诊疗用机器等设备时，医师会负担相当金额的债务。此际，也充分考虑到上述医师没有适于提供作为担保的不动产等财产。此种情形下，若从融资角度来看上述医师，尽管现在不存在担保物品，但通过因该融资而整备的诊疗设施，医师在将来很有希望增加诊疗收益，那么将上述诊疗设施作为担保而实现上述融资，则具有充分的合理性。对于受有融资的医师一方，为清偿债务，在与债权人协商的基础上，也可在一定范围内基于以后的收支预期而将将来发生的诊疗报酬债权让与给该债权人。此种方式也作为合理的行为而被包含在选择对象里。通过承认此种融资形态，可对现在没有充足资产但有能力且将来有望取得收益之人进行金融上的支援。当然不能因为医师缔结上述债权让与合同一事就认为上述医师的经济信用状况在当时就已恶化，也不能因为这一事就认为难免会在将来招致上述状况的恶化。目前，本案中并没有提交任何证据证明 A 存在上述情事。如此来看，不能因为 A 缔结了本案合同，就径直认为存在特别情事而应否定本案债权相关部分的本案合同效力。此外，对于上述特别情事的存在等，也没有进行主张和举证。

"如此一来，原审否定本案债权相关部分的本案合同效力并支持 X 的请求，显然是错误解释适用法令，且上述违法显然影响原判决的结论。上告主张中的此点主张理由正当，对于上告主张中其余各点，无须再进行判断。原判决应当撤销。另外，鉴于上述说示，X 的本案请求显然没有理由，所以撤销支持上述请求的一审判决，应驳回 X 的本案请求。"

三、以往的裁判例与学说间的关系

1. 以往的裁判例

（1）对于早期的裁判例，可参见池田教授的分析[2]。在此重点讨

---

[2] 池田，前注〔1〕（上），第 8—12 页。

论 1999 年最高法院判决之前给下级审裁判例带来巨大影响的最判昭和 53 年 12 月 15 日判时 916 号 25 页。

案情与本案类似。一方面，医师 A 是让与人，其将自己对社会保险诊疗报酬支付基金（Y）将来享有的诊疗报酬债权中 1961 年 12 月 1 日至次年 11 月 30 日的部分让与给诉外人 B 信用合伙，并具备了对抗要件。另一方面，对让与人 A 享有债权的 X，扣押了 A 对 Y 享有的 1962 年 5 月 1 日至 6 月 30 日的诊疗报酬债权，并取得了收取命令，进而以 Y 为相对人，提起债权收取请求诉讼。

该案中，最高法院认定 A 和 Y 之间的债权让与有效，没有支持 X 的请求。理由如下：

"在现行医疗保险制度下，作为医疗负责人的医师对 Y 等相关支付机构享有的诊疗报酬债权，是在每月一定期日一次性支付一个月的部分。其每月支付的金额，限于医师持续通常的诊疗业务，确实期待为一定金额以上的安定金额。因此，上述债权虽是将来发生的，但如果不是遥远将来发生的，则限于没有特别情事，由于现在已确定债权的发生原因，且可确实预测其发生，所以通过特定始期和终期而确定其权利范围，可以有效地让与该债权。"

（2）可见，对于相关案件中债权让与有效的根据，1978 年最高法院判决求诸"现在已经确定债权的发生原因，且可确实预测其发生"。

[164]

如此一来，何种情形被评价为"现在已确定债权的发生原因，且可确实预测其发生"就变得非常重要。之后的下级审裁判例围绕这一点进行了讨论。首先，就医师对社会保险诊疗报酬支付基金享有的诊疗报酬债权的扣押，形成了"自扣押时起 1 年"这一"常例"，即使对于让与，也采用同样的判定标准。

在牙医对社会保险诊疗报酬支付基金将来享有的 6 个月诊疗报酬债权被扣押的案件中，东京高决昭和 54 年 9 月 19 日下民集 30 卷 9~12 号 415 页得出了与前述最高法院判决相同的一般论，并认定相关扣押有效。之后，在 1983 年的东京高院管辖区内民事执行事务协议会的协议中展现了此种见解，即对于医师对诊疗报酬支付基金享有的将来诊疗报酬债权，若无特别情事，则可以就将来 1 年的债权作为扣押对象[3]。进而，受此影响，札幌高决昭和 60 年 10 月 16 日判夕 586 号 82 页说到，"对于作为诊疗负责人的医师对过敏健康保险团体联合会等相关诊疗报酬支付机构享有的将来诊疗报酬等债权，在其性质上，限于没有特别情事，若债权发生原因现在已经确定，且可确实预想其发生，则限于自扣押命令发出之时起将来 1 年的债权，可以作为扣押对象。超出该部分的不能作为扣押对象"。

关于让与的例子，东京地判昭和 61 年 6 月 16 日讼月 32 卷 12 号 2898 页认为，"在缔结以将来诊疗报酬等债权为标的的让与担保合同时，应在考虑担保设定当时保险医疗机构的经营状况、被担保债权的具体回收预定等基础上，对其有效的让与范围个别地进行判断"。虽然是表明了个案解决这一一般论，但在结论上还是认为"本案中，确实无法预期通常诊疗业务的持续及诊疗报酬等债权的安定发生能超过 1 年，所以没有余地认可超出上述期间的将来诊疗报酬等债权让与的效力"，结果还是按照扣押相关的"常例"来认定。此外，某医师让与了对社会保险诊疗报酬支付基金享有的将来 10 年的诊疗报酬债权，在该让与作出 3 年后，他人扣押了自该时点起约 1 年部分的相关诊疗报酬债权，在这一案件中，东京地判平成 5 年 1 月 27 日判夕 838 号 262 页认为，"在该让与持续过长期间时，在对扣押被让与的将来诊疗报酬债权的第三人等利害关系人的关系上，不允许主张有效受让上述诊疗报酬债权"，因而扣押债权人胜诉。

（3）对于诊疗报酬债权以外的债权，裁判例也展现了若干不同的态度。

典型的是将来租金债权的扣押。在此没有课以"1 年间"这一期间限制。例如，在最判平成 10 年 3 月 26 日民集 52 卷 2 号 483 页一案

---

〔3〕 最高裁判所事务总局：《民事執行事件に関する協議要録》，法曹会 1985 年版，第 150 页。

中，租金债权每月为250万日元左右，但是被扣押的租金债权达到2.1939726亿日元（扣押时间是1991年7月），持续了7年。

就让与而言，在最判平成10年1月30日民集52卷1号1页一案中，让与了将来3年的租金债权。在大阪高判平成7年12月6日判时1564号31页一案中，以"1993年12月以后"这一形式（作为每月应支付利息的一部分）让与了未定终期的租金债权。在这些判决中，都是以债权让与的有效性作为其前提的。此外，在东京地判平成8年1月22日判时1581号127页中，虽然案情是让与人经营状况恶化时主要交易银行受让了租金债权，但也认为未定终期的租金债权让与是有效的。

与上述裁判例相对，东京地判平成10年2月5日判夕985号214页一案中让与的是对特定买受人持续产生的赊销账款债权，但该判决以终期未特定为理由被认定为无效。

（4）对于债权让与有效/无效的标准，最早进行论证的是1978年最高法院作出的判决，其求诸"现在已确定债权的发生原因，且可确实预测其发生"。在这一标准下，有效或无效的判断应该可以根据各种情事作出。然而，对于诊疗报酬债权，后续的下级审裁判例主要将重点放在让与期间上。乍一看，这与1978年最高法院判决的逻辑并不一致。但是，尽管确实欠缺柔软性，却并非不能从1978年最高法院判决的结构中进行说明。

该判决在"限于医师持续通常的诊疗业务，确实期待为一定金额以上的安定金额"这一诊疗报酬债权的特性中寻求该案中的"发生的确实性"。于是，"非遥远将来"被定位为"作为让与人的医师持续通常诊疗业务的预想期间"。若是如此，医师诊疗报酬债权的"发生的确实性"主要依存于期间也就不足为怪。当然，"1年间"并非确定的期间，在个案中可能会有更长的期间，也可能会有短期的情形。但在此想确认，期间上的限定是与诊疗报酬债权的特性有关的，不能说是不合理的。

另外，对于租金债权，可认为下级审裁判例的思路是，限于租赁合同在现时点已经存在，不会出现将来"发生的确实性"这一问题。

如此一来，不管怎样，对于将来债权的让与，要求"发生的确实性"。其存否的具体判断，在诊疗报酬债权的情形与租金债权的情形中将会有所不同。

2. 於保博士的学说

（1）对上述1978年最高法院判决及之后下级审裁判例产生重大影响的是於保博士的学说。

题为"将来权利的处分"这篇论文后来被收录到《财产管理权论序说》[译者注]中。从题目也可得知，其是在"处分行为作出时点上处分的效果，即需要径直发生法律关系的变动吗？以及对于处分行为而言，处分效果需要在什么时点发生归属于当事人的效果呢？"这一问题意识下展开讨论的。结论认为：首先，为发生处分效果，仅能意识到变动的法律关系即可，无须有关法律关系现实具体地存在；其次，为了产生处分效果的归属，需有处分的物体，但这并非处分行为的构成要素，其存在仅是出于之后处分效果归属的需要。

作为这一一般论的展开，就将来债权的处分，作了如下论述。

"实际需要且理论上也应可以抽象地确定法律行为的标的。其为可能即可。如此一来，虽说是将来的权利，但不限于就成立既已存在法律上原因的情形，若存在事实上的根据且按社会通常观念而言系确实的，则认可此等处分，不能称之为毫无意义。"[4]

（2）那么，对于将来债权的让与可能性，於保博士作出"若存在事实上的根据且按社会通常观念而言系确实的"这一限定的理由在哪里呢？

其论述如下：

"现存权利自不必说，即使对于他人的权利、将来的权利，也可作出有效的处分。仅服从于一般法律行为相关的确定性、可能性、适法性

[译者注] 于保不二雄：《将来の権利の処分》，载于保不二雄：《財産管理権論序説》，有信堂1954年版。

[4] 于保不二雄：《財産管理権論序説》，有信堂1954年版，第314页。

的一般性制约。只不过，对于处分行为，仅在处分的物体应当具有交易能力这一点上，存在特殊性（着重号为笔者所加）。"[5]

从这一论述来看，"若存在事实上的根据且按社会通常观念而言系确实的"这一条件没有满足的情形中，处分客体不具有"交易能力"，因此不能进行有效的让与。这是於保博士的逻辑。

将"交易能力"这一用语换成"交易适格性"时，要求处分对象具有"交易适格性"，绝非突发奇想。例如，我妻博士认为，"在不确定是否取得将来财产权的情形中，对其取得可能性支付对价的合同并非买卖，而是作为射幸合同的有偿合同（通说）"[6]。由于这一射幸合同触及了公序良俗规范，为了不使合同无效，射幸性需要限定在一定的限度内。因此，有充分根据要求让与对象物有一定以上发生的确实性。

（3）那么，广义的"将来债权"可分为：①清偿期限未到来之债权；②附停止条件之债权；③虽然作为具体发生原因的法律关系已经成立，但对于将来的期间，由于还不存在承租人的使用收益，所以作为对价的租金债权尚未发生的债权，例如租金债权；④作为其抽象发生原因的合同已经缔结但作为具体发生原因的合同却尚未缔结的债权，如继续性买卖合同中产生的个别订单相关的买卖价款债权；⑤作为其抽象发生原因的合同及具体发生原因的合同均未缔结的债权。

於保博士仅在"发生的确实性"这一要件上对各种将来债权的让与可能性进行了统一判断，却否定了区别的重要性[7]。然而，从目前的下级审裁判例中可以看出，正是为了判断"发生的确实性"，而重视①~⑤的区别。对于①~③，由于自己已满足"发生的确实性"这一要件，所以无须附加期间限制，让与有效；对于④，考虑抽象发生原因的存续可能性，应附加一定的期间限制；对于⑤，虽然缺乏裁判例而不能作出确定的判断，但应该要课以更严格的要件。

---

〔5〕於保，前注〔4〕，第303页。
〔6〕我妻荣：《債権各論中卷一（民法講義 V2）》，岩波书店1957年版，第251页。
〔7〕於保，前注〔4〕，第305—306页。

3. 高木教授的学说

（1）与上述观点相对，最近的有力说主张"发生的确实性"不是将来债权让与的有效要件，滥觞于高木教授的论文。其论述如下。

"不论是法律上的可能性还是事实上的可能性，作为可能性，只有程度差别而已，两者的边界也未必明确。正是因有发生的可能性，才存在债权让与的（担保目的也好什么也好）经济需求。在有相关经济需求的场合下，不存在区别法律可能性和事实可能性的合理理由。

"此外，且不说作为一般抽象论，单就集合债权让与担保而言，从可能性的观点来看，不能整体上作无效处理。在合同缔结时，既有现存的债权，也有基于法律原因已经存在的将来债权。问题在于，集合债权让与担保合同是以'可涵盖某种范围的将来债权'这一形式产生的，而现实中若发生此等问题，则是围绕现实发生的债权展开的，所以如果用合同缔结时不存在发生的可能性这一理论去处理这一问题，将非常不自然。不如说这一问题应根据后面所说的特定性、概括性的观点，或者对抗要件的角度来解决（着重号为高木所加）。"[8]

（2）这一学说否定了将"发生的确实性"作为将来债权让与有效要件这一理论。因为"作为原因行为（买卖合同）履行不能的问题来处理即可，没有必要认为无让与性"[9]。对于"交易适格性"，法律没有必要展现出强行性的立场，作为当事人之间的问题处理即可。

高木教授的这一见解在学说上获得了众多支持，在1999年最高法院判决作出时反倒成为多数说了[10]。

---

[8] 高木多喜男：《金融取引の法理第1卷》，成文堂1996年版，第112页（最早发表于1981年）。

[9] 林良平（安永正昭补订）、石田喜久夫、高木多喜男：《債権総論〔第3版〕》，青林书院1996年版，第486页（高木执笔）。

[10] 田辺光政：《集合債権の譲渡担保》，载星野英一等编：《担保法の現代的諸問題（別冊NBL No. 10号）》，商事法务研究会1983年版，第70页；河合伸一：《第三債務者不特定の集合債権譲渡担保》，载《金法》第1186号（1988年），第58页；道垣内（旧），第298页；角纪代惠：《債権非典型担保》，载椿寿夫编：《担保法理の現状と課題（別冊NBL No. 31号）》，商事法务研究会1995年版，第84页等。

4. 1999 年最高法院判决的地位

（1）以上述裁判例和学说为前提，如何定位 1999 年最高法院判决？

在这一点上，通常会认为该判决是按照以高木教授为代表的最近的有力说来裁判的。但似乎不能如此简单地得出结论。如何理解判旨中"在以将来发生的债权为标的的债权让与合同中，应认为合同当事人斟酌构成让与标的债权发生基础的情事，考虑上述情事下债权发生的可能性程度，在此基础上，如果上述债权未如预期所发生时，就受让人发生的不利益，通过追究让与人合同上的责任而进行清算，从而缔结合同"这一部分，是一个问题。

（2）财务技术（financial technology）将过去无法判断发生概率而完全只能作为赌博对象的标的物，作为合理的投资对象来培养，并赋予其"交易适格性"。例如，可以考虑为了债权的流动化而对特别目的公司（SPC）进行概括债权让与并发行小额化的证券的情形。

此时，当事人"斟酌构成让与标的债权发生基础的情事，考虑上述情事下债权发生的可能性程度，在此基础上"，缔结合同。"债权发生的可能性"已不再是赌博（gamble），而是综合了各种信息，基于经济合理性而作出的判断，并据此来决定发行条件。不限于设计债权发生风险完全由受让人负担的方案；也可以设计在上述风险判断的基础上，再发行劣后债券，并使让与人买回等，"若上述债权未如预期所发生，则就受让人发生的不利益，通过追究让与人合同上的责任而进行清算"等方案。

在理解上述所引的判旨上时。即，如果认为作出可行的合理风险判断或采用受让人不负担风险的架构，构成肯定将来债权概括性让与有效性的积极理由的话，则 1999 年最高法院判决与最近有力说（根本不将从"发生的确实性"中产生的"交易适格性"作为要件）的观点相异。因为 1999 年最高法院判决采用的逻辑是，将来债权通过上述各种方法而产生"交易适格性"，所以可以让与。

实际上，不能认为"交易适格性"在任何阶段都不会成为问题。

即使分析各种信息，也完全不可能预测债权发生额，且发生额很小时的不利益及很大时的利益，均归属于受让人——此种类型的债权让与不得不说是超出一定限度射幸性的合同。

当然，不仅可以认为此种合同连形式上都没有满足债权让与合同的成立要件，也可认为其因违反公序良俗而无效。但是，如下文详细讨论的，对于可能违反公序良俗的情形，1999年最高法院判决列举了参照社会通常观念对让与人的营业活动等所附加的限制显著超出相当范围，或者给其他债权人带来不当不利益的情形。鉴于此，对于"超出一定限度射幸性"这一情事，最高法院似乎是想将其作为公序良俗的问题来处理。

如此一来，应认为1999年最高法院判决也仍要求被让与的债权具有"交易适格性"，并要求在这一要件中控制射幸性。换言之，仍是在於保博士的逻辑架构之中。

（3）与此相关联，再论述两点。

可以理解，判旨似乎将①"在以将来发生的债权为标的的债权让与合同中，应认为合同当事人斟酌构成让与标的债权发生基础的情事，考虑上述情事下债权发生的可能性程度，在此基础上"和②"如果上述债权未如预期所发生时，就受让人发生的不利益，通过追究让与人合同上的责任而进行清算"这两点之间用and连接。但是，应认为这两点之间是or的关系。如果合理判断风险从而决定对价，或者发生风险时存在对价调整机制，则具有"交易适格性"。

而且，1999年最高法院判决的重要性并不仅仅在债权让与问题的解决上。对于最近新出现的各种金融衍生品交易，有很多声音质疑其构成赌博而违反公序良俗。互惠信贷交易也好，信用衍生交易也好，都是此种。结论上，很少有人认为这些构成赌博，进而认为其合同因违反公序良俗而无效。现实中，此等交易的规模巨大，如果被认定为无效，恐怕将会产生大规模的经济混乱。但是，为什么不构成赌博？目前尚未见到明确的论理来说明这一点。

将1999年最高法院判决理解成"若合理判断风险从而决定对价，或者发生风险时存在对价调整机制，则就将来债权也有'交易适格性'"时，其基准和论理也可以适用于各种金融衍生品交易。

对于这一点，希望今后还有机会进行论述。

四、公序良俗的限制

1. 判旨所举的判断要素

（1）1999年最高法院判决认为存在将来债权概括让与合同因违反公序良俗而无效的情形。对于这一违反公序良俗的举例，判旨列出了①"参照社会通常观念……对让与人的营业活动等所附加的限制显著超出了相当范围"的情形和②"给其他债权人带来了不当的不利益"的情形。在这一判断中，其认为应综合考虑（a）"合同缔结时让与人的资产状况"，（b）"缔结时让与人营业等发展的相关预期"，（c）"合同内容"，（d）"合同缔结过程"等。

当然，虽然这并非限制列举，但自不必说，①和②两个范畴对于今后判断是否违反公序良俗而言有着重要意义。而且，由于在其具体的判断中要综合考虑各种情事，所以不可能在事前就完全明确是否违反公序良俗。但是，为了给今后的实务提示行动基准，有必要尽可能地增强具体性吧。

（2）集合债权让与合同存在违反公序良俗的可能。这一点很多学说也已指出。在基础的分类结构上，根据椿教授的主张，可分为"危机应对"型和"正常业务"型[11]。德国法上关于过剩担保的规制有详细的讨论，也给这一问题的探讨带来了一定的启发[12]。但仍有待深入分析。像是对未定期间而转让让与人享有的全部债权的情形，就存在相

---

[11] 椿寿夫：《集合債権担保の研究》，有斐閣1989年版收录的各篇论文。
[12] 野田和裕：《過剰担保の規制と担保解放請求権——ドイツ法の分析を中心に（1），（2完）》，载《民商》第114卷第2号（1996年），第218页及以下，第3号（1996年），第427页及以下。

互对立的学说。有学说重视商人基于合理判断而作出合意这一点，认为其有效[13]，也有学说认为这是不当剥夺让与人经济活动的自由，从而无效[14]。

在此想整理既存的裁判例，并加以若干讨论，借此来稍微明确违反公序良俗的具体类型。

2. 既存的裁判例

（1）首先从违反公序良俗的判断标准这一观点出发，再次讨论本判决出现前的下级审裁判例。说到这一点，由于本判决否定了先前大多数下级审裁判例的立场，所以或许会觉得这些裁判例已不值得讨论了。但是，对于表面上采用"1年"这一形式判断标准的下级审裁判例，可以推测其背后一定有实质的因素在起作用。而且，也有一些裁判例详细论述了更具实质性的根据[15]。

（2）考察一下①，即"参照社会通常观念……对让与人的营业活动等所附加的限制显著超出了相当范围"的情形。前述东京地判昭和61年6月16日讼月32卷12号2898页就是符合这一情形的例子。

在该案中，某医院（保险医疗机构）对东京都国民健康保险团体联合会享有的将来3年诊疗报酬等债权因担保目的而被让与给B银行，之后再由B银行让与给X。对于第三债务人所提存之金钱的返还请求权归属于让与人的破产管理人还是扣押债权人，发生了争议。不过判决仅就将来1年部分认可债权让与的效力。此际，判决论述如下：

"在作出本案第一债权让与的1980年12月12日当时，A（让与人）应向Y（立川社会保险事务所）支付的同年10月的厚生年金保险

---

[13] 须磨美博：《銀行取引における債権の担保取得に関する法律上の問題点》，载《金法》第977号（1981年），第51—52页。对于集合动产让与担保，铃木禄弥：《最近担保法判例雑考（9）》，载《判タ》第513号（1984年），第52—53页（铃木禄弥：《物的担保制度の分化》，创文社1992年版，第819—820页）。

[14] 田边光政：《集合債権譲渡担保の若干の問題》，载《金法》第1039号（1983年），第9页。

[15] 参见道垣内弘人：《資産担保証券の発行にともなう将来債権の包括的譲渡の有効性とその対抗要件》，载《資産流動化研究》第5卷（1999年），第71页及以下。

费21.3886万日元,儿童支出金1.3567万日元,在经过缴付期限(即同年12月1日)后仍未支付,已经产生滞纳"。而且"在第一债权让与当时,除员工的奖金2000万日元外,为了重新借款长期资金,A又从B银行处借款2000万日元。当时,因为A所有的不动产上设定了多个抵押权,该银行的负责人C判断A没有担保余力,而且从结算材料的内容来看,也判断A的经营并不好。"

"例如,因为个人医院中的诊疗负责人生病,导致保险医疗机构的诊疗业务遂行能力难以回复、丧失乃至显著减少,保险医疗机构的经营能力恶化或经营资金紧迫等,进而导致破产或经营规模缩小,预计收益性降低。此等情形中,不得不认为不存在诊疗报酬等债权安定发生的基础情事",但是"债权人预计每月的诊疗报酬等债权将几乎全额充当自己的被担保债权的回收时,很容易预想到短时间内会出现诊疗业务运营资金的紧迫。此种情形应当说也不能预计诊疗报酬等债权安定地发生。"

"诊疗报酬等债权由特定债权人长期供作让与担保的情形中,完全可以预想到会导致与有关保险医疗机构进行交易的其他债权人(医药品批发业者、医疗器材批发业者以及医学检查业者等)会因信用不安而减少其交易,进而有关保险医疗机构的业务减少,并且诊疗报酬等债权减少。"

"在诊疗报酬等债权被上述状况约束的情形中,也完全可以预想到保险医疗机构越早清偿债务就能越早从上述约束中逃脱,或者债权人催促增加诊疗报酬等债权的金额等情况,其结果会导致不必要的给药、检查及手术等乱诊疗的弊害。也会有给国民健康带来重大恶劣影响之虞。"

"而且,其他交易上的第三人无法确知作为让与担保对象的诊疗报酬等债权的终期时,也会有给此等第三人带来不测损害的危险性。"

"本案中,确实无法预期通常诊疗业务的持续及诊疗报酬等债权的安定发生能超过1年,所以没有余地认可超出上述期间的将来诊疗报酬等债权让与的效力。"

该判决为了直接推导出"无法预期通常诊疗业务的持续及诊疗报酬等债权的安定发生能超过 1 年"这一判断，使用了（a）"合同缔结时让与人的资产状况"，（b）"缔结时让与人营业等发展的相关预期"。但是，第四段所述情事的指摘，正是 1999 年最高法院判决中指出的作为违反公序良俗的情形，即指摘出相关案情符合"参照社会通常观念……对让与人的营业活动等所附加的限制显著超出了相当范围"的情形。也就是说，虽然经营状况紧迫，但已无担保余力，因为信用不安而存在被拒绝与他人交易之虞，因而可充分预想到业务缩小、债权发生额减少时，出于担保而长期让与债权，将过度约束让与人的营业。进而，这将构成否定让与合同有效性的理由。

当然，在这一事例中应注意的是，诊疗报酬等债权是通常医师取得的唯一种类的债权。在其信用状况恶化时，将最后依赖的网——诊疗报酬等债权——供作让与担保。

（3）其次，考察一下②，即"给其他债权人带来了不当的不利益"的情形。

在东京高判昭和 57 年 7 月 15 日判夕 479 号 97 页中，就将来赊销账款债权作出概括性债权让与合意，对于第三债务人提存之金钱的返还请求权，是归属于让与人的破产管理人还是受让人，出现了争议。判决认定了如下事实，并认为让与合同无效。

Z 公司（破产者）"1975 年年初拒付票据，在 1976 年 2 月末破产。在此之前，从所谓的街边金融业者 X 公司（控诉人）处通过票据贴现或票据抵押贷款或借据放款的方式，持续受有营业资金的融通"。X 公司"在融资实行之前（部分是在融资过程中追加），为了期望能确实回收将来对 Z 公司的债权，预想了多种回收方法……"，取得了"Z 公司为通知将对交易相对人享有的赊销账款债权让与给 X 公司而使用的空白的内容证明书（5 份）"，但是此等书面材料"均是应 X 公司要求将来必要时随时使用而交付的，在交付时不论是其使用时期，还是该时点

[176]

Z公司所负的债务额,还是Z公司对交易相对人享有的赊销账款债权额,都没有确定,所以内容证明书上没有任何记载。另外,用于制作公证证书的委托书,其内容除不会变动的文字外,委托书事项也完全空白……"。"将来Z公司对X公司所负债务的清偿期徒过,或开出拒付票据等通常构成期限利益丧失原因的事态发生时,X公司在适当选择该时点Z公司对其交易相对人享有的商品赊销账款债权中相当于Z公司债务额的部分的基础上,将其作为对Z公司债务的代物清偿,并使之归属于X公司,同时代Z公司以其名义向作为第三债务人的交易相对人发出债权让与通知,收取该债权并可实现债权回收的目的。以此为宗旨,X公司与Z公司之间,在融资开始当初,已出于担保目的,以将来债权为对象,达成了概括债权让与的合意。"在该合同中,"即使对于供作让与标的的债权的限度额,也仅是在X公司决定行使让与合同的权利而发出债权让与通知之时的Z公司债务额——除这一不断变动的不确定上限以外没有任何规定。而且,关于X公司可行使上述合同权利的终期,也没有任何约定"。

"作为Z公司代表的A,有取得融资的迫切需求,粗略了解上述各书面材料的使用目的后,认为这是金融业者惯用的手段,没有进行深入思考,就按要求在书面材料上盖章,也答应了之后印章证明书的调换。"

[177]　　"X公司得知……Z公司在1976年2月28日发出拒付票据,且法定代表人藏匿。在向Z公司的交易银行确认了票据拒付的事实后,X公司急忙着手采取回收自己债权的手段,先使用前述内容证明书用纸在同年3月1日(对本田技研的追加一封是在同年3月3日),制作了前述债权让与通知书,向早已知晓的Z公司的主要交易方本田技研等三家公司一齐发出。"

"如此,为了担保自身增减的债权,对让与标的债权的债务人(第三债务人)不作特定。无论是对标的债权的发生时期,还是对其限度额,都没有任何限定。此种概括性将来债权让与合同有效时,就让与人

（债务人）应取得的全部价款债权，受让人（债权人）可随意选择而供作自己债权的优先清偿之用。此种地位既不伴随任何公示方法，也可随时保有。正如本案的情形，上述优先清偿权的行使大多都是接近债务人经营崩溃现实化危机到来之际。结合这一显然事实来考虑，这显著侵害债权人间的平等，完全不能容认。换言之，以将来债权为标的的无限定的债权让与合意，暂且不论其作为基本合同而约束将来就其实现而进行特定债权让与的当事人的情形，作为通过受让人（债权人）单方权利行使而径直发生债权让与效果的合同，因标的债权不特定之缘故，不能认可其效力。"

此外，东京地判昭和60年10月22日判时1207号78页也与上述案件类似，也有空白债权让与通知书的交付、第三债务人的提存情形。虽然是就提存金返还请求权归属于受让人还是扣押债权人发生争议，但与前述1982年东京高院判决的说理基本相同，认为债权让与无效。当然，与1982年东京高院判决的案情不同之处在于，没有认定让与公司的代表人未充分理解合同内容，以及未认定之后代表人隐匿行踪（换言之，其他债权人没有回收债权的希望）。

若整合理解两判决，则要点在于应考虑（c）"合同内容"吧。"为了担保自身增减的债权，对让与标的债权的债务人（第三债务人）不作特定。无论是对标的债权的发生时期，还是对其限度额，都没有任何的限定。此种概括性将来债权让与合同"中，受让人自由选择债权，并可具备让与的对抗要件。存在此种类型的合同时，符合②，即"给其他债权人带来不当的不利益"的情形，否定债权让与合同的效力。

[178]

（4）再来看大阪高判平成8年1月26日判时1574号70页（民集54卷4号1593页）。

在这一判决所涉案件中，与前述1982年东京高院判决和前述1985年东京地院判决的案情不同，债务人被具体特定为让与人交易对象的约100家公司中的11家。但是，相同之处在于，受让人受有空白债权让与通知书的交付,当让与人的信用不安时,可按照该时点受让人对让与人享有的债权额,发送债权让与通知书。"

在此,作为原判决的大阪地判平成 6 年 10 月 28 日判时 1555 号 95 页(民集 54 卷 4 号 1589 页)列举了与前述 1982 年东京高院判决和前述 1985 年东京地院判决相同的理由,认为债权让与预约合同违反《民法》第 90 条。然而,作为控诉审判决的 1996 年大阪高院判决列出了下列理由,认可债权让与预约合同的有效性,并肯定第三债务人对受让人的支付义务。

"被担保债权额将来的金额增加而不确定,是因为该预约是最高额担保,所以是不得已。"

"对于作为让与对象的债权,第三债务人被具体特定为 A 交易对象的约 100 家公司中的 11 家。债权发生原因被特定为基于薰笼、羊毛、羽毛被、暖桌台及此等套装等买卖交易而产生的商品赊销账款债权。债权的限度额为 X(受让人、控诉人)发出债权让与通知时点中 A 对第三债务人的债权余额。虽不断变动,但不能认为未对其作出限定。因此,对于作为让与对象的债权,虽然 X 不仅可以自由选择第三债务人,还可以决定其债权额,而且权利行使的终期也没有约定,但毕竟只是限定在上述范围内,所以不能将其看作是就标的债权的第三债务人、发生原因、限定额完全没作任何限定的概括性将来债权让与预约。"

"即使对于发送债权让与通知的时期(预约完结权的实现时),也是在 A 对 X 所负债务至少发生一次迟延清偿,或者陷入支付停止,或者存在其他不信用的事实时发送,很难说是委以 X 的肆意判断。"

对于 1996 年大阪高院判决,应指出两点。

第一点,在 1996 年大阪高院判决中,第三债务人"被具体特定为 A 交易对象的约 100 家公司中的 11 家"。这会推导出与 1982 年东京高院判决及 1985 年东京地院判决不同的结论。因此,"对让与标的债权的债务人(第三债务人)不作特定。无论是对标的债权的发生时期,还是对其限度额,都没有任何的限定。此种概括性将来债权让与合同"，是"给其他债权人带来了不当的不利益"的要点。被担保债权的不特定性并非决定因素。

第二点，1996年大阪高院判决是受让人与第三债务人之间发生争议。换言之，并非与其他债权人产生竞合。因"给其他债权人带来了不当的不利益"而否定让与合同的效力，此种认定仍然还需有与其他债权人竞合的事实吧。

五、对抗要件的效力

（1）对抗要件效力的问题核心在于，"即使对于持续数年的将来债权让与，若存在合同缔结时一次的对抗要件具备行为，则相关债权让与之后也可以无限期地对抗第三人吗"。但其前提问题是，将来债权让与对抗要件的效力何时发生？简单来看一下。

在抵押不动产租金债权让与和行使抵押权物上代位权而扣押相竞合的案件中，大阪高判平成7年12月6日判时1564号31页曾认定"扣押将来期间发生的继续性租金债权时，在期间到来后，支分债权（租金）现实发生（在该时点，针对现实发生的债权所作的扣押产生效力）且清偿期到来后可现实收取该债权"，所以"将来期间发生的租金债权作为支分债权而发生时，在该时点，基于抵押权的物上代位所作扣押的效力实现，将与具备第三人对抗要件的债权让与，出现相互竞合的局面"。这一判断认为，即使就将来债权让与具备对抗要件，其效力的产生也是在债权现实发生的时点。东京地判平成8年9月20日判时1583号73页也同样认为"对于未发生的租金债权的让与，……对抗要件的效力发生时间是债权让与的效力发生时，即债权发生时"。

但是，学说对上述见解进行了批判。即，若采用上述见解，则在双重让与将来债权并先后具备对抗要件的情形中，不论对于哪一让与，其对抗要件都将在债权现实发生时产生效力，将无法决定两者之间的优劣。这将非常奇怪。应当根据哪者先作出附确定日期的通知或取得承诺

[180]

来决定。如此，应理解为在通知、承诺时点具备对抗要件并发生其效力〔16〕。

之后的裁判例接受了这一批判，认为对抗要件的效力发生时间为通知、承诺时。东京高判平成8年11月6日判时1591号32页（民集52卷1号28页）认为，"一审原告引用的大阪高院判决认为支分权（租金债权）让与的效力发生及对抗要件的效力发生时间为支分权的发生时间。但按该法院的见解，对于将来债权重复让与的情形或一般债权人扣押的对抗要件效力发生时间的解释，将欠缺整合性，所以不能采纳此种解释"。此外，东京高判平成9年2月20日判时1605号49页认为，"尚未发生的租金债权被让与的情形中，其对抗要件的效力，在出租人以附确定日期的证书所作的通知到达承租人时，或以附确定日期的证书作出承租人的承诺时发生。即使如此解释也无特别不适。若认为对抗要件的效力在尚未发生的租金债权发生之时产生，在尚未发生的租金债权被双重让与且每一让与均具备对抗要件的情形中，此种观点将难以判断孰优孰劣，所以并不合适"。

1999年最高法院判决没有作出如上述两则东京高院判决一样的明确判断。但案情是，就未发生的债权，具备对抗要件的让与与扣押相互竞合。于是，在扣押之前受有让与并具备对抗要件的受让人胜诉。如此一来，可认为其前提是债权让与的效力在合同缔结时产生，且对抗要件的效力在通知、承诺时产生。

（2）以此为前提，来看下一个问题。让与将来20年的债权时，虽说在其让与时点作出附确定日期的通知，但其效力在20年时间里一直持续吗？

---

〔16〕高木，前注〔8〕，第125—127页。更具体地，道垣内弘人：《典型担保法の諸相》，有斐閣2013年版，第276页（最早发表于1996年）；秦光昭：《将来債権の譲渡と抵当権に基づく物上代位の優劣》，载《金法》第1455号（1996年），第5页；小林昭彦：《将来の賃料債権の包括譲渡と物上代位に基づく差押えの優劣》，载《金法》第1456号（1996年），第7页；北秀昭：《抵当権者の賃料債権に対する物上代位》，载《ジュリ》第1099号（1996年），第24页等。

理论上似乎不得不认为,对于将来 20 年的债权让与,一旦具备对抗要件,则中途就无须再进行更新程序。而且,债权让与对抗要件相关之《民法特例法》第 5 条第 2 款规定债权让与登记的效力存续期间为 50 年,而且有特别事由时,允许设定超过 50 年的存续期间。即使从与这一规定的均衡来看,至少也应认可 50 年的有效性[作者补注1]。

而且,此等结果在妥当性这一层面似乎也没有问题,债权受让人可通过一次对抗要件具备行为而长期确保其地位。在与其他债权人的关系上,这似乎会出现问题,但正如"四"中所讨论的,这应作为是否违反公序良俗的问题来处理,与对抗要件效力存续期间的问题相分离来考虑。此外,对于第三债务人而言,如果存在附确定日期的通知、承诺,则应向谁清偿是非常明确的。不能因其是长期的就认为会存在问题。[182]

但是,来考虑这样一种情形。授信业等从业者将对顾客取得的将来 30 年的债权概括地让与,并对此具备对抗要件。作为让与债权的债务人,其中个别顾客在收到通知的时点上,有人的剩余债务额为零。剩余债务额并非为零之人,通过在月末进行支付,剩余债务额也将为零。之后,在哪一时点又负有债务,现在是不确定的。此等情形中,不管收到多少次的附确定日期的通知,都要求在将来牢牢记住此事,不搞错相对人而正确地作出支付,对于债务人而言似乎有点严苛。

此外,债权部分让与时似乎也是如此。要求所有的个别债务人在将来持续妥善管理清偿对象,特别是主要考虑到债务人为消费者时,似乎并不妥当。

所以,如上所说,虽然《债权让与对抗要件相关之民法特例法》以对抗要件的长期有效性为前提,但该法是在和第三人的关系上处理对

[作者补注 1] 现在《动产及债权让与对抗要件相关之民法特例法》第 8 条第 3 款规定,"让与所涉之债权的债务人全部特定的情形",效力存续期间为 50 年,其他情形为 10 年。如此一来,从与该法相均衡的角度来讨论,也需要分成债务人特定的情形与不特定的情形来论述。

抗要件的效力，在与债务人的关系上并未规定对抗要件。

那该如何是好呢？

（3）此点上可供参考的是东京地判平成11年1月22日判时1693号88页。在该案中，虽然存在具备对抗要件的债权让与，但就债务人向让与人作出清偿的情形，适用《民法》第478条。此处的问题是，在上面举例的授信业者作出债权让与的情形中，能否适用《民法》第478条来保护债务人呢？

[183] 从对抗要件的法理来看，似乎难以适用《民法》第478条。所谓的"在与债务人的关系上具备对抗要件"，不只是"受让人可以对债务人主张自己是唯一正当的权利人"，还应该有"使债务人确认让与人已不再是债权人"的意义。

但在此坦白说，债权让与的对抗要件对于不具备必要法理知识的人而言，不能充分发挥其公示作用。实际上，例如，虽然收到挂号信寄来的债权让与通知书，但期待一般消费者能理解其意义，并以自己的能力确实判断应支付的相对人，似乎过于严苛。而且，也应认识到，债权让与这一行为自身会给债务人增加负担。多数情形下，受让人都是专业人士，因债权让与而受有利益。然而此时，收到债权让与通知以后就不得不小心了，一不小心就会双重支付，此种不利益不应当然地课予债务人。

此外，在《民法》第478条的适用上，发出债权让与通知的债务人，若没有进一步"以为自己的意思而行使债权"，将不满足《民法》第205条所谓的"准占有"的定义。因此，在具备对抗要件的债权让与的场景中，能适用《民法》第478条的情形将会很少。这也是一个问题[17]。

但是，与《民法》第205条是保护准占有人的规定相反，《民法》第478条是保护清偿人的规定。因此，在清偿人一方看来，像是债权人

---

[17] 野口惠三：《債権譲渡と民法478条》，载《銀法》第565号（1999年），第57—58页。

的即可[18]。

结论上,在一定情形下,可以通过适用《民法》第478条来保护债务人。

六、将来债权的扣押 [184]

(1) 如前所述,在此之前的下级审裁判例中,将"发生的确实性"作为将来债权移转要件的事例,多数都是处理扣押的有效性。反倒没有区分让与的有效要件和扣押的有效要件而进行论述。

1999年最高法院判决肯定了将来债权的让与的长期有效性。那么,对于扣押又是如何呢?

在这一点上,已有如下论述。即,"至少本判决并非必然地变更了执行实务。因为执行的场景正是与第三人竞合的场景,不能与财务状况仍旧健全时所作的债权让与作同样考虑"[19]。

但仍留有应探讨之处。

(2) 似乎可以反驳说,为了在与第三人的竞合中推导出公平的结论,法律上原则应根据诈害行为撤销权和否认权制度,而不应通过否定扣押的有效性来处理。

确实,在破产中,执行行为也是否认的对象,似乎也可通过否认权来处理。但是,在尚未破产的情形中,诈害行为撤销权是撤销债务人所作的法律行为,其他债权人所作的执行行为不构成撤销的对象(大阪高判昭和40年3月31日金法409号11页)。

而且,若都通过否认权和诈害行为撤销权来处理,则对于债权让与也不应考虑其他债权人而课以限制,但这一观点至少与判例法理不

---

[18] 矶村哲编:《注释民法(12)》,有斐阁1970年版,第86页(泽井裕执笔);平井宜雄:《债権総論〔第2版〕》,弘文堂1994年版,第193—194页;内田贵:《民法Ⅲ》,东京大学出版会1996年版,第40页等。

[19] 道垣内弘人:《将来の诊療報酬債権の譲渡に関する最三小判平11·1·9を読んで——本判决の意義と残された問題》,载《金法》第1544号(1999年),第24页。

[185]（3）结论上，对于债权让与，也要考虑给其他债权人带来的影响，在某些情形中会因违反公序良俗而否定其效力。若承认这一点，则对于扣押而言，也适用同样的标准即可。适用同样的标准，但因几乎必然会与其他债权人相竞合，所以，让与超过一定期间时多会违反公序良俗，扣押也多要受到一定期间的限制。逻辑上并非适用不同标准，在适用后果上，多会课以限制。

对于此种观点，也有批判认为，从执行实务中多数债权人间的公平以及迅速处理的必要性来看，需要统一处理，扣押的问题不宜用公序良俗规范进行个案判断[20]。

这一观点中含有值得赞同之处，但也应考虑让与与扣押之间的平衡[21]。只能期待在执行实务中形成每一类型的常例，从而提高预测可能性。

七、结语

如上所述，对1999年最高法院判决展现的法理不能作单纯理解。而且，也留下了很多问题。如开头所述，该判决不论是对债权流动化方案，还是对集合债权让与担保，都是作为其基础的重要判断。"不能作出一年以上的将来债权让与"——这一红线已被跨过。但是，仅因这一判决，还不能说担保实务和金融实务已经安定。还需要进行更加深入精细和具体的分析。

[原载于《ジュリスト》1165号（1999年），第66页及以下]

---

[20] 篠田省二：《判批》，载《金法》第1148号（1987年），第16页；池田真朗：《判批》，载《判夕》第838号（1994年），第35页。

[21] 吉田光硕：《判批》，载《判夕》第849号（1994年），第61页。

第二节 债权让与担保的设定通知不构成通知债权已移转至担保权人的事例——东京高院平成11年11月4日判决 [判时1706号18页(民集55卷6号1084页)]

一、判决要点

本判决在让与担保设定通知的文言解释上,认定无法期待债务人通过有关通知认识到债权归属发生变动,不认可有关通知具有作为第三人对抗要件的效力。当然,这一解释的妥当性或许存在问题。但首先应认识到,问题在于具体的文言解释,所以该判决只有作为事例判决[译者注]的意义。

如后所述,在种种论稿中似乎对这一点作了过高评价。

二、事实概要

X(原告、控诉人)在1997年3月31日将对诉外人A享有的全部债权作为被担保债权,就诉外人B对其继续性交易合同相对人C(诉外人)享有的且将来取得的商品赊销账款债权及商品销售受托手续费债权,缔结了设定让与担保合意的合同。B在1997年6月4日对C以附确定日期的书面进行了通知。其字面如下。

"B就其对C享有的债权,以X为权利人设定了让与担保权,所以基于《民法》第467条作出通知。X对C作出让与担保权实现通知(书面或口头)时,请向X清偿该债权。"

之后,由于发生了该让与担保权的实现事由,X在1998年3月31日以书面形式通知C将实现让与担保权。另外,Y₁(国家。被告、被控诉人)就B对C享有的1998年3月11日至同月30日的商品赊销账款债权及商品销售受托手续费债权作出了滞纳处分的扣押。因此,C以

[译者注] 所谓事例判决,是指判决并未展现抽象的一般法理,而是仅就具体事实关系下的法理作出判断。

不确知该债权的债权人为由,以 B 或 X 为被提存人进行了提存。之后 B 收到了破产宣告,Y_2(被告、被控诉人)被选任为破产管理人。

在上述事实关系下,X 以 Y_1 和 Y_2 为相对人提起诉讼,就 C 提存的清偿提存金,请求确认其返还请求权归属于自己。一审〔判夕1065 号 167 页(民集 55 卷 6 号 1074 页)〕认定,"参照本案债权让与担保设定合同的内容,对于本案债权,不能认为在上述合同缔结的 1997 年 3 月 31 日之时已经存在 B 对 X 所作的让与(移转)",因而驳回了 X 的请求。

X 提出控诉。

三、判旨

驳回控诉。

"本案中,让与担保设定通知中已记载就 B 对 C 享有的债权,为 X 设定让与担保权。但接着又记载,若 X 另行发来通知时,要向 X 清偿。因此,上述通知意味着在将来另行发来通知之前,作为债务人的 C 向最初债权人 B 清偿即可。

"就债权设定质权并具备对抗要件时,禁止第三债务人对作为设定人的最初的债权人清偿。理由在于已设定作为担保权的质权,因而不能使作为担保权标的物的债权消灭。但是,本案中,虽然为 X 设定了让与担保权,但由于要求债务人在收到将来另行发来的通知之前,向作为担保权设定人的最初债权人清偿。所以,在此之前允许消灭担保权标的物。因此,与质权设定的情形不同,本案是对债务人通知目前不受担保权设定的制约。

"而且,本案让与担保权设定通知中也允许在另行收到通知之前,债务人将对最初债权人(担保权设定人)享有的反对债权,与被设定让与担保权的债务相抵销。抵销,是所谓的通过反对债权来清偿自己的债务,所以若认可清偿,就没有理由单单禁止抵销。至少当然可认为受有本案让与担保设定通知的债务人在另行收到通知之前,也可作出上述抵销。所以,所谓的可作出此种抵销,即意味着最初债权人对债务人所享有的债权的归属不发生变化，担保权设定人始终是债权人。

"如此一来，本案让与担保设定通知对债务人要求目前向最初债权人（担保权设定人）清偿，也允许对担保权设定人的抵销。所以，不能认为通知债权已移转至作为担保权人的 X 处。因此，不能期待债务人因上述通知而认识到债权的归属发生了变动。

"所以，即使如 X 所主张的，根据让与担保设定合同，B 对 X 移转了本案债权，也不能认为本案让与担保设定通知具有作为第三人对抗要件的通知效力。"

四、先例、学说

已公开的判例评析均反对本判决的结论。"让与担保的特征在于，权利移转至担保权人但担保标的物的使用仍留在设定人处。除此之外，集合物、集合债权让与担保还允许担保标的物具有流动性，即新陈代谢。因此，集合债权让与担保的特征在于，在担保实现前，收取清偿受领权留在设定人处。但债权并没有现在让与，且附记设定人有收取受领权限的通知在对抗要件的具备上并不适法。若如此理解，对于集合债权让与担保而言，在其实现前不可能具备对抗要件。这将与需要集合债权让与担保的社会经济实况、承认让与担保登记的《债权让与特例法》的宗旨、承认集合债权让与担保的判例和学说完全对立。"[22][23]

当然，对于通知的文言解释，若批判本判决所提示的判断，则需讨论应以何种标准来解释。在本判决出现之前，并未充分地意识到这一点并展开讨论。然而，在对本判决的批判中，有见解认为"所谓的让与担保中的应通知事实，并不是真正买卖意义上的'让与'的事实，而正是'作为担保的让与'的事实（即，让与担保权设定的事实）"，

[189]

---

[22] 小野杰：《集合債権譲渡担保設定通知の対抗要件としての効力を否定した東京高裁判決が呈した課題》，载《金法》第 1574 号（2000 年），第 1 页。

[23] 同旨，森井英雄等：《債権譲渡特例法の実務〔新訂版〕》，商事法务 2000 年版，第 221 页（升田纯执笔）。

"在推进让与担保的担保性构造的情形中,若是更能反映债权让与担保实态的通知内容,……将会是如本案中的通知内容"[24]。

五、评论

1. 若以现在判例法理中的让与担保规律为前提,则本判决所展现的解释应当说是非常充分的。

一言以蔽之,难以理解为何实务中甘冒风险而采用以让与担保的担保性构造为准据的通知书格式。若以让与担保判例法理的现状为前提,则毕竟通过设定让与担保权,标的债权被让与给让与担保权人。即使在一定时期之前,让与担保设定人可继续回收标的债权,也是因为让与担保权人(债权受让人)赋予其收取权限。这一理解正是实务发展的基础(同样也适用于就债权让与担保约定让与债权限度额的合同书及欲基于此进行债权让与登记的见解)[25]。

本判决并未认为"附记设定人有收取受领权限的通知在对抗要件的具备上并不适法,从而对于集合债权让与担保而言,在其实现前不可能具备对抗要件"。因此,本判决也没有"与需要集合债权让与担保的社会经济实况、承认让与担保登记的《债权让与特例法》的宗旨、承认集合债权让与担保的判例和学说完全对立"。正如小野律师在关于"目前实务的应对"中所正确指出的[26],只要明确让与担保设定人的收取权限是来自让与担保权人就收取赋予其代理权限即可。实务中无须冒着自己败诉的风险来推动担保性构造吧。

确实,根据本判决的逻辑,仅凭让与担保权人授予让与担保设定人以收取权限,仍有余地认为完全没有确定的让与。尽管"由于要求债务人在收到将来另行发来的通知之前,向作为担保权设定人的最初债权

---

[24] 泽重信:《債権譲渡担保の対抗要件としての通知について》,载《銀法》第577号(2000年),第35、36—37页。
[25] 参见道垣内弘人:《債権譲渡特例法5条1項にいう"譲渡に係る債権の総額"について》,载《金法》第1567号(2000年),第56页。
[26] 小野,前注[22],第1页。

人清偿。所以，在此之前允许消灭担保权标的物"这一表述明确了"确定的移转+授予收取权限"，也同样是恰当的。这是此前的批判所在意的其中一点。

但是，此处是与关于抵销可能性的下一段落"合在一起"的。若"确定的移转+授予收取权限"，应不能认可 X 对 C 享有的债权与 C 对 B 享有的债权相互抵销，所以即使认可 B 有清偿受领权限，仍应理解为债权的归属发生了变化。

2. 当然，小野律师所指出的，即使被设定了债权让与担保，也有可能走不到实现的阶段。而且，即使实现，出于交易的圆滑性，有必要通知其他债权人还有剩余部分存在的可能性（对于设置债权让与担保的让与债权限度额的规定的见解，也可作同样理解）。

但是，正如本判决所正确指出的，不能因为采用了担保性构造，就认为在实现之前让与担保设定人必然有收取权限。为了将徐徐发生、因顺序清偿而消灭的流动债权群看作一个集合债权，应当需要理由。这一观点并非不可能。但是，在这一点上，现在就连学说也踌躇不前[27]。而且，以担保为目的作出让与的情况，在通知上写成真正买卖，或者作为真正买卖而进行债权让与登记时，其效力以及第三债务人保护等也都是问题。特别考虑与真正买卖的界限事例以及伪装成真正买卖的行为，即使通过立法也不易解决。

[191]

在对抗要件层面上，只能统一表示全部债权被确定让与的内容，并在之后谋求实体效力的调整。

3. 但是，对于本案中通知的文言解释，本判决所展现的判断也显然不是唯一的。也可以认为，对于当事人的意思、权利状况，C 可以从通知的字面意思充分作出判断。"X 对 C 作出让与担保权实现通知（书面或口头）时，请向 X 清偿该债权"这一文言，也可解释为在收到实

---

[27] 椿，前注〔11〕，第 166 页；道垣内（旧），第 297 页；角纪代惠：《流動債権讓渡担保をめぐる混迷》，载椿寿夫编：《担保法理の現状と課題（別冊 NBL No. 31）》，商事法务研究会 1995 年版，第 203 页。

现通知之前，收取权限被授予给 B[28]。

但是，本判决所展现的解释并非不可能的文言解释。本判决完全是将各个通知的文言解释作为问题来处理。换言之，不过是事例判决而已。应避免过分一般化。

4. 再讨论剩下的问题点，特别是关于集合债权让与担保的实体效力。具体来说是关于抵销的论点。

如前所述，本判决认可 C 以对 B 享有的反对债权来与被设定让与担保的债务进行抵销。理由在于，"抵销，是所谓的通过反对债权来清偿自己的债务，所以若认可清偿，就没有理由单单禁止抵销"。

[192] 当然，若像本判决这样认为债权归属没有发生变更，则这一点可以理解。但是，不能说"若认可清偿，就没有理由单单禁止抵销"。例如，在资产流动化方案中，让与人仍保留服务商（Servicer）的地位。债务人向让与人清偿即可。但不能因此就认为债务人可将对服务商享有的债权作为主动债权而抵销。若是如此，流动化方案将会崩坏。债权移转后，让与人被授予收取权限的情形中，让与人只享有作为代理人的资格，并非债权人。这一点需要明确。

如此一来，集合债权让与担保该如何处理，将是一个问题。在这一点上，可认为允许抵销的做法与实际情况更相吻合吧。相反，对让与担保权人享有反对债权时，若认为第三债务人一方可以抵销，则在结果上只会导致在实现事由未到来时就作出了让与担保的实现，因而并不妥当。

但目前似乎只能以归属的移转为基轴来构造理论。对于以对让与担保设定人享有的反对债权为主动债权进行抵销，在法律构造上是让与担保权人承认三者间抵销，并在一定情形中（也仅限于极端情形）保护第三债务人。

[原载于《私法判例リマークス》第 22 号（2001 年），第 30 页及以下]

---

[28] 泽，前注 [24]，第 37 页。

补论

本案被上告,并在 2001 年 11 月 22 日作出了上告审判决(民集 55 卷 6 号 1056 页)。

最高法院认为,"作为甲对乙的金钱债务的担保,将构成发生原因的交易种类、发生期间等特定的甲对丙既已发生或将来应发生的债权一次性让与给乙,在乙对丙发出收取债权并实现担保权的通知前,许诺甲收取让与债权,就甲收取的金钱无须向乙交付。这一甲乙之间的债权让与合同,是以集合债权为对象的让与担保合同的一种。于此情形,既已发生或将来应发生的债权,由甲确定地让与给乙。只是,在甲乙之间附加了合意,就归属于乙的部分债权,赋予甲以收取权限,收取的金钱无须交付给乙。因此,就上述债权让与,为了具备第三人对抗要件,可以按照指名债权让与对抗要件(《民法》第 467 条第 2 款)的方法。此时,对于丙,即使拜托其协助甲行使被赋予的收取权限,也不妨害第三人对抗要件的效果",从而撤销了原判决,认为本案让与担保设定通知具有作为第三人对抗要件的通知效力[29]。

[29] 关于上告审判决,除三村晶子:《判批》,载法曹会编:《判解民平成 13 年度》,法曹会 2004 年版,第 681 页的调查官解说外,还有松本真:《判批》,载《民研》第 540 号(2002 年),第 23 页;大西武士:《判批》,载《判タ》第 1086 号(2002 年),第 86 页;小野秀诚:《判批》,载《金判》第 1142 号(2002 年),第 61 页;千叶惠美子:《判批》,载《ジュリ》第 1223 号(2002 年),第 72 页;角纪代惠:《判批》,载《ジュリ》第 1224 号(2002 年),第 76 页;池田真朗:《判批》,载《リマークス》第 25 号(2002 年),第 30 页;池田雅则:《判批》,载《法教》第 263 号(2002 年),第 190 页;池田真朗:《判批》,载《金法》第 1652 号(2002 年),第 22 页;小山泰史:《判批》,载《银法》第 608 号(2002 年),第 82 页;三上乃里子:《判批》,载《判タ》第 1096 号(2002 年),第 56 页;深井刚良:《判批》,载《月刊税务事例》第 34 卷第 12 号(2002 年),第 28 页;古积健三郎:《判批》,载《セレクト02》(《法教》第 270 号)(2003 年),第 20 页;伊藤义一:《判批》,载《ジュリ》第 1249 号(2003 年),第 165 页;浦野雄幸:《判批》,载《登研》第 671 号(2003 年),第 29 页;藤井德展:《判批》,载《民商》第 130 卷第 3 号(2004 年),第 512 页;根本晋一:《判批》,载日本法政学会创立五十周年纪念论文集编辑委员会编:《现代法律学の课题》,成文堂 2006 年版,第 189 页;稻田博志:《判批》,载《金判》第 1286 号(2008 年),第 134 页;角纪代惠:《判批》,载潮见佳男、道垣内弘人编:《民法判例百選I(第 7 版)》,有斐阁 2015 年版,第 200 页。

[194] 第三节　就指名债权让与预约以附确定日期的证书向债务人作出通知或取得债务人的承诺，之后预约完结而产生的债权让与效力可否对抗第三人——最高法院平成13年11月27日第三小法庭判决（民集55卷6号1090页）

一、问题之所在

对出于担保目的的债权让与等，实际的债权让与在授信相对人的财务状况恶化后进行即可。特别是，集合债权让与担保的情形中，相对人陷入债务不履行状态之前，清偿期已到来的债权需由让与人回收，并将之用于营业资金。但在仅作出债权让与的预约的场合，在预约阶段，能具备对抗要件吗？

二、事实概要

诉外人A在1984年7月2日对Y（被告、控诉人、上告人）寄存本案寄存金，并取得本案高尔夫会员权。第二天，A和Z（辅助参加人、控诉辅助参加人、上告辅助参加人）达成合意，为担保A对Z所负债务，预约向Z让与本案高尔夫会员权，就有关债务A存在不履行时，Z可作出预约完结意思表示，使得本案高尔夫会员权让与的本合同成立（本案让与预约）。Y通过附确定日期的证书，承诺了本案让与预约。

1991年10月5日，Z作出了上述预约完结意思表示，但对于因此而发生的本案高尔夫会员权的让与，没有以附确定日期的证书向Y作出通知，或从Y处取得承诺。于是，同年10月9日，X（国家。原告、[195] 被控诉人、被上告人）对A作出滞纳处分，扣押了本案高尔夫会员权，并在同一天向Y送达了扣押通知书。

1996年6月1日，A解散并丧失本案高尔夫俱乐部的会员资格。所以，A取得本案寄存金的返还请求权。X对Y提起诉讼请求其支付，Z作为辅助参加人而参与到该诉讼中。Z主张在X的扣押之前，Z已行使上述预约完结权，所以本案寄存金的返还请求权归属于Z。

一审和二审 X 皆胜诉。原判决认定，"债务人事前承诺的债权让与，构成对债务人的对抗要件（没有争议），但对债务人以外的第三人，不构成对抗要件。理由在于，第三人对抗要件是为了保护第三人，通过债务人的认识，公示权利变动（债权让与）（以附确定日期的债权让与证书作出通知或承诺）。但是，债权让与的事前承诺，即使通过附确定日期的证书作出，也是权利处于不确定状态中的承诺。是故，不能正确表示权利变动的时期。其作为权利变动的公示，并不完全，缺乏对第三人的保护"。

Y 提出上告，Z 是上告辅助参加人。Y 和 Z 主张如下。①即使本案中的承诺是所谓的事前承诺，债务人也可告诉第三人存在已被通知的债权让与预约，所以已实现债务人作为信息中心（information center）的功能。因此，应构成对抗要件。②原判决认为事前的承诺是对债务人的对抗要件，但是对于债务人以外的第三人，不是对抗要件，却没有区分两者的根据。③关于他人债权让与的通知、让与金债权让与的通知等，存在诸多相反的判例。

三、判旨

驳回上告。

"《民法》第 467 条规定的指名债权让与的第三人（债务人以外的第三人）对抗要件制度，其成立根据在于通过使债务人认识到因债权让与而发生债权归属变更，使债务人可对第三人表示该认识［参见最高法院昭和 47 年（才）第 596 号同 49 年 3 月 7 日第一小法庭判决·民集 28 卷 2 号 174 页］。对于指名债权让与的预约，即使通过附确定日期的证书对债务人作出通知或债务人作出承诺，债务人也只是知道行使预约完结权有可能使有关债权的归属在将来发生变更而已，并未认识到有关债权的归属已发生变更的事实。所以，因上述预约完结而导致的债权让与效力，不能以有关预约的上述通知或承诺来对抗第三人。

"本案中，尽管就本案让与预约已通过附确定日期的证书取得 Y 的承诺,但对于行使预约完结权而发生的债权让与,Z 不具备第三人对抗要件,本案高尔夫俱乐部会员权的受让不能对抗 X。"

四、与此前判决的关系

1. 本判决说理充分,通俗易懂,而且展开了一般论的说理,其射程也很广,决不仅限于高尔夫会员权让与担保。从结论上而言,完全妥当。

当然,由于判决的特性,本判决没有针对上告理由一一进行详细回应。因此,下面对上告理由进行详细探讨。借此,本判决的逻辑也将更加明晰。

便宜起见,先讨论上告理由③。上告理由指出,关于将来债权的让与通知(大判昭和 9 年 12 月 28 日民集 13 卷 2261 页)、他人债权的让与通知(最判昭和 43 年 8 月 2 日民集 22 卷 8 号 1558 页)、让与禁止债权的让与通知(最判昭和 52 年 3 月 17 日民集 31 卷 2 号 308 页)的判决认定,即使在以附确定日期的证书通知让与之时不发生债权让与的效力,今后在发生让与的时点上,也自当初让与通知之时起具备第三人对抗要件,因而主张应与这些判决平衡。

但是,这些判例的判断与本判决的判断并不矛盾,而且也不欠缺实质的平衡。分别讨论其中其他利害关系人(双重受让人或债权扣押债权人)与让与人的关系,以及与让与债权债务人之间的关系就会非常清楚。

2. 首先,对于将来债权的让与,考虑在债权发生前作出通知或承诺。此时,不管怎样,债务人在债权发生以后作出清偿即可。发生前的通知、承诺有"若发生则向受让人清偿"的意思。于是,债务人因为可以知道发生时点,所以可以判断从哪一时点开始应向受让人清偿。

让与人的其他利害关系人中,同样就将来债权享有利害关系之人,即使按照将来债权让与通知、承诺的先后来决定优劣,也没有理由抱怨。债权发生以后有利害关系时,应可以从债务人处得知在发生的同时产生让与的效力。

3. 其次,他人债权的让与通知或承诺,即乙将甲为债权人的债权让与给丙的情形中所作的让与通知或承诺。此时,甲对乙的债权让与不能对抗债务人时,债务人向甲进行清偿即可。对于债务人而言,甲对乙的债权让与可否对抗自己,根据是否以附确定日期的证书就甲对乙的让与进行了通知或承诺来判断。于是,甲对乙的债权让与可以对抗债务人时,债务人按照乙让与给丙的债权让与通知,向丙清偿即可。换言之,乙让与给丙的债权让与通知、承诺具有"若乙从甲处取得的债权处于可对抗债务人的状态,则由于乙已对丙作出债权让与,所以请向丙作出清偿"(承诺之际"清偿")的意义〔此外,如此一来,认为前述1926年最高法院判决判示了"他人债权的让与通知有效,在让与人取得债权的时点上有对抗力"的观点(多数文献如此记载)并不妥当。让与人的债权取得需要能对抗债务人。有关判决的案情只是作出了甲让与给乙的债权让与通知,并且争议发生在以乙为起点的双重受让人之间,所以并非直接是甲对乙的债权让与可否对抗债务人的问题[30]〕。

而且,以乙为起点作出双重让与时,按照附确定日期的证书所作通知之先后判断优劣即可。

让与人的其他利害关系人中,同样地,在有关债权不属于让与人时就已有利害关系之人,即使按照他人债权让与通知、承诺的先后来决定优劣,也没有理由抱怨。债权归属于让与人以后有利害关系时,在归属于让与人的同时,应可以从债务人处得知发生让与给丙的效力。

4. 最后,对于附让与禁止特约债权的让与情形。债务人收到通知时,可自由选择拒绝承诺而不清偿,或承诺并向受让人清偿。若让与通知双重到来,则债务人清偿任何一个皆可。但是,在债务人作出承诺前,不受债权让与禁止特约对抗的第三人出现时,即使之后作出承诺,"参照《民法》第116条的法意"受有该承诺的债权让与的效力,也不能对有关第三人主张(对于与扣押债权人的关系,最判平成9年6月5日民集51卷5号2053页。对于特约,善意无重过失的受让人也

---

[30] 参见小仓显:《判批》,载法曹会编:《判解民昭43年度(下)》,法曹会1973年版,第734—735页。

符合此处的第三人)。不管怎样,债务人应采取的行动中不存在混乱。

让与人的其他利害关系人中,不受债权让与禁止特约对抗的第三人,若在债务人作出承诺前就有关债权取得权利,则其利益不会因让与禁止债权的让与通知是第三人对抗要件而受到侵害。与此相对,在承诺后取得权利时,应可以从债务人处得知存在已经给予承诺的让与。而且,受到特约对抗的其他受让人,不管怎样都负有债务人是否承诺有关让与的风险。该风险不会因让与禁止债权的让与通知是第三人对抗要件而有所变化。

5. 如此,对于上告理由中所举各判决处理的场景,即使认可在具备一定事由后其通知或承诺构成对抗要件,债务人应采取的行动也是非常清楚的。而且,让与人的其他利害关系人,对于自己权利的优先劣后关系,也可从债务人处获得信息,并未有悖于与债权让与对抗要件制度的宗旨。

然而,对于债权让与的预约,即使收到以附确定日期的证书所作的通知,或就该预约的存在作出承诺,债务人也不能判断从哪一时点开始处于应对受让人清偿的状态。

当然,在与就有关债权受有双重让与或欲作出扣押之人的关系上,对于询问预约存在之人,债务人可以作出告知,所以或许认可对抗要件的效力较好(与原审相反)。实际上,上告理由中就是这么主张的。但是,对于预约的情形,让与的效力在预约完结的意思表示的时点发生(《民法》第556条第1款),因此在预约完结以前受让有关债权的双重受让人,以附确定日期的证书作出通知并具备对抗要件,因而应当可以从债务人处受到有效的清偿。在受到清偿后具备对抗要件时,其应被推翻,并作为不当得利,对让与预约合同的受让人负有清偿受领相当额的返还义务。若是如此,就承认了让与预约通知具有类似于预告登记的顺位保全效力,但显然不能这么认为。因此,即使在与其他受让人等人的关系上,债权让与预约通知也没有任何的效力。

由此可见,上告理由中的①也是不妥的。即使债务人可以告诉他人存在预约，这也没有任何作为信息中心的意义。

五、债务人对抗要件与第三人对抗要件

1. 当然，仍需探讨让与预约通知是否不构成对债务人的对抗要件。如前所述，原判决认为"债务人事前承诺的债权让与，构成对债务人的对抗要件（没有争议），但对债务人以外的第三人，不构成对抗要件"。此点对本判决的结论没有影响。但是，因为上告理由中的②认为，区分债务人对抗要件和第三人对抗要件，并且只具备前者，这一观点本就不妥；若具备前者，则后者也应具备。所以，有必要进行大致探讨。

应指出，在与债务人的关系上，让与前的承诺也是对抗要件。最判昭和28年5月29日民集7卷5号608页的射程展现了这一判断。该案件争点是，欲作出附让与禁止特约的债权让与之际，请求债务人解除让与禁止特约而债务人对此给予了承诺时，是否还需再次作出《民法》第467条第1款规定的通知或承诺？于是，判决认为，在此种事实关系下，"即使认为上述债权让与可对抗债务人，有关债务人也丝毫不会因债权归属关系不明确而遭受双重清偿及其他不测损害"。

然而，并非在此种事实关系下，而只是在"事先承诺债权让与"的事实关系下，债务人不知道实际在哪一时点已作出债权让与，债务人会发生"因债权归属关系不明确而遭受双重清偿及其他不测损害"。当然，这一点也并非不能通过"债务人对抗要件是专门为保护债务人。连债务人事先放弃这一保护（作出无须对抗要件的特约）都不构成使之无效的理由"[31] 这一逻辑来正当化。但判例认为《民法》第467条第1款是强行规定[32]。应注意上述逻辑的必然归结并未得到判例法理的支持。而且，最近赞成这一判例法理的学说也增加了[33]。

[200]

---

[31] 我妻荣：《新訂債権総論（民法講義IV）》，岩波书店1964年版，第533页。
[32] 大判大正10年2月9日民录27辑244页，大判大正10年3月12日民录27辑532页。
[33] 池田真朗：《債権譲渡の研究〔増補版〕》，弘文堂1997年版，第99页；平井宜雄：《債権総論〔第2版〕》，弘文堂1994年版，第39页；潮见佳男：《債権総論Ⅱ〔第2版〕》，信山社2001年版，第540—541页。

2. 如此一来，上述 1953 年最高法院判决应按其案情来理解。换言之，欲作出债权让与之际，请求事先承诺，债务人"不会因债权归属关系不明确而遭受双重清偿及其他不测损害"的情形——该判决是对这一情形所作的判断，不应将其作为"事前承诺有效"的一般命题而作扩大理解。当然，不能因此就认为信用卡会员对加盟店的赊销账款债权被让与给信用卡公司所作的事前承诺存在效力问题。在判断谁是债权人的问题上，这就是债务人不会发生混乱的典型例子，这正是包含在 1953 年最高法院判决的射程内。但实务上似乎有易作扩大理解的倾向。

[201]

对于"事前承诺"构成债务人对抗要件，不应说"没有争议"[34][作者补注2]。

[原载于《金融法务事情》第 1652 号（2002 年），第 18 页及以下]

---

[34] 本判决，除富越和厚：《判批》，载法曹会编：《判解民平成 13 年度（下）》，法曹会 2004 年版，第 703 页的调查官解说外，还有石田刚：《判批》，载《ジュリ》第 1224 号（2002 年），第 78 页；池田真朗：《判批》，载《NBL》第 741 号（2002 年），第 67 页；大西武士：《判批》，载《判タ》第 1091 号（2002 年），第 26 页；田高宽贵：《判批》，载《判タ》第 1091 号（2002 年），第 44 页；渡边拓：《判批》，载《静法》第 7 卷第 1 号（2002 年），第 179 页；池田真朗：《判批》，载《判評》第 523 号（《判時》第 1788 号）（2002 年），第 174 页；池田清治：《判批》，载《法教》第 265 号（2002 年），第 138 页；角纪代惠：《判批》，载《金法》第 1659 号（2002 年），第 5 页；三林宏：《判批》，载《銀法》第 611 号（2002 年），第 83 页；深井刚良：《判批》，载《月刊税务事例》第 34 卷第 12 号（2002 年），第 28 页；潮见佳男：《判批》，载《リマークス》第 26 号（2003 年），第 34 页；田井晴子：《判批》，载《北海学園大学大学院法学研究科論集》第 4 号（2003 年），第 133 页；能登真规子：《判批》，载《法時》第 75 卷第 5 号（2003 年），第 95 页；加藤新太郎：《判批》，载《判タ》第 1125 号（2003 年），第 38 页；奈良辉久：《判批》，载《金判》第 1286 号（2008 年），第 196 页。

[作者补注2] 对于作为债权让与第三人对抗要件的事前承诺，之后金融法委员会《作为债权让与第三人对抗要件的以附确定日期之书面所作之债务人事前承诺的效力相关论点整理（債権譲渡の第三者対抗要件としての確定日附書面による債務者の事前承諾の効力に関する論点整理）》（2004 年 4 月 13 日）（http://www.flb.gr.jp/jdoc/publication18-j.pdf）[概要，《金法》第 1707 号（2004 年）第 84 页及以下] 中作了详细的探讨。此外，潮见佳男：《担保の為にする債権譲渡における債権の帰属変更と第三者対抗要件》，载道垣内弘人等编：《信託取引と民法法理》，有斐阁 2003 年版，第 85 页。对 1953 年最高法院判决和 2001 年最高法院判决的整合性提出了疑问。

第四节　将来债权让与担保中的债权移转时期与《国税征收法》第 24 条让与担保权人的物的纳税责任——东京高院平成 16 年 7 月 21 日判决　[金法 1723 号 43 页（民集 61 卷 1 号 273 页）]

一、问题之所在

《国税征收法》第 24 条在其第一款中规定了："纳税人滞纳国税之情形，其人让与之财产中有借该让与而成为担保标的者（以下称'让与担保财产'）时，限于认为就其人之财产执行滞纳处分仍不足应征收之国税时，得自让与担保财产中征收纳税人之国税。"但其第六款（现第 8 款）规定："在国税法定缴纳期限等以前以担保目的所作之让与，存在相关权利移转登记之情形，或让与担保权人在其财产变卖决定前一天前证明在国税法定缴纳期限等以前成为让与担保财产之事实之情形，第一款规定不适用。"

那么，就将来债权的让与担保，以附确定日期的证书作出通知，并因此而具备对抗要件时，何时算是发生"成为让与担保财产之事实"呢？结论上，本判决认为是债权现实发生之时，所以认定让与担保权人负有物的纳税责任。

二、事实概要

X（原告、被控诉人）在 1997 年 3 月 31 日为了担保诉外人 A 对 X 负有的全部债务，与诉外人 B 达成合意，将 B 对 C 现在享有的以及自该日起 1 年内取得的商品赊销账款债权及商品销售受托手续费债权让与给 X，并缔结相应的集合债权让与担保合同。同时，以附确定日期的证书进行通知，因此而具备对抗要件。

之后 B 破产，X 想要实现上述让与担保权时，对于 B 对 C 享有的前述债权，国家以滞纳处分为由进行了扣押。所以，C 以不确知债权人为由提存了债务相当额。于是，该提存金返还请求权归属于谁，就出现了问题。本案根据最判平成 13 年 11 月 22 日民集 55 卷 6 号 1056 页[35]，认定相关提存金返还请求权归属于让与担保权人 X。

于是，Y（国税局长。被告、控诉人）就扣押了有关提存金返还请求权，并以该请求权归属于 X 为前提，主张让与担保权人 X 基于《国税征收法》第 24 条就让与担保标的财产（此处为集合债权）负有物的纳税责任。

虽然《国税征收法》如"一"中所示，但本案中 B 的滞纳租税的法定缴纳期限为 1997 年 9 月至 1998 年 1 月。X 具备对抗要件是在 1997 年 6 月，且提存金是 1998 年 3 月发生的赊销账款债权等。换言之，法定缴纳期限是在让与担保设定合同缔结且具备对抗要件之后，但又是在实际债权发生之前。

X 主张对抗要件具备时是"成为让与担保财产之事实"发生之时，所以这是在"国税法定缴纳期限等以前"，所以 X 不负有物的纳税责任。进而 X 提起诉讼，请求撤销 Y 的扣押处分。原审 X 胜诉。Y 提出控诉，并主张在将来债权让与合同中，将来债权在其发生时点移转至受让人，因此 1998 年 3 月发生的赊销账款债权等移转至 X 是在法定缴纳期限以后。

三、判旨

支持 Y 的控诉，撤销原判决并驳回 X 的请求。

结论上，判决认为，"在所谓的集合债权让与担保设定合同中，在让与担保设定合同缔结时未发生的标的债权，其成为让与担保财产的时间，为该债权具体发生的时点"，"所以 X 未能完成《国税征收法》第 24 条第 6 款规定的证明"，并详细论述了其理由。如果按照与判决不同的方法来整理，有如下四点理由。

第一，此前的判例法理也是如此。大判昭和 9 年 12 月 28 日民集 13 卷 2261 页认为，让与将来发生的债权时，该债权移转至受让人是在该

---

[35] 本书边码 192。

债权发生的时点上。最判平成 11 年 1 月 29 日民集 53 卷 1 号 151 页、最判平成 13 年 11 月 22 日民集 55 卷 6 号 1056 页也都是以此为前提的。

第二，从国税优先的原则出发。对于在法定缴纳期限等以前具备对抗要件的集合债权让与担保的权利人，如果认可其就该期限等以后发生之债权也优先于国税，则一旦设定让与担保，设定人就可在担保权未实现期间自由回收标的债权。但是，若总是可以确保让与担保权人享有优先于国税的权利，将会给国税带来巨大损害。于是，"让与担保权人可以充分预想到在将来债权发生之前让与担保设定人的国税法定缴纳期限等到来，让与担保权人不会遭受损害"，所以即使劣后于国税也没有办法。

第三，从集合债权让与担保的法律性格出发。"结果上，担保权人掌握的担保价值可说是担保权实现时点上现实存在的债权余额"，认为在债权发生的时点上移转是合理的。"这一价值的掌握，应认为不过是一种期待权。与掌握现实存在的财产价值的抵押权等相比，其作为担保的效力较弱。"

第四，与集合动产让与担保处理的整合性。《国税征收法基本通告》第 24 条关系 30（现 32。但文言有若干不同）规定，"集合物为让与担保财产的情形中，在其担保权设定后，集合物中增加财产时，适用《国税征收法》第 24 条第 6 款规定的，限于所增加之财产具有作为集合物的同一性，在处理上以当初为设定让与担保的让与时期作为该财产成为让与担保财产之时"，但是"由于是在让与担保设定后向该集合物中增加新的财产，所以其让与担保财产的价额超过当初让与担保财产的价额时，在处理上，将相当于超出部分的财产作为新设定的让与担保"。这是因为"在集合动产让与担保的情形中，对征收一方而言，区别是否是在法定缴纳期限等之后增加的动产，事实上存在困难"，所以"在让与担保权人于设定时掌握的价值限度内，有认可优先于国税的余地"。但对于债权，容易作出此种区别，所以没有理由使其优先于国税。

[205]

四、债权发生以前的法律状态

1. 针对本判决，在已公开的分析中，主要从学理观点分析的有池田真朗教授的论文[36]，从金融实务观点分析的有江口直明律师的论文[37]，都表明了对本判决的批判立场。这些论文均作了非常详细的论述，关于整体的分析请参见这些论文。在此想集中讨论两点。第一点，假如与本判决不同，认为将来债权也在让与合同缔结时发生移转效果，则该如何思考债权发生以前的法律状态呢？

本判决所引的2001年最高法院判决认为，对于缔结将来集合债权让与担保合同的情形，"既已发生或将来应发生的债权，自甲处确定地让与给乙"。自然读来，判例法理似乎认为在让与合同缔结时发生移转的效果。但是，本判决反倒认为即使是最高法院的判例法理，也是认为在让与将来发生债权的情形中，债权是在发生的时点上移转至受让人的。其根本还是在于，若是在发生前移转，则在常识上会有违和感。为消除这一违和感，需稍微说明一下所谓的"发生前移转"究竟是什么？

[206]   2. 首先，即使将来债权也构成扣押的对象，此时若出现具备对抗要件的受让人，则受让人的债权人可扣押该债权。而且，受让人也可向第三人让与相关将来债权。这是显然的，本判决也没有否定这一点。

与动产、不动产此种有体物相异，享有债权之人等于债权人[38]。若上面所述能够实现，则认为受让人完全是债权人也无问题。当然，受让人不能行使债权而请求债务人清偿。但这仅是在清偿期未到来或已附着抗辩时才导致的，并不能否定受让人是债权人。

若出现了具备对抗要件的受让人，则让与人的债权人已不能扣押相关将来债权。让与人也不能将相关将来债权让与给其他人。换言之，通过缔结让与合同，将来债权已从让与人的财产中分离出。

---

〔36〕 池田真朗：《将来債権譲渡担保における債権移転時期と、譲渡担保権者の国税徴収法24条による物的納税責任》，载《金法》第1736号（2005年），第8页及以下。

〔37〕 江口直明：《将来債権譲渡担保に対する国税徴収法24条の物的納税責任の優先》，载《金法》第1739号（2005年），第9页及以下。

〔38〕 我妻荣：《権利の上の所有権という概念について》，载氏著：《民法研究Ⅲ》，有斐阁1985年版，第163页及以下。更简明地，亦可参见道垣内弘人：《リーガルベイシス民法入門》，日本经济新闻出版社2014年版，第393页。

3. 此外，为消除对将来债权让与效力发生的违和感，也有见解认为，"所谓的将来债权让与担保合同，……倒不如说是'将来在发生债权时有关债权归属——这一设定人享有的法律地位（权利）——出于担保目的被移转至担保权人'的合意"，"若举出'确定地让与'，则将构成上述法律地位"[39]。但这不还是受到有体物思考的约束吗？

五、本判决展开的理由

1. 对于将来债权的移转时期，本判决超出了单纯的抽象议论，作了颇为详细且实质的探讨。为明确本判决是否妥当，也需要讨论本判决都是如何分析各项理由的。这是第二点需要讨论的事项。

但是，"三"中所举的第二项理由，是关于国税优先这一价值判断的，所以在此省略。第三项理由不过是"将来债权让与系在个别债权现实发生时"的另一种说法。另外，第一项理由，即本判决对最上级审判例法理的理解，已被前面所述的池田论文详细批判，在此不再赘述。当然，稍微多说一点，对于2001年最高法院判决中的"既已发生或将来应发生的债权，自甲处确定地让与给乙"部分，本判决认为其"应理解为在让与当事人间债权让与的意思并非不确定的，而是确定的。其没有判示将来债权移转的效果是在让与担保合同缔结时发生"。但是，若与"因此，就上述债权让与，为了具备第三人对抗要件，可以按照指名债权让与对抗要件（《民法》第467条第2款）的方法"这一说理相结合来考虑，上述部分的解释并不合理。逻辑上应该是，因为发生了让与的效果，"因此"可以采用通常的具备对抗要件的方法。

2. 颇为有趣的是第四项理由，即与集合动产让与担保的关系。

本判决认为，对于《国税征收法基本通告》第24条关系30，因为"在集合动产让与担保的情形中，对于征收一方而言，区别是否是在法定缴纳期限等之后增加的动产，事实上存在困难"，所以仅在让与担保

---

[39] 匿名：《将来債権の譲渡担保》，载《金法》第1741号（2005年），第53页。

设定时的让与担保财产价额部分上，例外地使原本不优先的让与担保权人优先。但这是颠倒了原则和例外。至少，在让与担保财产的价额增加时，如果增加之时是在法定缴纳期限等之后，则也可以认为就该部分例外地否定让与担保权人的优先权吧。若如此认为，那么即使就集合债权让与担保，也可适用。这一点应该说很重要。

[208] 当然，对于集合债权让与担保，为了与关于集合动产让与担保的上述通告作相同处理，应将集合债权让与担保理解为是"以时刻变动的现存剩余债权为担保标的物的让与担保权"（按照对集合债权采何种观点，这一表达会有稍许变化）。所以，这不是 2001 年最高法院判决所采取的立场。该判决认为在让与担保权实现前，设定人可收取标的债权等，其理由并非担保的法律性格或构造，而是"在甲乙之间，对于归属于乙的部分债权，赋予甲以收取权限，并附加了收取来的金钱无须交付给乙的合意"。换言之，是认为在设定时，包括将来债权在内的全部债权都成为让与担保标的物（这是妥当的〔40〕）。但是，和国税之间的优先劣后关系，会受到此等法律构造差异的巨大左右，这一观点是否妥当，仍有必要作进一步思考〔41〕。

［原载于《金融法务事情》1748 号（2005 年），第 30 页及以下］

补论

本案被上告，最高法院于 2009 年 2 月 15 日作出了上告审判决（民集 61 卷 1 号 243 页）。

最高法院支持了 X 的上告并撤销了控诉审判决。最高法院认

---

〔40〕 道垣内弘人：《担保物権法〔第 2 版〕（現代民法Ⅲ）》，有斐阁 2005 年版，第 343 页。

〔41〕 关于本判决的评析，有菅原胞治：《判批》，载《NBL》第 825 号（2006年），第 4 页；井上繁规：《判批》，载《金法》第 1765 号（2006 年），第 38 页，第 1766号（2006 年），第 52 页；高须顺一：《判批》，载《法政法科大学院紀要》第 2 卷第 1 号（2006 年），第 27 页；堀龙儿：《判批》，载堀龙儿等编：《担保制度の現代的展開：伊藤進先生古稀記念論文集》，日本评论社 2006 年版，第 254 页；奥国范：《判批》，载《金法》第 1791 号（2007 年），第 71 页。

为,"以将来发生债权为标的的债权让与合同,限于让与标的债权被特定,原则上有效［参见最高法院平成9年（オ）第219号同11年1月29日第三小法庭判决·民集53卷1号151页］。而且,缔结以将来发生债权为标的的让与担保合同时,若未特别约定保留债权让与效果的发生,则让与担保标的债权依让与担保合同而自让与担保设定人处确定地让与给让与担保权人。于此情形,让与担保标的债权将来发生时,让与担保权人无须让与担保设定人作出其他行为,当然可以出于担保目的而取得有关债权。在前述期限中,对于让与担保合同所涉债权之让与,可通过指名债权让与对抗要件（《民法》第467条第2款）的方法,具备第三人对抗要件［参见最高法院平成12年（受）第194号同13年11月22日第一小法庭判决·民集55卷6号1056页］。

[209]

鉴于上述将来发生债权所涉之让与担保权人的法律地位,在《国税征收法》第24条第6款的解释上,国税法定缴纳期限等以前,以将来发生债权为标的所缔结的让与担保合同,若其中未特别约定保留债权让与效果的发生且该债权让与已具备第三人对抗要件时,即使让与担保标的债权在国税法定缴纳期限等到来后才发生,有关债权也构成'在国税法定缴纳期限等以前成为让与担保财产'"。

对这一最高法院判决,我简单发表过如下评论。

1. **本判决的说法微妙**

本案控诉审判决认为,"让与将来发生的债权的情形中,该债权移转至受让人,是在该债权发生的时点","在所谓的集合债权让与担保设定合同中,让与担保设定合同缔结时未发生的标的债权,成为让与担保财产的时期,为该债权具体发生的时点"。若将之称为发生时说,则最高法院判决认为在让与担保设定合同缔结的时点上,将未发生的债权包括在内,确定地发生移转至让与担保权人的效果,并成为让与担保财产。

但是,对于本判决的说法或逻辑,需注意两点。

第一点,本判决所展现的始终是"《国税征收法》第24条第6款的解释"。关于这一点,菅原胞治律师早已指出,本案中,"《国税征收法》第 24 条第 6 款条文上对让与担保权人的要求并不是证明'成为债权让与担保财产时',而是'通过《国税征收法》第 15 条第 2 款后半句的附确定日期的文件'证明'成为让与担保财产之事实'"〔42〕。于是,本判决在讨论债权发生时以前的让与担保权人法律地位的基础上,说到"鉴于……法律地位,……即使让与担保标的债权在国税法定缴纳期限等到来后才发生,有关债权也构成'在国税法定缴纳期限等以前成为让与担保财产',避开了从正面对让与时期的讨论。

[210]

第二点,在推导上述结论时,本判决的依据是债权发生时以前的让与担保权人法律地位,而不是移转时期。对于明确将来债权发生以前法律状态的必要性,已另有论述〔43〕。在此说一下结论,"即使将来债权也构成扣押的对象,此时若出现具备对抗要件的受让人,则受让人的债权人可扣押该债权。而且,受让人也可向第三人让与相关将来债权";"另外,若出现了具备对抗要件的受让人,则让与人的债权人已不能扣押有关将来债权。让与人也不能将有关将来债权让与给其他人",所以,"认为受让人完全是债权人也无问题。当然了,不能作为债权的行使而向债务人请求清偿。但这仅是在清偿期未到来或已附着抗辩时才发生的,并不能否定受让人是债权人"。也想要强调,"享有债权之人等于债权人"。

若从此种立场来看,则本判决没有处理将来债权让与相关的抽象理论,而是以受让人法律地位的讨论为基轴而形成逻辑,应该是妥当的。

2. 债权让与与合同上地位移转

但理论上仍有遗留问题。我认为,通过将来债权的让与,在债权发生时应考虑从最开始就将受让人作为债权人而发生有关债权;而不是暂时以让与人为债权人而发生有关债权,并在同时发生移转的效果。所谓的"将来债权确定地让与",就是此种意义。

[211]

但如此一来,会产生一个问题,移转的真的是债权吗?倒不如说,移转的是"在一定条件下作为债权人而原始取得债权"这一法律地位。

---

〔42〕 菅原,前注〔42〕,第 5 页。
〔43〕 本书边码 205—206。

对于上述"移转对象是法律地位"的理解,我批判认为"仍是受到有体物思考的约束"。但从发生原因中分离而在抽象意义上理解债权,这一理解自身已遭到多方面的反省。即使存在债权让与的场合,贷款债权被让与时,贷款合同的条款在何种程度上由受让人继受是一个很大的问题[44]。在债务不履行成立与否的判断中,方向性上已确定要重视合同内容[45]。

在计划修改的债权法相关讨论中,是否可以区分债权和合同上地位来进行思考,也将是一个问题。本文也可以作为关于将来债权的分析的素材之一[46]。

[【补论部分】原载于《NBL》第 854 号(2007 年),第 46 页及以下]

---

[44] 参见金融法委员会:《ローン債権の譲渡に伴う契約条項の移転》,载《金法》第 1707 号(2004 年),第 79 页。

[45] 参见山本敬三:《契約の拘束と契約責任論の展開》,载《ジュリ》第 1318 号(2006 年),第 87 页。

[46] 对于最高法院判决的评析,除增田稔:《判批》,载法曹会编:《判解民事平成 19 年度(上)》,法曹会 2010 年版,第 125 页外,有菅原胞治:《判批》,载《NBL》第 852 号(2007 年),第 4 页;浅田隆等:《判批》,载《NBL》第 854 号(2007 年),第 10 页;潮见佳男:《判批》,载《NBL》第 856 号(2007 年),第 11 页;池田等:《判批》,载《金法》第 1804 号(2007 年),第 6 页;福井修:《判批》,载《金法》第 1804 号(2007 年),第 4 页;池田真朗:《判批》,载《金法》第 1812 号(2007 年),第 30 页;浅田隆:《判批》,载《銀法》第 679 号(2007 年),第 13 页;新美育文、シェルマトフ·ウルグベック:《判批》,载《判タ》第 1249 号(2007 年),第 36 页;石口修:《判批》,载《久留米》第 58 号(2007 年),第 1 页;田高寛貴:《判批》,载《銀法》第 683 号(2008 年),第 42 页;高野幸大:《判批》,载《判評》第 588 号(《判時》1987 号)(2008 年),第 178 页;鳥谷部茂:《判批》,载《リマークス》第 36 号(2008 年),第 18 页;四谷有喜:《判批》,载《新潟》第 40 卷第 3、4 号(2008 年),第 97 页;藤井徳展:《判批》,载《セレクト07》(《法教》第 330 号)(2008 年),第 18 页;和知麻里亚:《判批》,载《金判》第 1286 号(2008 年),第 146 页;古積健三郎:《判批》,载《速報判例解説(2)(法セ増刊)》(2008 年),第 91 页;高岸直樹:《判批》,载《月刊税務事例》第 40 卷第 7 号(2008 年),第 64 页;田中健治:《判批》,载《民主解平成 19 年度》(《別冊判タ》22 号)(2008 年),第 284 页;手家貴大:《判批》,载《ジュリ》第 1382 号(2009 年),第 149 页;伊藤达哉:《判批》,载《金法》第 1873 号(2009 年),第 48 页;渡边拓:《判批》,载《横浜国際経済法学》第 18 卷第 1 号(2009 年),第 219 页;绿间优:《判批》,载《沖国》第 4 号(2011 年),第 1 页。

[212] ## 第五节　集合债权让与担保与溢付款返还义务的归属

一、引言

（1）虽然贷款债权已被让与，但有关贷款债权的利息超过《利息限制法》的规定，且向受让人支付的全部或部分还款是偿还既已还清的贷款时，谁负有溢付款返还义务呢？

若是通常的债权让与，则当然是受让人负有该义务。但是，以有关债权作为信托财产而作出债权让与，且受让人为信托受托人时，又将如何呢？或者，债权让与是作为集合动产债权让与担保而进行的，且受让人为集合债权让与担保权人时，又将如何呢？这是现在的热点话题。对于前者，因为信托财产所生之利益不归属于受托人；对于后者，因为集合债权让与担保权人仅在担保目的内受有让与，所以均与通常的受让人有所不同。问题由此发生，所以要讨论这将对溢付款返还义务的负担带来何种影响。

（2）对于信托受托人，我最近曾作过简单的论述[47]，但对于集合债权让与担保的情形尚未进行过讨论。因此，本文想考察集合债权让与担保的情形。

（3）本文的结论是，集合债权让与担保权人不对溢付款返还义务所涉债权之债权人负有不当得利返还义务。为阐明这一结论，本文将按下列结构展开论述。

[213] 　　首先，在第二部分会对集合债权让与担保中让与担保权人的地位进行整理。这一部分将会明确，集合债权让与担保相关的判例法理并非单纯归纳为"标的债权确定让与给让与担保权人"。同时还将阐述，如果相关集合债权让与担保不属于"在设定的同时实现让与担保权"这一类型，则"认可让与担保设定人收取标的债权并自己使用回收款项"将符合"债权'仅在实现债权担保目的的必要范围内'移转至让与担

---

[47] 道垣内弘人：《判批》，载《金法》第1977号（2013年），第67页。

保权人"这一集合债权让与担保的本质。

其次,以第二部分明确的内容为前提,第三部分中将论述,对于构成集合债权让与担保标的的贷款债权,就其所涉债务作出所谓的溢付时,负有该溢付款返还义务的是让与担保设定人,而非让与担保权人。

最后,在第四部分,将会谈到与信托情形的区别,同时作简单总结。

二、从集合债权让与担保法律关系来看是否成立不当得利

1. 学说关于集合债权让与担保设定人享有之收取权的讨论

(1)对于设定人以现在享有及将来享有的一定且多数的债权一并作出让与担保,即集合债权让与担保,在让与担保权实现之前,标的债权的收取权原则上由设定人享有还是让与担保权人享有?这一问题早有讨论。高木多喜男将让与担保权人享有标的债权的收取和清偿抵充权这一类型作为原则类型来考虑。与此相对,我妻荣认为原则上在让与担保权实现之前认可设定人回收债权并自己使用回收款项。

但是,上述整理过于简单,有必要来讨论各位论者所列举的理由。

(2)高木将上述形式作为原则类型的理由有二:①集合债权让与担保多数都是在债务人经济状况恶化后作出的,如此一来,若赋予设定人以收取权和自己使用回收款项的权利,则不能发挥担保的功能;②若具备第三债务人对抗要件,则设定人的收取将在事实上被限制,因此难以认可设定人的收取权和自己使用回收款项的权利[48]。

[214]

来分析其理由。理由①只适用于集合债权让与担保在设定的同时实现这一情形,对于设定与实现之间存在时间间隔的情形,显然不妥。另外,在尚不具备第三人对抗要件时,理由②也显然不妥。

(3)我妻认为原则上在让与担保权实现之前认可设定人回收债权且自己使用回收款项,其理由在于集合债权让与担保是"以维持企业

---

[48] 高木,前注[8],第116页。

经营为前提"的；但同时有一点很重要的是，他也指出，在已具备对抗要件时，收取将会被限制[49]。也就是说，我妻是以"不具备第三债务人对抗要件"作为基本类型来讨论的。

（4）如此看来，两个学说之间并不存在巨大差异。不在设定的同时实现让与担保权，并且使设定人维持通常形态的经营，在这一前提下，若不具备（第三）债务人对抗要件，则认可设定人回收债权且自己使用回收款项。

2. 最高法院2001年11月22日判决的意义

（1）基于上述分析来看最判平成13年11月22日民集55卷6号1056页[50]，就能理解该案案情及判决的意义。

甲为让与担保设定人，乙为让与担保权人，丙为第三债务人。该判决认为"作为甲对乙的金钱债务的担保，将构成发生原因的交易种类以及发生期间等特定的、甲对丙既已发生或将来应发生的债权一次性让与给乙，在乙对丙发出收取债权并实现担保权的通知前，许诺甲收取让与债权，就甲收取的金钱无须向乙交付。这一甲乙之间的债权让与合同，是以集合债权为对象的让与担保合同的一种。于此情形，既已发生或将来应发生的债权，由甲确定地让与给乙。只是，在甲乙之间附加了合意，就归属于乙的部分债权，赋予甲以收取权限，收取的金钱无须交付给乙"。

但是，该案案情是，通过附确定日期的证书向第三债务人作出债权让与担保设定的通知。如此来看，不论站在上述哪一学说的立场上，让与担保权人都将有收取权。当然，虽然我妻认为即使在此时"通常也都会特别约定收取的金钱并不全部抵充被担保债权的清偿，而是以一定比率返还给设定人"[51]，但仍认可让与担保权人有收取权本身。

如此一来，将不能实现"以维持企业经营为前提"这一集合债权

[215]

---

[49] 我妻，第674页。
[50] 本书边码192。
[51] 我妻，第674页。

让与担保的目的。因此，需要作出"赋予甲以收取权限，收取的金钱无须交付给乙"这一合意，并且对丙通知其意思。所以，该判决正是就此类案情所作的判决。

该判决的调查官解说[译者注]中也有如下论述。

"在法律形式上，集合债权让与担保完全是利用债权让与的非典型担保。虽然在形式上已将标的债权让与给担保权人，但若维持正常经营，则让与标的债权的管理和处分由作出让与的担保设定人进行；处于危机状态后由担保权人对其进行管理和处分。关于此种管理处分权归属的法律构造，在集合债权让与担保合同形式中的停止条件型（即对象债权在危机状态到来前不移转至担保权人）、预约型中，不会成为问题。此外，即使属于本案合同类型，但若对抗要件的具备已被保留，则由于此时债权让与不能对抗对象债权的债务人，所以让与人当然可以收取其债权。所以此种情形下依然不会出现问题。但是，本案合同类型下，就让与已具备对抗要件时，在实现通知发出前，让与人收取债权而无须返还收取的金钱，这一实际状态在法律上如何构造，将会成为问题。本案处理的正是这一问题。"[52]

上述解说认为"即使属于本案合同类型，但若对抗要件的具备已被保留，则由于此时债权让与不能对抗对象债权的债务人，让与人当然可以收取其债权，所以此种情形下依然不会出现问题"，这一点与后面所讨论的内容也有关系，非常重要。

（2）当然，该判决认定"于此情形，既已发生或将来应发生的债权，由甲确定地让与给乙"。但是，对于这一论述，有必要思考该判决所涉案件中的争议是什么。即，在相关案件中成为问题的是，将来债权让与的效力在哪一时点发生。该判决否定了关于这一时点的其他见解——即将来债权在其发生时产生让与的效力，在发生之前不过是预约而已等。在此等文脉中，该判决将"即使对于将来债权，让与的效力

[216]

[译者注] 指最高法院调查官撰写的最高法院判例解说。
[52] 三村，前注[30]，第692页。

也是在让与合同缔结时发生"表述为"确定的让与"。

"确定地让与"这一用语本身并没有"债权人的全部权能在这一时点移转至让与担保权人"的意思。因此，对于债权人的全部权能是否在这一时点移转至让与担保权人，在该判决相关的案件中并非问题。我们不能脱离"对什么作出判断"而去理解文义。

(3) 众所周知，对于不动产让与担保，判例法理认为"让与担保是为担保债权而移转标的不动产的所有权，但上述所有权移转的效力仅在实现债权担保目的的必要范围内才被认可"[53]。

此种判例法理是为了调和"让与担保是担保"与"采用权利移转的形式"两者间的关系，即使在债权让与担保中亦同。

而且，前述2001年最高法院判决的调查官解说也认为，在一定的担保权实现事由发生之前，认可让与担保权设定人的收取权以及自己使用回收款项是"集合债权让与担保的本质性合意内容"[54]。

(4) 由此看来，不能认为2001年最高法院判决认定了在集合债权让与担保中，债权人地位在设定的同时完全移转至让与担保权人，因而在原则和本质上，让与担保权人享有标的债权的收取权，进而必须要有特约才能推翻这一原则。

如果相关集合债权让与担保不属于"在设定的同时实现让与权"这一类型，则"认可让与担保设定人收取标的债权并自己使用回收款项"将符合"债权'仅在实现债权担保目的的必要范围内'移转至让与担保权人"这一集合债权让与担保的本质。

三、集合债权让与担保标的债权的回收与不当得利中的"得利人"——"利益事实上归属之人"或"表见法律关系的另一方当事人"

(1) 不当得利是无法律上原因而得利之人返还其得利的制度。传

---

[53] 最判昭和57年9月28日判时1062号81页。同旨，最判平成5年2月26日民集47卷2号1653页，最判平成7年11月10日民集49卷9号2953页。

[54] 三村，前注[30]，第693页。

统通说认为,这一制度是实现当事人间"公平(衡平)"的制度。因此,采这一观点的代表性论者我妻荣将负有得利返还义务的"得利人"定义为"利益事实上归属之人"[55]。

与此相对,现在的有力说采用了所谓"类型论"的观点。其立场,一言以蔽之,即"着眼于不当得利法的功能,并在实体法构造中对其定位"[56]。对其定位的方法有多种,但至少区分"给付得利"与"侵害得利"的方法受到广泛承认。本文讨论的不当得利显然是"给付得利"。然而,这一类型中的"得利人"将是无效合同等有瑕疵的合同(表见法律关系)中的另一方当事人。

[218]

(2)前面已经说过,集合债权让与担保中,在让与担保权实现事由发生之前,"认可让与担保设定人收取标的债权并自己使用回收款项"将符合"债权'仅在实现债权担保目的的必要范围内'移转至让与担保权人"这一相关担保的本质。如此一来,让与担保权人既不符合"利益事实上归属之人"这一公平说中的定义,也不符合"表见法律关系的另一方当事人"这一类型论中的定义。由于认可让与担保设定人自己使用回收款项,所以利益事实上不归属于让与担保权人。而且,在表见法律关系中,回收债权并取得利益的是让与担保设定人。

四、结语

1. 前文小结

(1)再一次简单总结上述内容。

① 在集合债权让与担保中,前提是并非出于即时实现债权回收的目的而设定(即并非在设定的同时实现担保权)且设定人将持续通常形式的经营,该担保权被设定时,若不具备(第三)债务人对抗要件,则对于认可设定人回收让与担保标的债权及自己使用回收款项,学

---

[55] 我妻荣:《债権各論下卷第一(民法講義 V4)》,岩波书店1972年版,第963页。

[56] 大村敦志:《基本民法Ⅱ〔第2版〕》,有斐阁2005年版,第302页。

说没有异议。

②最高法院平成 13 年 11 月 22 日判决基于"从担保的本质推导出，为使设定人持续通常形式的经营，应允许设定人回收让与担保标的债权及自己使用回收款项"这一理解，认定即使在具备（第三）债务人对抗要件时，让与担保权人也仍授予设定人收取权。

[219] ③在判例法理中，如果相关集合债权让与担保不属于"在设定的同时实现让与担保权"这一类型，则"认可让与担保设定人收取标的债权并自己使用回收款项"将符合"债权'仅在实现债权担保目的的必要范围内'移转至让与担保权人"这一集合债权让与担保的本质。

④作为从③中所推出的结论，让与担保权人既不符合"利益事实上归属之人"这一公平说中的定义，也不符合"表见法律关系的另一方当事人"这一类型论中的定义。由于认可让与担保设定人自己使用回收款项，所以利益事实上不归属于让与担保权人。而且，在表见法律关系中，回收债权并取得利益的是让与担保设定人。

由此看来，在集合债权让与担保中，就其标的债权产生溢付款时，负有该不当得利返还义务的应当是让与担保设定人。

（2）当然，这是说，若仅仅成为集合债权让与担保权人，并不负有溢付款返还义务。但是，因实现让与担保而现实受领溢付款时，将负有返还义务。理由在于此时债权并非"仅在实现债权担保目的的必要范围内"移转，而是已发生完全的债权移转。

但是，即使此时，让与担保权人也不承担既已发生的溢付款返还义务。让与担保权人负有的是已受领之溢付款的返还义务。

2. 与就信托受托人所作讨论的关系

将有关债权作为信托财产而进行债权让与，受让人是信托受托人时，对于信托设定后的溢付款，我已主张由信托受托人负有返还义务[57]。然而，在此却主张集合动产让与担保权人不负有溢付款返还

---

〔57〕道垣内，前注〔48〕。

义务。

在这一点上，或许会有人认为，不论是何种情形，债权受让人都仅享有被限定于一定目的的利益，为何不作同样理解呢，作出不同理解难道不矛盾吗？　　　　　　　　　　　　　　　　　　　　　　［220］

但是，并非如此。

在让与担保中，其设定中所进行的债权让与"仅在实现债权担保目的的必要范围内"发生。与此相对，信托是设定人对受托人进行了完全的债权让与，只是受托人的权利因信托的约定（受托人的权限设定、受益权的内容设定）而被限定。债权人地位被制约的机制有所不同。关于这一点，希望在其他地方能有机会详细论述[作者补注3]。

［原载于《早稲田法学》第 89 卷第 3 号（2004 年），第 109 页及以下］

〔作者补注 3〕在道垣内弘人：《讓渡担保と信託》，载公益財団法人トラスト未来フォーラム编：《信託の理念と活用》，トラスト未来フォーラム 2015 年版，第 59 页及以下中作了简短的讨论。

[221] 第四章　预告登记担保[译者注]、所有权保留

[222] 第一节　怠于作出《预告登记担保法》第 5 条第 1 款规定之通知与请求本登记承诺——最高法院昭和 61 年 4 月 11 日第二小法庭判决（民集 40 卷 3 号 584 页）

一、事实概要

X（原告、控诉人、上告人）在 1977 年 9 月 10 日和 Y_1（第一审被告）缔结了下列代物清偿预约合同。为担保 Y_1 对 X 所负的债务，具体而言是金钱借贷交易、保证委托交易、票据及支票上的现在及将来全部债务以及 1970 年 12 月 28 日达成的就本案一号建筑物的买卖合同及其用地的租赁合同上的债务，在发生债务不履行时，代替清偿而将本案一号建筑物的所有权移转至 X；就 Y_1 存在破产和解申请时，Y_1 当然丧失对 X 所负债务的期限利益（以下简称"本案特约"）（即最高额预告登记担保）。基于该合同，同年 10 月 17 日，就该建筑物，Y_1 为 X 作出保全所有权移转请求权的预告登记。并在同年 11 月 18 日，就本案

〔译者注〕"仮登记"系指为保全将来登记之顺位而事先所作之登记，之后若作出本登记，则其顺位为"仮登记"之顺位，直译为"假登记"或"临时登记"。但因中国大陆现行立法中并无该术语，故本书将其译为内涵相似的"预告登记"，以便读者理解。需注意的是，不同法域类似制度的构建存在技术上的差异。在中国法上，预告登记所登记的是将来发生不动产物权变动的请求权。但在日本法上，"仮登记"的客体既是可以已经产生的、尚不具备本登记条件的不动产物权，也包括债权请求权，其目的是保全权利人的顺位。

二号建筑物，Y_1 也与 X 缔结与上述合同相同内容的代物清偿预约。同年 11 月 25 日，就该建筑物为 X 作出保全所有权移转请求权的预告登记。

之后在 1981 年 7 月 7 日，Y_2（被告、被控诉人、被上告人）就本案两栋建筑物进行最高额抵押权设定登记。即，在与 X 的关系上，Y_2 为后顺位担保权人。

然而，在 1982 年 2 月 26 日，由于 Y_1 被申请破产和解，所以基于本案特约，X 在同年 3 月 17 日送达了书面材料，对 Y_1 作出代物清偿预约完结的意思表示，同时说明了 2 月份的清偿期间经过时本案各建筑物的预估合计价额（6450 万日元）和被担保债权的合计价款（9400 万日元左右的本金，以及利息、迟延损害赔偿金），并通知不存在清算金（《预告登记担保法》第 2 条第 1 款的通知）。但是，没有对后顺位担保权人 Y_2 作出通知（同法第 5 条第 1 款的通知）。

基于上述事实关系，X 提起诉讼，主张由于对 Y_1 发出的通知自到达后已经过 2 个月，所以依代物清偿而在 1982 年 5 月 18 日取得了本案一号、二号建筑物的所有权，对 Y_1 请求基于本案预告登记的本登记，并对 Y_2 请求承诺该本登记程序［参见《不动产登记法》第 105 条第 1 款、第 146 条第 1 款（现第 109 条第 1 款）］。 ［223］

对此，Y_2 抗辩如下：第一，在对 Y_1 申请破产和解之日，就 Y_1 作出了包括禁止债务清偿的行为保全在内的保全处分，所以本案特约不发生效力，因此 X 可行使预约完结权的实体上权利并没有发生；第二，由于 X 没有对 Y_2 作出《预告登记担保法》第 5 条第 1 款的通知，所以本案一号、二号建筑物的所有权取得不能对抗 Y_2。现在，Y_2 为实现担保权，在 1982 年 10 月 8 日就本案一号、二号建筑物申请拍卖，同月 13 日也已作出拍卖开始决定。

对于上述 Y_2 的抗辩，X 反驳称，本案特约因保全处分而不发生效力的抗辩没有法律依据。而且，缺少对 Y_2 的通知并不会妨碍 X 根据预告登记担保权的实现而取得本案一号、二号建筑物的所有权。最多也就

是 Y_2 被剥夺了请求拍卖的机会,进而可以对 X 请求损害赔偿(而且由于本案中预计拍卖后不会有剩余,所以不发生损害)。本案中,由于 Y_2 所作的拍卖申请是在清算期间经过以后,所以 X 可以所有权取得对抗 Y_2(《预告登记担保法》第 15 条第 2 款)。

在一审中,法院认为 X 对 Y_1 的请求没有问题,但驳回了对 Y_2 的请求。驳回的理由如下(虽未刊登在最高法院判例集中,但在判时 1085 号 104 页中可得知):如果未受到通知的后顺位担保权人丧失拍卖机会而仅被赋予损害赔偿请求权,将会抹杀谋求调整预告登记担保的实现与拍卖程序的同法立法趣旨。具体而言,第一,本来在争夺担保物评估额中,允许后顺位担保权人采取拍卖这一简便程序,是因为在损害赔偿请求中将遭受自己必须要举证损害额这一不利益。第二,想要回避拍卖的预告登记担保权人全都会有意识地不去作出同法第 5 条第 1 款的通知(支持了 X 关于本案特约效力的主张)。

[224]

针对 Y_2 的请求,X 提起控诉(针对 Y_1 的请求,由于 Y_1 没有控诉,所以 X 确定胜诉)。原审也驳回了 X 的请求。判决理由与一审相同,认可了本案特约的效力,但是说到如果不承认 Y_2 的拍卖权利,将有违《预告登记担保法》第 5 条、第 12 条、第 15 条的主旨。

X 之后又提起上告。上告理由如下。即,第一,《预告登记担保法》第 5 条第 1 款通知的主旨是,对于能够对清偿金物上代位之人,保障其物上代位的机会,所以仅对客观上有余地发生剩余之人作出即可。如本案中,在预告登记担保权人提出本登记请求时,如果作出拍卖申请的抗辩,则法院应判断这是否为无剩余后顺位担保权人所作的申请,并排斥非值得保护之实体者所作的抗辩。而且,若不如此做,则第二,后顺位担保权人申请拍卖,即使因不存在剩余价值而驳回其申请,但由于有关担保权存续,所以预告登记担保权人仍然不能行使其权利。于此情形,虽然在驳回后也可请求担保权撤销登记,但是权利行使仍然存在困难。

二、判旨

驳回上告。

"以移转土地或建筑物（以下称'土地等'）的所有权为标的的《预告登记担保法》（以下称'法'）第1条所称的预告登记担保合同的债权人（以下称'预告登记担保权人'），对作为上述合同相对人的债务人或第三人（以下称'债务人等'）作出法第2条第1款规定的通知，虽然自其到达之日起已过2个月的清算期间，但在法第5条第1款规定的享有先取特权、质权或抵押权之人或后顺位预告登记担保的权利人（以下称这些人为'后顺位担保权人'）中，存在未受同款规定之通知（以下称'5条通知'）之人时，不得对该后顺位担保权人主张根据法第2条第1款的规定取得土地等的所有权，并基于预告登记请求就本登记作出承诺（参见《不动产登记法》第105条第1款、第146条第1款）。而且，未受5条通知的后顺位担保权人，即使在清算期间已经经过后，通过类推适用法第12条的规定，也可以请求拍卖土地等。盖因，法规定应对后顺位担保权人作出5条通知的宗旨在于，鉴于后顺位担保权人受通知所涉清算金预估额（含不存在清算金的情形）拘束的关系，使其可以选择甘愿受到该拘束（有清算金的情形，根据法第4条的规定对清算金行使权利），或选择根据法第12条的规定请求拍卖而期待从变卖价款中受到分配，以此来实现预告登记担保权人与后顺位担保权人间利害的调整。如果认为即使在后顺位担保权人未受5条通知的情形，在清算期间经过后，也不能根据法第12条的规定请求拍卖，且预告登记担保权人对未受到5条通知的后顺位担保权人也可以基于预告登记而请求就本登记作出承诺时，会将未受5条通知的后顺位担保权人置于显著不利的立场上，抹杀了法第5条第1款规定的宗旨。虽然土地等被拍卖，但用相关拍卖而产生的变卖价款来清偿作为共益费用的执行费用、预告登记担保权人的被担保权及优先于未受5条通知的后顺位担保权人的被担保债权的债权时，预计不会产生剩余——这一事由并不意味着

[225]

无须对后顺位担保权人发出 5 条通知，预告登记担保权人也不能因为存在上述事由，而能基于预告登记对未受 5 条通知的后顺位担保权人请求就本登记作出承诺［此外，根据《民事执行法》第 63 条第 2 款正文（含因同法第 188 条准用之情形）的规定撤销拍卖程序的情形，虽然也是缺少对后顺位担保权人的通知，但是此时预告登记担保权人可以基于预告登记而对有关后顺位担保权人请求就本登记作出承诺］。

"本案中，原判决基于与上述理由同旨的见解，认定……X……因为没有对 Y_2 作出 5 条通知，所以尽管作出了本案代物清偿预约完结的意思表示，且自通知 Y_1 之日起经过了法第 2 条第 1 款规定的 2 个月的清算期间，但是不能以上述代物清偿预约完结而取得的本案各建筑物所有权来对抗 Y_2，也不能基于本案预告登记担保而请求就本登记作出承诺。所以，原判决的说理并不违法。"

三、评释

1. 根据《预告登记担保法》，在预告登记担保权人的预告登记之后，享有已登记的抵押权等担保权之人，对于预告登记担保权人向设定人支付的清算金，可以物上代位并受到优先清偿（同法第 4 条第 1 款）。此时，作为物上代位对象的清算金数额，为基于同法第 2 条第 1 款预告登记担保权人向设定人所发通知中记载的金额。因此，对于设定人被通知的清算金额的多寡，后顺位担保权人也享有巨大的利害关系。因此，同法第 5 条第 1 款要求预告登记担保权人也要对后顺位担保权人通知设定人基于第 2 条第 1 款而通知之清算金额；第 12 条允许对该金额不满的后顺位担保权人申请拍卖；此外，第 6 条第 2 款规定，在未受第 5 条第 1 款的通知而清偿清算金的情形中，该支付不得对抗后顺位担保权人。可见，《预告登记担保法》在保护后顺位担保权人对清算金的适当权利上，花了许多工夫。其中，第 5 条第 1 款的通知有着重大意义。

上面也说到，在没有对后顺位担保权人发出第 5 条第 1 款的通知时，即使已对设定人支付清算金，也不能以该支付来对抗未受通知的后顺位担保权人。因此，后顺位担保权人在与自己的关系上，相当于清算金尚未支付，并可以对此行使物上代位权。但是，在这一保护方法中，后顺位担保权人无法就清算金额进行争议，而且根据第2条第1款通知设定人没有发生清算金的情形中，本就没有物上代位的对象，所以保护未必充分。

那么，拍卖申请权的方法如何呢？以（1）根据第2条第1款通知设定人有无清算金（并非客观上清算金是否产生），或（2）后顺位担保权人享有的债权的清偿期是否到来为基准，可分成四种情形来考虑。 [227]

①首先，有清算金，且后顺位担保权人的债权清偿期到来的情形。此时，根据同法第15条第1款，在清算金支付前，后顺位担保权人享有拍卖申请权。如前所述，未受通知的后顺位担保权人在与自己的关系上，相当于没有支付清算金。所以即使已对设定人支付清算金，后顺位担保权人也可申请拍卖（此等拍卖不过是作为通常的担保权实现）。因此，此种情形，没有必要考虑后顺位担保权人的保护。

②其次，有清算金，但是后顺位担保权人的债权清偿期没有到来的情形。此种情形，当然不能作为通常的担保权实现而请求拍卖。于是，基于第12条的拍卖请求，法律文义上限于清算期间经过前（清算期间以第2条第1款的通知到达设定人之日为起算点进行，所以即使没有第5条第1款的通知，也仍然经过），原则上不被认可。因此，后顺位担保权人的权利保护方法会出现问题。

③、④最后是没有清算金的情形。此种情形，通常担保权实现的申请，限于清算期间经过前。对于清算期间经过后的申请，预告登记担保权人可以所有权的取得来对抗（第15条第2款）。所以，基于第12条的拍卖申请，法文上限于清算期间经过前，与②的情形一样。因此，后顺位担保权人的权利保护方法，不论其债权的清偿期到来（③）还是不到来（④），都会出现问题。

在上述②、③、④三种情形中，未受第5条第1款通知的后顺位权利人的权利如何保护？具体而言，是即使在清算期间经过后也认可基于

第12条的拍卖申请权，但不认可预告登记担保权人的本登记承诺请求？还是说，否定拍卖申请权，在作为物上代位对象的清算金数额很少的情形中，至多也只能请求损害赔偿？这是本判决中出现的问题。对于这一问题，本判决判示即使在清算期间经过后，也应认可后顺位担保权人的拍卖申请权，并驳回预告登记担保权人对后顺位担保权人主张的本登记承诺请求。即，采用了前一种救济方法。

此外，本判决认为，未受第5条第1款通知的后顺位担保权人可以根据第12条请求拍卖。这是颇为一般性的判示。但是要注意的是，如前所述，在存在清算金且后顺位担保权人的债权清偿期到来的情形中（上述①的情形），可以进行通常的担保权实现，所以不会出现问题。所以，案件的特征为，没有清算金（上述③或④。具体是哪一情形，从判例集中无法知晓），且预告登记担保权人的担保权为最高额预告登记担保。

2. 在处理这一问题上，本判决是首起判例。但是，学说上是如何处理的呢？

有学说认为应否定后顺位担保权人的拍卖申请权，并支持预告登记担保权人的本登记承诺请求。因没有获得适当的清算金而遭受的损害，只能基于侵权行为而请求损害赔偿[1]。

此外，也有采同样立场，但认为后顺位担保权人享有的损害赔偿请求权与预告登记担保权人享有的承诺请求权处于同时履行关系，可以仅提供客观上应有的清算金额中相关后顺位担保权人可物上代位的部分（与损害赔偿额一致）而请求其承诺[2]。这些见解的理由包括，第

---

[1] 篠原安彦：《逐条仮登記担保法（1）》，载《NBL》第180号（1979年），第24页；林良平：《仮登記担保法の判例法との対比とそれへの影響》，载《ジュリ》第675号（1978年），第62页；法务省参事官室编：《仮登記担保法と実務》，金融财政事情研究会1979年版，第451页；《特集·仮登記担保契約に関する法律の逐条解説（1）》，载《金法》第866号（1978年），第31页（吉野卫执笔）。

[2] 铃木禄弥：《仮登記担保法雑考（9）》，载《金法》第879号（1978年），第38—39页（铃木禄弥：《物的担保制度の分化》，创文社1992年版，第318—320页）。林，前注[1]，第62页也暗示了这一点。

一，其他后顺位担保权人中有受到第 5 条第 1 款的通知之人时，会侵害这些人已经进行的物上代位或其期待，有引起不必要的混乱之虞[3]；第二，诉讼经济上，在本登记请求诉讼中进行互换给付较为妥当[4]。

与此相对，也有见解认为否定预告登记担保权人的承诺请求，并肯定未受通知的后顺位担保权人的拍卖申请权[5]。如前说中，若作出损害赔偿请求，则后顺位担保权人将被强加本不需要的程序负担（如损害额的举证），而且想要取得标的不动产所有权的预告登记担保权人会有意地不作出第 5 条第 1 款的通知。这将违反法律的宗旨。而且，对于前说中的第一点理由，由于后顺位担保权人应得到的分配额将是预告登记担保权人受领的，所以拍卖请求不会对其他担保权人造成影响（拍卖的结果，产生清算金。此时，假定后顺位担保权人全体不受领清算金的状态，并确定各后顺位担保权人应取得的金额。未受第 5 条第 1 款通知的后顺位担保权人，仅就该计算中自己可受领之金额受有分配，其余的返还给预告登记担保权人）。此外，对于第二点理由，若认为承诺请求与损害赔偿额之间的互换给付，则将会在新法中导入过去的判例法，而新法是想要排除过去判例法所引发的混乱[6]，所以在体系上存在难点。此外，也有反驳认为法律并没有设想在本登记请求诉讼中判断标的物的评估价[7]。虽然引入了拍卖程序，但那不过是对预告登记担

[229]

---

[3] 加藤一郎等：《座談会・銀行取引における仮登記担保の運用とその問題点(2)》，载《金法》第 880 号（1979 年），第 6 页（林良平发言）；铃木，前注[2]，第 38—39 页。

[4] 新美育文：《判批》，载《判夕》第 628 号（1987 年），第 85 页。

[5] 对于根据 2 条 1 款通知没有清算金的情形，宇佐美隆男：《仮登記担保法拾遺（中）》，载《金法》第 895 号（1979 年），第 12 页。一般地，川口富男：《判批》，载《季刊実務民事法》第 6 号（1984 年），第 207 页；生熊长幸：《判批》，载《判评》第 334 号（《判時》第 1209 号）（1986 年），第 176 页。中野贞一郎：《非典型担保の私的実行》，载三月章等编：《新実務民事訴訟法講座 12》，日本评论社 1984 年版，第 427 页。

[6] 例如，参见吉原省三：《仮登記担保における後順位担保権者の清算金支払請求権について》，载《判夕》第 341 号（1977 年），第 79 页及以下。

[7] 中田昭孝：《判批》，载法曹会编：《判解民昭 61 年度》，法曹会 1989 年版，第 245 页。

保法赋予后顺位担保权人的救济方法进行了现实化,不能说预告登记担保权人会遭受不利益[8]。

稍微展开讨论。

对于否定说的第一点理由,如肯定说所反驳的,作为分配的技术性问题就可解决。当然,受有通知的后顺位担保权人实际受领的或应受领的金额,并不是作为拍卖结果的清算金额,而是基于预告登记担保权人通知的清算预估额而计算的金额。所以作为拍卖结果而产生的清算金额小于预估额时,预告登记担保权人将会出现多付的情况,但那是因为自己预估有错而导致的,所以也没有办法。反过来,拍卖而产生的清算金额大于预估额时,受有通知的后顺位担保权人得到的会有不足,但这也是自己满足通知中的金额而没有申请拍卖所导致的,所以也没有办法。因此,否定说的第一点理由没有问题。

与此相对,否定说二次反驳认为,肯定说对于第二点理由的反驳并不构成对否定说的有力指摘[9]。实际上,来思考一下,在标的物的评估中,民事执行程序优于民事诉讼程序的地方似乎最多也就是执行法院选任的评估人被赋予很强的权限(《民事执行法》第58条第3款),以及法院委托的鉴定费在事实上会便宜些,仅此两点而已。

如此考虑,虽然不能简单决定两种学说之间的优劣,但在肯定说的理由中,认为若根据否定说,则会存在这一弊害——即想要取得标的物所有权的预告登记担保权人会有意地不作出第5条第1款的通知。这一理由非常具有说服力。大体来看,原则上还是肯定说更为妥当些。

但是,若根据本判决的案情来思考,客观上也没有发生清算金(并不是通知债务人没有发生清算金),以及预告登记担保权人的担保权是最高额预告登记担保。这两点如何评价?是原则上仍同样认为肯定说更好,还是说结合本案案情采用否定说呢?这恐怕是一个问题。

3. 对于客观上也不产生清算金的案件,如何考虑呢?(下面对于

---

[8] 生熊,前注[5],第176页。
[9] 新美,前注[4],第85页。

本案中预告登记担保权人享有最高额预告登记担保这一点，暂时排除考虑。）在这一点上，本判决明确论述道，对于可以请求拍卖这一点，即使在预计拍卖后不会产生剩余时，也是一样。但是，如果没有产生剩余，即使申请拍卖，Y_2 也不会受到任何分配。本来就算基于第 12 条的拍卖中，剩余主义（《民事执行法》第 63 条第 2 款）也是适用的[10]。［231］所以 Y_2 请求的拍卖程序将会被撤销掉。如此，还有必要承认拍卖申请权吗？

后顺位担保权人的拍卖请求权本来就是为了确保适当金额清算金的手段。但是，拍卖程序会花费时间，且颇为麻烦。作为预告登记担保权人，一定想要避免此等拍卖程序并尽快回收债权。利用这一预告登记担保权人的心理，就连在预告登记担保权人已提示适当金额的清算金时，后顺位担保权人还可以将拍卖申请权作为武器，获得更加有利的地位。若实际拍卖，自己能够取得的清算金额或许会减少，也许因没有剩余而在中途被撤销。但是，为了避免繁杂的程序，预告登记担保权人也有可能不得不向后顺位担保权人支付不当的金钱[11]。此种事态很难说是健全的吧。

那么，包括没有清算金的情形，在预告登记担保权人提示的清算金数额适当的情形中，果然还是应该倾向于排除后顺位担保权人的拍卖申请权。学说认为，除了在立法论上应因涉及权利滥用而被排除[12]，在解释论上也应采大判昭和 17 年 11 月 20 日民集 21 卷 1099 页的立场，即明知通过拍卖自己什么都不会得到且有害先顺位人的权利时，不能继续

---

[10] 中野贞一郎：《仮登記担保法における競売優先の原則》，载《判夕》第 381 号（1979 年），第 9 页；关泽正彦：《仮登記担保と金融取引》，载加藤一郎、林良平主编：《担保法大系 4》，金融财政事情研究会 1985 年版，第 224 页，脚注 10；福永有利：《仮登記担保法と民事執行手続の問題点》，载加藤一郎、林良平主编：《担保法大系 4》，金融财政事情研究会 1985 年版，第 247 页。

[11] 担心这一点的，石田喜久夫等：《仮登記担保法の諸問題》，载《ジュリ》第 675 号（1978 年），第 39 页（铃木禄弥发言）。

[12] 石井真司等：《仮登記担保法と今後の金融実務（5）》，载《手研》第 280 号（1979 年），第 45—46 页（宇津木旭发言）。

[232] 进行拍卖[13]。与此相对，如前面所介绍，拍卖请求不过是为了保护后顺位担保权人而对通过拍卖来适当评估标的不动产这一法律规定的救济方法进行现实化而已，不允许拍卖请求的做法并非法律所设想的[14]。而且，无剩余时，拍卖程序会被撤销，所以也不会对预告登记担保权人造成不利[15]。"不能排除拍卖程序"的学说也很有力。

但正是在很显然会因无理由而被撤销的情形中，才应考虑被申请拍卖而导致拖延实现权利的预告登记担保权人的利益保护吧。作为对条文的合理解释，或许不能排除拍卖，但也应考虑存在权利滥用的情形。若认为未受《预告登记担保法》第5条第1款通知的后顺位担保权人完全没有拍卖请求，应该是不合理的（参照"2"），但不论是否存在通知，还是会有权利滥用的情形吧。再补充一点，如本案这种没有清算金的情形中，即使在诉讼程序中阻却后顺位担保权人的抗辩，由于也不会在诉讼程序中进行分配，所以不会延续"判例法产生的混乱"（最大判昭和49年10月23日民集28卷7号1473页否定后顺位担保权人互换给付抗辩的理由之一就是在诉讼程序中进行分配并不妥当）。

当然，本判决的案情是预告登记担保权人享有最高额预告登记担保的情形。如下所述，后顺位担保权人会因拍卖而享有巨大的利益，很难说是权利滥用。

4. 若预告登记担保权人的权利为最高额预告登记担保，则如何呢？《预告登记担保法》第14条规定，最高额预告登记担保在拍卖中没有效力。因此，纵使本案中客观上不会发生清算金，纵使在此种情形下，若后顺位担保权人请求拍卖，X将不能得到任何分配。这一点恐怕是本案中X不作出第5条第1款通知的理由吧。而且也是Y_2虽然觉得清算金的预估是正当的，但还要请求拍卖的理由吧。

对于最高额预告登记担保效力的此种限制，立法论上的批判也很激

---

[13] 加藤等，前注[3]，第7页（竹下守夫发言）。
[14] 中田，前注[7]，第245页。
[15] 生熊，前注[5]，第176页。

烈。限制效力的立法理由认为，在不能登记被担保债权范围的预告登记的情形，若认可最高额预告登记担保，将不得不认可概括性最高额预告登记担保，有违最高额抵押立法的宗旨[16]。但若如此，仅禁止概括性最高额预告登记担保即可，没有必要让被担保债权范围非常明确的最高额预告登记担保也在拍卖中失效[17]。但是，实务上的做法是，"若先顺位是最高额预告登记担保，则不管怎样先请求拍卖"[18]。这也不是健康的事态。

如此一来，特别是在预告登记担保为被担保债权范围非常明确的最高额预告登记担保之时，应采用限制后顺位担保权人拍卖申请的解释论吗？具体而言，如果拍卖申请仅是为了使非概括性最高额预告登记担保失效，则不允许作出此种拍卖申请。此种解释也具有一定说服力，但鉴于立法选择了限制最高额预告登记担保效力这一政策，所以解释论上如此解释仍是不合理的。而且，本案最高额预告登记担保也将"票据及支票上的现在及将来的全部债务"作为被担保债权，因而被担保债权范围的明确与否也是一个问题。即，因为在最高额抵押中，所谓的"票据支票交易"，对于被担保债权范围的确定而言并不充分[19]。

5. 由此来看，本判决是妥当的。但需要留意的是，本案是有关最高额预告登记担保的案件，纵使不会产生清算金，对于后顺位担保权人而言，也有要求拍卖的巨大利益。因此，若认为本判决判示了"即使不存在清算金也认可拍卖请求而没有任何限制"，将会存在问题。对于后顺位担保权人没有正当利益而要求拍卖的，今后果然还是得要用包括权利滥用在内的某种法理来加以限制。判例对此留下了解释空间。

---

[16]《特集·仮登記担保契約に関する法律の逐条解説（3）》，载《金法》第868号（1978年），第26頁（宇佐美隆男执笔）。

[17] 铃木禄弥：《仮登記担保法雑考（10）》，载《金法》第880号（1978年），第30—31頁［前注［2］（《物的担保制度の分化》）第326—327頁］等。

[18] 石井真司等：《仮登記担保法と今後の金融実務（6）》，载《手研》第281号（1979年），第54頁（铃木正和发言）。

[19]《昭和47年8月4日民事三発608号民事局第三課長回答》，载法务省民事局编：《先例集追V》，帝国判例法规出版社1976年版，第767頁。

6. 接下来讨论剩余的若干问题。

（1）即使如本判决，认为未受第 5 条第 1 款通知的后顺位担保权人可以作出第 12 条的拍卖申请，那么申请时间应到何时为止呢？关于这一点，见解存在对立。有见解认为，随时都可申请并不妥当，所以需要加以某种限制[20]。也有见解认为，若预告登记担保权人重新作出实现通知，并且也作出第 5 条第 1 款的通知即可，所以不需要特别的限制[21]。

原则上赞成后说，但是否需要重新作出第 2 条第 1 款的通知，是一个问题。应认为仅重新作出第 5 条第 1 款的通知，并限于自该日起合理的期限内（具体而言，若"毫不迟延"地受有第 5 条第 1 款的通知，长度应受保障的期间内）可以申请[22]。而且，在提起本登记承诺请求诉讼的情形中，以该诉状的送达代替第 5 条第 1 款的通知，认为自该送达之日起相当的期间内也可（虽然"一、事实概要"中省略了，但一审判决中暗示了这一点）。也要关注一下今后的判例。

（2）判旨第一段末尾的括弧内，回答了上告理由的"第二"，这一回答是妥当的[23]。但还谈不上是当然的。有余地认为，即使未受第 5 条第 1 款通知的后顺位担保权人申请的拍卖程序被撤销，第 5 条第 1 款通知的缺失也仍未被补正，所以预告登记担保权人为作出本登记承诺请求，应当重新作出第 5 条第 1 款的通知。但是，第 5 条第 1 款通知的宗旨是为了保障后顺位担保权人就清算金享有物上代位的机会，或者因为想要争议清算金额，而通过拍卖申请来实际争议该金额，所以还是可以说不需要第 5 条第 1 款的通知吧。

[235] （3）最后想指出，本判决的条文适用形式不明瞭。判旨认为，"债务人或第三人……作出法第 2 条第 1 款规定的通知，虽然自其到达之日

---

[20] 中田，前注［7］，第 245 页。
[21] 生熊，前注［5］，第 176 页。
[22] 吉原省三：《判批》，载《金法》第 1134 号（1986 年），第 5 页。
[23] 生熊，前注［5］，第 176 页；宇津木旭：《判批》，载《農協金融法務》第 163 号（1987 年），第 5 页。

起已经过 2 个月的清算期间",所以即使在与 Y_2 的关系上,似乎大体上也认为是"清算期间"经过。在这一前提下,由于是"法第 12 条规定的类推适用",所以除去"清算期间内"这一要件而类推适用第 12 条。但是,与第 15 条的关系如何呢?毕竟是"清算期间"经过,若是如此,则纵使认可拍卖申请,也不能根据同条第 2 款来对抗预告登记担保权人。要想可以对抗(本判决当然是此种立场),也应当在除去"清算期间经过前"这一要件后而类推适用第 15 条第 1 款。如此一来,由于本就没有说"清算期间"经过,所以在与未受第 5 条第 1 款通知的后顺位担保权人的关系上,认为"清算期间"没有经过似乎更为简明[24]。

[原载于《法学協会雑誌》第 105 卷第 8 号 (1988 年),第 1129 页及以下]

第二节 基于所有权保留而取回标的物与权利滥用——最高法院昭和 50 年 2 月 28 日第二小法庭判决(民集 29 卷 2 号 193 页)

[236]

一、事实概要

X(原告、控诉人、上告人)是机动车的经销商,在销售时与次经

---

[24] 关于本判决的评析,除中田,前注〔7〕的调查官解说外,还有鎌田薫:《判批》,载《法セ》第 382 号(1986 年),第 108 页;吉原,前注〔22〕,第 4 页;生熊,前注〔5〕,第 173 页;宇津木,前注〔23〕,第 4 页;堀内仁:《判批》,载《手研》第 392 号(1987 年),第 53 页;堀内仁:《判批》,载《手研》第 394 号(1987 年),第 37 页;新美,前注〔4〕,第 83 页;竹内俊雄:《判批》,载《ジュリ》第 887 号(1987 年),第 68 页;鎌田薫:《判批》,载《最新判例演習室 1987(法セ増刊)》(1987 年),第 104 页;石田喜久夫:《判批》,载《民商》第 96 卷第 4 号(1987 年),第 556 页;庄菊博:《判批》,载《専法》第 46 号(1987 年),第 273 页;清水元:《判批》,载《法学》第 52 卷第 1 号(1988 年),第 171 页;高見進:《判批》,载《北法》第 38 卷第 5、6 号(1988 年),第 431 页;贺集唱:《判批》,载椿寿夫主编:《担保法の判例Ⅱ》,有斐阁 1994 年版,第 88 页。另外,关于原判决的评析,有川口,前注〔5〕,第 206 页。

销商诉外人 A 合作。Y（被告、被控诉人、被上告人）在 1968 年 8 月 30 日和 A 就机动车（本案机动车）缔结了买卖合同，向 A 支付价款并受有本案机动车的交付。此时，X 协助履行上述 A 和 Y 的买卖合同，自己为 Y 代办机动车税、机动车取得税等缴纳手续，以及车检手续、车库证明手续等。为此，X 还让自己公司的销售员两三次赶赴 Y 处。

然而，在该时点，本案机动车尚未由 X 出卖给 A。X 和 A 的买卖合同是之后在同年 9 月 7 日缔结的（出卖人与买受人之间有信赖关系时，买卖价格、价款支付方法等详细的约定留待日后再定，总之先发货，交货给辗转买受人）[25]。在该合同中约定，A 对 X 分期支付价款，在价款完全清偿之前，本案机动车所有权保留在 X 处，即所谓的"所有权保留买卖"。

然而，之后 A 怠于支付分期款项，所以 X 解除了和 A 的买卖合同，并提起诉讼，基于保留的所有权而请求 Y 交付本案机动车。

一审和二审 X 皆败诉。判决认为，一方面，X 积极协助 A 将本案机动车出卖给 Y；另一方面，Y 已经结清价款，并受有本案机动车的交付。此时，X 基于自己保留的所有权而请求 Y 返还本案机动车，构成权力的滥用。

X 提出上告，并主张如下。即，Y 知悉机动车权利得丧变更的对抗要件为注册，所以 Y 在完全支付价款后，没有请求将所有权注册移转给自己时，Y 才有重大过失。若考虑此种情事，则 X 的交付请求不构成权利滥用。

二、判旨

驳回上告。

"根据上述事实，对于次经销商 A 将本案机动车销售给用户 Y，X 作为经销商，协助履行了买卖合同。就之后与 A 缔结的本案机动车附

---

[25] 森井英雄：《判批》，载《民商》第 73 卷第 6 号（1976 年），第 776 页。

所有权保留特约买卖合同，X 因未受到价款的完全清偿，就对已完全清偿价款而受有机动车交付的 Y，基于被保留的所有权而请求其交付。上述交付请求，将本来 X 自己负担的不能对 A 回收价款的危险转嫁给 Y，使得为自己利益而完全清偿价款的 Y 蒙受不测损害，因而构成权利滥用，不能被允许。"

三、解说

1. 问题之所在

在动产买卖中，很多都是在买受人完全清偿价款之前，买卖物品就被交付给买受人。此时，为担保价款债权，会约定在买受人完全清偿价款之前，出卖人自己保留标的物品的所有权，这是所有权保留。出卖人在买受人不履行价款债务时，基于保留的所有权而取回买卖物品，并从中优先回收价款债权。

此种所有权保留存在作为担保手段的弱点。由于一般来说动产没有登记制度，所以出卖人没有确实的方法来公示自己保留的所有权（至多就是在相关物品上贴上名板），买受人擅自将有关物品转卖给第三人时，第三人有可能会即时取得有关物品（《民法》第 192 条）。关于这一点，在 2004 年创设了基于动产及债权让与对抗要件相关之民法特例法的动产让与登记制度。对于一般动产的让与，也认可因登记而具备对抗要件了。但是，对于所有权保留，由于"没有让与"，所以不能通过该法的登记来公示。但是，本案所有权保留的标的物是机动车。虽说同样是动产，但机动车有注册制度，注册簿上会公示所有权人。而且，判例也认为"对于根据《道路运送车辆法》而受注册的机动车，注册是所有权得丧变更的公示方法，所以……不适用《民法》第 192 条"（最判昭和 62 年 4 月 24 日判时 1243 号 24 页）。因此，保留机动车所有权的出卖人，如果在注册簿上以自己为所有权人进行注册，则即使买受人将有关机动车转卖给第三人，也可以所有权仍保留在自己处来对抗有关第三人。若买受人不履行价款债务，则可以请求有关第三人交付相关机动车。

[238]

以上即是原则，但也存在贯彻原则并不适用的情形。本案中的情形即是如此。X向A出卖了本案机动车，在A完全清偿价款之前将所有权保留在自己处，但却积极容认A转卖机动车并协助转卖。X和A的买卖是为了转卖而买卖。买受人A预计是要转卖的，X利用A来扩大机动车的销售。此时如果还贯彻前述原则，则会使已向A完全清偿价款的第三人Y承担遭受不测的风险，这并不妥当。而且，A无资力的风险应当由X负担，因为X错误地选择了成为次经销商之人。

基于此种理由，在判断上认为不应支持X的请求，并没有异议。问题在于，法律上如何说明其理由呢？

[239]　2. 判例之立场

与本案案情——即所有权保留机动车通过次经销商来转卖——同类型的判决，最高法院有4件。本判决是最早的一起，之后公布了最判昭和52年3月31日金法835号33页、最判昭和56年7月14日判时1018号77页、最判昭和57年12月17日判时1070号26页三件。

这些判例中都是下列因素的组合：①经销商协助次经销商转卖，②用户已向次经销商完全支付价款，③转卖合同在所有权保留买卖合同之前缔结或者同时缔结，④对于经销商与次经销商之间存在所有权保留特约，以及次经销商不履行债务时，经销商有权请求返还标的物，用户并不知情。多数情形中，都是认定经销商取回标的物构成权利滥用而不被允许。具体而言，本判决以及1977年判决认定了①、②、③的情事；1982年判决认定了②和④的情事，均认为构成权利滥用。与此相对，1981年判决认定不存在④的情事，并支持了经销商的权利行使[26]。

判例确立了通过权利滥用法理来限制经销商的权利行使这一立场。问题在于其成立与否的基准是什么。但是②和④是必须的条件。此外，对于

---

〔26〕　包含下级审判决，参见米仓明、森井英雄：《所有権保留売買にける目的物件の引揚げと権利濫用（上）、（下）》，载《NBL》第282号（1983年），第22页，第285号（1983年），第53页；安永正昭：《所有権留保における担保の機能の限界》，载《金法》第1033号（1983年），第6页。

①,虽然不至于需要经销商协助转卖,但是需要容认转卖吗[27]?

3. 学说之议论

有批判认为,使用权利滥用法理,即认为有关机动车所有权在经销商处,对于用户的保护并不充分[28]。例如,用户一方不能要求注册为标的机动车所有权人。而且,对于判例认为需要前述④的情事,学说上也持有很强的批判。若容认转卖,则即使辗转买受人已知此等情事,所有权保留出卖人的权利也应被限制。对于这一点,学说上有多种见解。这里主要举两种。

[240]

第一种认为构造上是经销商对次经销商的处分授权。所谓"授权",一般而言是以自己的名义作出法律行为,而使其效果归属于他人的权利[29]。此种学说认为通过次经销商被授权处分这一构造,导致经销商和用户之间直接发生有关机动车的所有权移转这一效果。此乃多数说。但是,授权概念没有日本实定法上的根据,所以最高法院从正面采用这一概念的可能性或许很小〔但最高法院的判决中也有能读出承认授权概念的判决(最判昭和29年8月24日裁判集民15号、最判昭和37年8月10日民集16卷8号1700页)〕。当然,不使用"授权"这一概念,而通过认定存在"次经销商转卖时,经销商向次经销商移转所有权"这一合意,也可推导出同样的效果。

另一种见解认为,标的物为预定流通物时,与通常的即时取得法理不同,而应当适用库存品即时取得[译者注] 这一特别法理[30]。此外,还

---

[27] 谷口知平、石田喜久夫编:《新版注释民法(1)〔改订版〕》,有斐阁2002年版,第194—196页(安永正昭执笔)。

[28] 详细地,米仓明:《流通过程における所有权留保再论》,载法学协会编:《法学协会百周年记念论文集3》,有斐阁1983年版,第346—359页。

[29] 参见山本敬三:《民法讲义Ⅰ总则〔第2版〕》,有斐阁2005年版,第308页。

[译者注] A在B完全清偿价款之前保留所有权,并将某商品出卖给B;B在完全清偿价款之前将该商品出卖给C。此时,如果该商品具有库存品的性质时,由于其转卖是事先已经预定的,所以C即使知道该物是所有权保留标的物,也可以取得该物的所有权,应适用不同于通常情形的即时取得的法理。

[30] 米仓,前注〔28〕,第359页及以下。

有见解虽然基本上也采用这一观点，但主张实定法上可采用此种法律构造——即容认次经销商的转卖，却在次经销商债务不履行时，想从辗转买受人处取回标的物，这是矛盾行为，在诚信原则上不能被允许[31]。

或者，在基本尊重判例的权利滥用法理的基础上，再往前推一步似乎也是可以的。即，经销商以自己保留的所有权为依据，拒绝对完全支付价款的用户作出所有权移转的注册，也构成权利滥用而不被允许。

此外，我赞成上述库存品即时取得的观点，但觉得没有必要认为其是"特别法理"。《民法》第192条对于相对人没有处分权限的情况，保护善意无过失之人。在流通预定物的交易中，即使知道相对人没有所有权，但相信其有处分权限，也并非不合理[32][33]。

[原载于江头宪治郎、山下友信编：《商法（総則商行為）判例百選〔第5版〕（別冊ジュリスト194号）》，有斐阁2008年版，第120页及以下]

---

〔31〕平野裕之：《判批》，载椿寿夫主编：《担保法の判例Ⅱ》，有斐阁1994年版，第106页；千叶惠美子：《判批》，载星野英一等编：《民法判例百選Ⅰ（第5版新法対応補正版）》，有斐阁2005年版，第209页。

〔32〕此外，也包括表见代理规定的类推可能性。参见道垣内弘人：《無権限者からの即時取得》，载《法教》第300号（2005年），第93页及以下。

〔33〕关于本判决的评析，除田尾桃二：《判批》，载法曹会编：《判解民昭50年度》，法曹会1979年版，第82页的调查官解说外，还有中马义直：《判批》，载《判評》第199号（《判時》第783号）（1975年），第148页；安井宏：《判批》，载《関学》第27卷第1号（1976年），第141页；森井，前注〔25〕，第764页；米仓明：《判批》，载《法協》第93卷第8号（1976年），第1295页；安藤次男：《判批》，载《法学》第40卷第4号（1977年），第114页；中野正俊：《判批》，载半田正夫等编：《現代判例民法学の課題——森泉章教授還暦記念論集》，法学书院1988年版，第450页；吉田真澄：《判批》，载星野英一等编：《民法判例百選Ⅰ（第4版）》，有斐阁1996年版，第208页；千叶惠美子：《判批》，载中田裕康等编：《民法判例百選Ⅰ（第6版）》，有斐阁2009年版，第202页的解说。

第五章　融资租赁等

第一节　真正租赁与担保租赁

一、引言

1. 如何在法律上处理租赁（lease）交易？是作为普通租赁（赁贷借）[译者注]处理，还是作为担保处理？这是现在日本讨论最多的问题之一。

在进行此种讨论之际，大部分论者都是首先就租赁交易的种类进行说明。即，租赁交易除了融资租赁（finance lease），还可以分为经营租赁（operating lease）、维修租赁（maintenance lease）等多个种类。但是，没有完全明确此种区分的标准，而且区分的意义似乎也不明。

试举一例。如上所述，多数文献在融资租赁之外，又单列了维修租赁（租赁业者负责租赁物的修缮、整备及其他保养、管理业务[1]）。但是，融资租赁（代替动产购置资金的贷款而出租有关动产的租赁[2]）中，也认为由租赁业者负责保养服务[3]。不应将融资租赁和维修租赁相互对立。

〔译者注〕即《民法》第三编第二章第七节"租赁（赁贷借）"。
〔1〕文献之间基本没有大的差别。此处依据庄政志：《リースの実務知識〔全訂版〕》，商事法务研究会1982年版，第14、17页。
〔2〕同上。
〔3〕松田安正：《リースの理論と実務》，商事法务研究会1984年版，第10页。

当然，认为应将租赁业者负责保养服务的租赁与融资租赁（因此，例如，融资租赁被定义为代替动产购置资金的贷款而出租有关动产的租赁，且租赁业者不负责租赁物的修缮、整备及其他保修、管理业务）相区别，并赋予其不同的法律处理方式——此种主张是完全成立的。但若如此主张，则应明确其法律处理方式，并且应说明为什么"租赁业者是否负责保养业务"会导致法律处理方式发生变化。反过来，若不如此主张，恐怕会对此种区分的有用性产生怀疑吧[4]。

[245] 而且，具体何种情形可以说是"代替动产购置资金的贷款而出租有关动产的租赁"，似乎也未必确立了明确的标准。

也有学说主张至少在承租人破产的情景中，要区别担保性租赁与真正租赁，前者按担保来处理，后者按普通租赁来对待[5]。在此类论者的区分上，两种类型没有重叠，并且此种区分也会导致法律处理方式的差异，在方向上来看是妥当的。但是，此种区分标准尚未确立。

此种状况下，有必要作出下列讨论。即，究竟是否要在法律处理方式上对租赁交易进行差异化区分（所有的租赁都作相同处理难道不妥吗）？如果作出此等区分，则什么样的区分会带来什么样的差异呢？这些区分的具体标准又是什么呢？

2. 在此，把目光转向美国法。美国法上，按照相关租赁是真正租赁（true lease）还是担保租赁（lease intended for security），法律处理会有所不同。简单来说，如果是担保租赁，则适用《统一商法典》（Uni-

---

[4] 并不是说维修租赁这一类型自身不能创立。只是，即使创立维修租赁这一类型，也要说清楚其应与非维修租赁相对立，且如在维修租赁中，租赁物有瑕疵时，承租人可拒绝支付租金，但在非维修租赁中，不能拒绝支付租金；还是说这只不过是为了说明上的便利而进行区分（很早之前，庄政志：《リース契約》，载北川善太郎编：《現代契約法入門》，有斐阁1974年版，第38页在说明租赁的各种形态时，就说到"在美国，这些主要是经营学者、会计学者所作的分类。很多情形下，法律上没有绝对的区分标准"）。不管怎样，应当明确区分的标准和意义。

[5] 米仓明：《非典型担保における倒産法上の問題点（4完）》，载《NBL》第176号（1978年），第34页。同旨，庄政志：《更生手続とリース取引》，载《金判》第554号（1978年），第72页。

form Commercial Code)第 9 编，租赁业者的租赁物上权利未经登记不得对抗第三人，但真正租赁不需要登记。关于这一区分标准，已积累 100 多件裁判例。 [246]

为什么会需要区分真正租赁与担保租赁呢？这一区分在法律处理上会有怎样的差异呢？区分的具体标准又是什么呢？参照如上所述的日本现状，在关心此等问题的基础上，对美国法进行探讨，应该是有益的。

3. 因此，本节在关心上述问题的基础上，对美国法进行探讨。当然，由于下列原因，需对探讨作限定。

首先，在美国法上，按照某种标准对租赁进行分类，不同的分类会导致不同的法律处理，这种做法并不仅仅发生在将真正租赁与担保租赁的区分作为能否适用《统一商法典》第 9 编的标准的情形。例如，即使在私法领域，在决定担保责任之所在（具体来说是出租人有责任与否）的情景中，有关租赁是真正租赁还是伪装买卖，也会出现问题。此外，产品责任的所在如何？再把目光转到公法上，在解决税法上问题时，也会出现问题[6]。但是，下面仅讨论《统一商法典》第 9 编适用可否的问题。虽然主要原因是我个人能力的不足，但我也觉得不同的情景中标准也会不同，所以需要单独考察才合适[7]。

其次，真的就只是对美国法进行介绍。虽然是明确美国法中的区分意义及其基准，但是不能简单地将区分带入日本的解释论上。因为日本当然没有《统一商法典》第 9 编等规定。另外，如果在其他情境中带入此种区分，则有必要基于美国法中租赁实态与日本实态间的差异，以及从美国法的区分意义出发，充分讨论在其他一定情景中是否也仍妥当。此种工作也不在本节进行。

上述限定下，本节不过是为了讨论导致法律处理差异的区分及其基 [247]

---

[6] 参见松田安正：《米国のファイナンス・リース判决の概观》，载《法时》第 58 卷第 10 号（1986 年），第 110 页及以下。

[7] 此外也是因为我个人对这一问题的关心。本节算是我个人对美国担保法研究的成果之一。

准的创设（当然，没有排除无须区分这一结论）所做的基础作业而已。

4. 下面采取此种结构来展开论述。首先，在"二"中讨论美国法中真正租赁与担保租赁的区分意义，具体来说是为何作出此等区分。其次，在"三"中，网罗性地讨论真正租赁与担保租赁间区分相关的美国法裁判例，并明确具体是以何种标准来区分。最后，在"四"中提示给日本的启示并作总结。

二、美国法中区分的意义

1. 为何会要区分真正租赁和担保租赁呢？虽然非常简单，但还是从历史上来探讨一下吧[8]。

话还得从动产让与抵押（chattel mortgage）说起。美国法上，在19世纪初叶之前，动产担保方法中被认可的只有将有关动产占有移转给债权人的质权（pledge）。占有留在债务人处而设定担保的方法，构成诈害让与（fraudulent conveyance），对于其他债权人或担保标的物取得人是无效的。但是，受产业革命影响，为调取资金，动产继续用于债务人的营业，同时进行担保化的需求产生了。因此，从1860年左右开始，各州都开始了规定动产让与抵押登记制度的立法，其目的是使动产让与抵押合法化，防止被批判说此种担保权是第三人不能知晓的隐藏的担保权[9]。而且，动产让与抵押相关的各州立法，除了登记方法，也都对实现程序等内容作了精细规定[10]。

[248] 与此相对，在动产买卖中，出卖人在买受人完全支付价款前保留所有权此种附条件买卖（conditional sale）被认为是有效的，而不像让与

---

[8] 三林宏：《アメリカにおけるリース取引法》，载加藤一郎、椿寿夫编：《リース取引法講座（上）》，金融财政事情研究会1987年版，第533页以下，也有对下列内容非常重要的解说。

[9] G. Gilmore, Security Interests in Personal Property, vol 1, §2. 1-2 1965）；R·ブラウカー、道田信一郎：《アメリカ商取引法と日本民商法Ⅱ担保権》，东京大学出版会1961年版，第347—350页；大和田实：《米国における動産担保法の形成（1）》，载《法協》第95卷第2号（1978年），第373—374页。

[10] 大和田，前注[9]，第375页。

抵押一样还要等到立法规定登记程序,并且也可以对抗买受人的其他债权人[11]。在此种情事下,动产买卖中,作为买卖价款的担保方法,自然是适用附条件买卖而非动产让与抵押[12]。因此,判例和立法[特别是1918年《附统一条件买卖法》(Uniform Conditional Sale Act)]使附条件买卖也服从于和动产让与抵押一样的登记程序和实现程序[13]。

如此一来,想要回避复杂登记程序和实现程序的债权人,就逃到了租赁上[14]。只要改变合同的文言,把"出卖人"变成"出租人",把"买受人"变为"承租人",把"买卖价款"变为"租金",就可以实现了[15]。因此,各州的判例和立法又将以担保为目的的租赁按附条件买卖来对待,并使其服从于登记程序和实现程序的规制。与此相对,非出于担保目的的租赁,即真正租赁,则是根据普通法的法理来对待,无须登记也可对抗第三人,出租人不需要经过法定的实现程序就可以取回出租物[16]。

《统一商法典》统一了此前的种种担保方法。有债权担保功能的交易全都作为"附担保交易"来对待。即,让与抵押也好,附条件买卖也好,均服从于相同的规制。如此一来,作为此种规制回避手段的以担保为目的的租赁,也应服从于相同的规制。

由此可见,用真正租赁和担保租赁这两种概念来区分租赁并使其法律处理相异的宗旨,最终等同于动产让与抵押登记的法律宗旨。因为采取各种手段想要逃离《动产让与抵押登记法》的规制,而在对这些手段进行规制的过程中,引入并产生了此种概念。

[249]

因此,若来思考《动产让与抵押登记法》的宗旨,其宗旨在于赋

---

[11] Glenn, *The Conditional Sale at Common Law and as a Statutory Security*, 25 Va. L. Rev. 559, 581 (1939).

[12] Magill, *The legal Advantages and Disadvantages of the Various Methods of Selling Goods on Credit*, 8 Cornell L. Rev. 210, 215 (1923).

[13] 大和田,前注[9],第379页。

[14] G. Gilmore, *supra* note 9, §3.4.

[15] *Id.* at §3.6.

[16] *Ibid.*

予隐藏担保权以公示，并使其作为担保权而服从于适当的实现程序。因此，对于开头"为何会要区分真正租赁和担保租赁呢"这一问题的回答是，对于租赁中被认为是隐藏担保权的租赁，为了使其公示并服从于适当的实现程序。当然，似乎也会有反驳认为，让非隐藏担保权的租赁也进行公示也没有关系，如此一来应该不需要区分。但是，对于接近租赁合同的真正租赁，也不能改变租赁相关的已确立的普通法立场，而且也无此种必要[17]。

2. 在现行法上，真正租赁和担保租赁的区分，会在法律处理上带来怎样的差异呢？

首先来看《统一商法典》第1-201条第37款。

"'担保权'指对动产或（不动产）附着物所享有的作为付款或履行义务之担保的权利。……租赁或寄售中所保留的所有权不属于'担保权'，但当事人确有设立担保之意图时除外；……租赁交易的当事人是否确有设立担保之意图，应根据当事案件的事实确定；但是（a）购买选择权本身并不证明存在设立担保之意图；（b）如果协议规定，在满足租赁条件之后，承租人不需另外支付对价或只需支付形式对价即成为或可以成为财产的所有权人，该项租赁中即存在设立担保之意图。"

从该条文可以看出，有设立担保之意图的租赁（本节中称其为"担保租赁"，称其余为"真正租赁"）在《统一商法典》中是作为"担保"来对待的。

[250] 那么，作为担保来对待，与非作为担保来对待的情形，会产生什么样的差别呢？主要有以下四点。①与扣押租赁标的物的债权人的关系；②与将租赁标的物用于担保的第三债权人的关系；③承租人破产的效力；④承租人债务不履行时出租人的权利。

① 担保租赁的情形，适用《统一商法典》第9-301条第1款b项和第3款。即，相关租赁交易中的出租人权利，其权利若不具备作为担

---

〔17〕 顺便一提，在南卡罗来纳州，真正租赁若没有登记（public recording or filing）也不能对抗第三人（S. C. Code. Ann. §27-23-80（1976））。

保权的对抗力，则劣后于扣押债权人的权利。要想具备对抗力，就得去登记所登记融资声明（financing statement）（第 9-301 条第 2 款）。与此相对，在真正租赁的情形，即使不进行此种登记，租赁业者也可排除扣押[18]。

② 担保租赁的情形，适用第 9-312 条第 5 款 a 项和第 9-301 条第 1 款 a 项。即，与①一样，未具备对抗要件的出租人权利，劣后于具备对抗要件的其他担保权人的权利[19]。与此相对，真正租赁的情形，本就不成立第三债权人的担保权（第 9-203 条第 1 款 c 号），出租人的权利优先于第三债权人而受到保护。

③ 根据 1978 年《破产改革法》第 544 条 a 款正文及第 3 项，对于不能对抗扣押债权人的权利，破产管理人可以否认。虽然适用该法第 11 章的重整程序时，原则上不设置破产管理人[20]，但是该法第 1107 条第 a 款规定了此种情形下继续占有财产的债务人享有与破产管理人相同的权利，所以债务人自身可以否定。如上所述，担保租赁的情形，如果没有按照《统一商法典》第 9 编进行登记，则劣后于扣押债权人的权利，所以即使在承租人破产的情形中，如果没有作出登记的话，其权利也会被否认。如果已经登记，则作为担保权人来对待。具体而言，首先由于申请破产程序，根据该法第 362 条第 a 款，停止权利实现。之后，如果清算程序开始，则可以实现担保权，但是如果开始重整程序，则要按照重整计划来受有债务的清偿。此外，担保权的对抗要件破

[251]

---

[18] J. J. White & R. S. Summers, Handbook of the Law under the Uniform Commercial Code 887 (2d ed. 1980).

[19] 一方面，《统一商法典》第 9-312 条第 5 款 a 项是决定具备对抗力的担保权人们优先顺位的条文；另一方面，第 9-301 条第 1 款 a 项规定了无对抗力的担保权劣后于依第 9-312 条享有优先权之人。直接决定未具备对抗力的担保权人与具备对抗力的担保权人的优先顺位的条文，在《统一商法典》中并不存在。但是，一般理解如下。"第 9-312 条及所列其他条文下被赋予优先顺位的担保权，就连对于一般具备对抗力的担保权，也都取得相关优先顺位。根据这一更强的理由，此种担保权对于不具备对抗力的担保权取得优先顺位，本条 1 款 a 项说明了此种意思"（§9-301 Comment 1. 翻译基本来自 R·ブラウカ一、道田信一郎，前注〔9〕，第 639 页。）

[20] 高木新二郎：《米国新倒产法概说》，商事法务研究会 1984 年版，第 82 页。

产程序申请前 90 天内具备时,也会有被否认之虞[21]。与此相对,真正租赁是按照租赁合同来对待的,所以根据该法第 365 条,依破产管理人的选择,可以选择取回标的物,或选择继续租赁,并且对于租金按共益债权处理而收取[22]。

④ 担保租赁服从于《统一商法典》第 9 编担保权实现程序的规则。在各种判决中出现的案件多数都是关于第 9－504 条、第 507 条的。即,承租人债务不履行时,出租人取回租赁物并出售。如果还有因此不能弥补的损害,可以请求损害赔偿。另外,承租人可以主张该等出售并非"商业合理的(commercially reasonable)",或者在出售前没有提前"通知债务人",所以违反第 9－504 条第 3 款,进而根据第 9－507 条,损害赔偿额受限制。在有些情形中也会碰到可否适用第 9－503 条自力救济相关条文的问题。与此相对,如果是真正租赁,原则上若符合合同,便是出租人的自由[23]。

对上面分析作总结,担保租赁如果没有登记,就没有实效(①、②、③)。此外,即使进行登记,与真正租赁相比,租赁业者的权利仍受到限制(③、④)。差异非常大。

[252]　　三、美国判例法的分析

1. 如"二"的末尾所述,由于某租赁合同是真正租赁还是担保租赁,承租人、出租人、第三人的权利关系会有很大不同。因此,对于有关租赁合同究竟属于哪种租赁产生争议的裁判例,即使在《统一商法典》相关的裁判例中,数量也是非常庞大的[24]。这些裁判例中,在决

---

[21] 同上注,第 94—104 页。
[22] 以上,参见伊藤真:《リース契約と倒産》,载《金法》第 1130 号(1986 年),第 89 页;伊藤真:《リース契約と倒産》,载:《私法》第 49 号(1987 年),第 28 页;伊藤真:《国際リース契約と国際倒産》,载加藤一郎、椿寿夫编:《リース取引法講座(上)》,金融财政事情研究会 1987 年版,第 258—263 页;三林,前注〔8〕,第 555—561 页。
[23] 此外还有,⑤承租人负有侵权行为责任吗?⑥第 9－307 条对第三取得人适用吗?等问题。
[24] J. J. White & R. S. Summers, supra note 18, at 878.

定是真正租赁还是担保租赁时，会考虑若干要素。此处的目的是想整理这些要素，并明确在哪些场合构成真正租赁，反过来，哪些场合又会构成担保租赁[25]。为此需要整理和分析其中大多数的裁判例。因此，参照既存的文献[26]，同时将有关裁判例中考虑的要素总结成一览表（参见边码276及以下）。

本节中作为分析对象的裁判例共计114件，均刊登在National Reporter System（West Publishing Co.）上。除此之外，在Uniform Commercial Code Reporting Service上也刊载了若干重要的裁判例，但此次先省略。裁判例是参考若干教科书，同时使用American Digest System收集的。收集和分析的裁判例仅限于争议焦点涉及是否适用《统一商法典》第9编以及相关租赁是真正租赁还是担保租赁的案子。对于那些虽然引用《统一商法典》第1-201条第37款并论述是担保租赁还是真正租赁，但实际上并不涉及可否适用《统一商法典》第9编问题的裁判例，暂且割爱。

2. 判例一览 [253]

［1］United Rental Equip. Co. v. Potts and Callahan Contracting Co., 231 Md. 552, 191 A. 2d 570 (1963).

［2］In re Wheatland Elec. Prod. Co., 237 F. Supp. 820 (W. D. Pa. 1964).

［3］In re Atlantic Times, Inc., 259 F. Supp. 820 (N. D. Ga. 1966).

［4］Sanders v. National Acceptance Co. of America, 383 F. 2d 606 (5th Cir. 1967).

［5］Sanders v. Commercial Credit Corp., 398 F. 2d 988 (5th Cir. 1968).

［6］Crest Inv. Trust, Inc. v. Atlantic Mobile Corp., 252 Md. 286, 250

---

[25] 日本文献，如三林，前注［8］，第544—548页。也已对判决的判断基准有过论述。本节不会对其作过多补充，但特色在于介绍和讨论大量的判决。

[26] 对于各判决中所考虑的要素，列出最详细列表的，恐怕是Leary, *The Procrustean Bed of Finance Leasing*, 56 N. Y. U. L. Rev. 1061, 1071–1072 (1981)。

A. 2d 246 (1969).

[7] Stanley v. Fabricators, Inc., 459 P. 2d 467 (Alaska 1969).

[8] *In re* Walter W. Wills, Inc., 313 F. Supp. 1274 (N. D. Ohio 1970).

[9] Nickell v. Lambrecht, 29 Mich. App. 191, 185 N. W. 2d 155 (1970).

[10] Gibreal Auto Sales, Inc. v. Missouri Valley Mach. Co., 186 Neb. 763, 186 N. W. 2d 719 (1971).

[11] Xerox Corp. v. Smith, 67 Misc. 2d752, 325 N. Y. S. 2d 682 (Civ. Ct. 1971).

[12] John Deere v. Wonderland Realty Corp., 38 Mich. App. 88, 195 N. W. 2d 871 (1972).

[13] Dynalectron Corp. v. Jack Richard Aircraft Co., 337 F. Supp. 659 (W. D. Okla. 1972).

[14] James Talcott, Inc. v. Franklin Nat'l Bank of Minneapolis, 194 N. W. 2d 775 (1972).

[15] Peco, Inc. v. Hartbauer Tool & Die Co., 500 P. 2d 708 (Or. 1972).

[16] Crowder v. Allied Inv. Co., 190 Neb. 487, 209 N. W. 2d 141 (1973).

[17] Thomas v. Greyson Co. (*In re* Delta Food Processing Corp.), 363 F. Supp. 382 (N. D. Miss. 1973).

[18] Percival Constr. Co. v. Miller & MillerAuctioneers, Inc., 387 F. Supp. 882 (W. D. Okla. 1973).

[19] Granite Equip. Leasing Corp. v. Acme Pump Co., 165 Conn. 364, 335 A. 2d 294 (1973).

[20] Diaz v. Godwin Bros. Leasing, 511 S. W. 2d. 680 (Ky. 1974).

[21] Brandes v. Pettibone Corp., 360 N. Y. S. 2d 814 (Sup. Ct. 1974).

[22] McGuire v. Associates Capital Servs. Corp., 133 Ga. App. 408, 210 S. E. 2d 862 (1974).

[23] Capital Typewriter Co. v. Davidson (*In re* Shell), 390 F. Supp. 273

(E. D. Ark. 1975).

[24] Leaseamerica Corp. v. Kleppe, 405 F. Supp. 39 (N. D. Iowa 1975).

[25] Percival Constr. Co. v. Miller & Miller Auctioneers, Inc., 532 F. 2d 166 (10th Cir. 1976).

[26] Rollins Communications, Inc. v. Georgia Inst. of Real Estate, 140 Ga. App. 448, 231 S. E. 2d 397 (1976).

[27] Triple C. Leasing, Inc. v. All-American Mobile Wash, 64Cal. App. 3d/244, 134 Cal. Rptr. 328 (1976).

[28] Computer Sciences Corp. v. Sci-Tek, Inc., 367 A. 2d 658 (Del. 1976).

[29] Whitworth v. Krueger, 98 Idaho 65, 558 P. 2d 1026 (1976).

[30] Borg-Warner Acceptance Corp. v. David, 32 N. C. App. 559, 232 S. E. 2d 867 (1977).

[31] Rebhun v. Executive Equip. Corp., 394 N. Y. S. 2d 792 (Sup. Ct. 1977).

[32] Pierce v. Leasing Int'l, Inc., 142 Ga. App. 371, 235 S. E. 2d 752 (1977).

[33] BVA Credit Corp. v. Mullins (*In re* Vintage Press, Inc.), 552 F. 2d 1145 (5th Cir. 1977).

[34] National Equip. Rental, Ltd. v. Priority Elecs. Corp., 435 F. Supp. 236 (E. D. N. Y. 1977).

[35] Citizens & S. Equip. Leasing, Inc. v. Atlanta Fed. Sav. & Loan Ass'n, 144 Ga. App. 800, 243 S. E. 2d 243 (1978).

[36] BillSwad Leasing Co. v. Stikes (*In re* Tilley), 571 F. 2d 1361 (5th Cir. 1978).

[37] FMA Fin. Corp. v. Pro-Printers, 590 P. 2d 803 (Utah 1979).

[38] Appleway Leasing, Inc. v. Wilken, 39 Or. App. 43, 591 P. 2d 382 (1979).

[255]　　［39］ Tackett v. Mid-Continent Refrigerator Co., 579 S. W. 2d 545 (Tex, Civ. App. 1979).

［40］ Yankee Leasing Co. v. Mountain Carpet, Inc. (In re Mountain Carpet, Inc.), 11 B. R. 729 (Bankr. D. Vt. 1979).

［41］ Eimco Corp. v. Sims, 100 Idaho 390, 598 P. 2d 538 (1979).

［42］ All-States Leasing Co. v. Ochs, 42 Or. App. 319, 600 P. 2d 899 (1979).

［43］ International Paper Credit Corp. v. Columbia Wax Prods. Co., 102 Misc. 2d 738, 424 N. Y. S. 2d 827 (Sup. Ct. 1980).

［44］ UC Leasing, Inc. v. Laughlin, 606 P. 2d 167 (Nev. 1980).

［45］ State Bank of Burleigh County Trust Co. v. All-American Sub. Inc., 289 N. W. 2d 772 (N. D. 1980).

［46］ Dairyland Equip. Leasing, Inc. v. Bohen (In re Spring Valley Meats, Inc.), 94 Wis. 2d 600, 288 N. W. 2d 852 (Sup. Ct. 1980).

［47］ Federal Sign & Signal Crop. v. Berry, 601 S. W. 2d 137 (Tex. Civ. App. 1980).

［48］ Courtright Cattle Co. v. Dolsen Co., 94 Wash. 2d 645, 619 P. 2d 344 (1980).

［49］ Leasing Serv. Corp. v. Eastern Equip. Co. (In re Eastern Equip. Co.), 11 B. R. 732 (Bankr. S. D. W. Va. 1981).

［50］ Arnold Mach. Co. v. Balls, 624 P. 2d 678 (Utah 1981).

［51］ Borg-Warner Acceptance Corp. v. Dugger (In re Teel), 9 B. R. 85 (Bankr. N. D. Tex. 1981).

［52］ Clune Equip. Leasing Corp. v. Spangler, 615 S. W. 2d 106 (Mo. Ct. App. 1981).

［53］ Eastern Leasing Corp. v. Pye (In re Pye), 13 B. R. 307 (Bankr. D. Me. 1981).

［54］ Litton Indus. Credit Corp. v. Dunn Bros. (In re Dunn Bros.), 16 B.

R. 42 (Bankr. W. D. Va. 1981).

[55] Gennet v. International Business Machs. , Inc. (*In re* Structural Specialities. Inc.), 18 B. R. 399 (Bankr. S. D. Fla. 1981).

[56] Towe Farms, Inc. v. Central Iowa Prod. Credit Ass'n, 528 F. Supp. [256] 500 (S. D. Iowa 1981).

[57] Aoki v. Shepherd Mach. Co. (*In re* J. A. Thompson & Son, Inc.), 665 F. 2d 941 (9th Cir. 1982).

[58] *In re* National Welding of Michigan, Inc. , 17 B. R. 624 (Bankr. W. D. Mich. 1982).

[59] *In re* Marhoefer Packing Co. , 674 F. 2d 1139 (7th Cir. 1982).

[60] Elliott v. C. A. R. I. T. V. & Appliance Rentals and Sales (*In re* Elliott), 18 B. R. 602 (Bankr. D. Neb. 1982).

[61] Fruehauf Corp. v. International Plastics, Inc. (*In re* International Plastics, Inc.), 18 B. R. 583 (Bankr. D. Kan. 1982).

[62] Coble Sys, Inc. v. Coors of the Cumberland, Inc. (*In re* Coors of the Cumberland, Inc.), 19 B. R. 313 (Bankr. M. D. Tenn. 1982).

[63] Las Vegas Auto Leasing, Inc. v. Davis, 643 P. 2d 1217 (Nev. 1982).

[64] IFG Leasing v. Captains Courageous, Inc. (*In re* Captains Courageous, Inc.), 21 B. R. 134 (Bankr. N. C. Cal. 1982).

[65] Adelman v. General Motors Acceptance Corp. (*In re* Tulsa Port Warehouse Co.), 690 F. 2d 809 (10th Cir. 1982).

[66] W. L. Scott, Inc. v. Madras Aerotech, Inc. , 103 Idaho 736, 653 P. 2d 791 (1982).

[67] Equilease Corp. v. Loague (*In re* Loague), 25 B. R. 940 (Bankr. N. D. Miss. 1982).

[68] *In re* Odell, 27 B. R. 520 (Bankr. D. Or. 1983).

[69] Equico Lessors, Inc. v. Wetsel, 576 F. Supp. 13 (W. D. Okla.

1983).

[70] Gulf Homes, Inc. v. Gonzales, 139 Ariz. 1, 676 P. 2d 635 (Ct. App. 1983).

[71] Equilease Corp. v. AAA Mach. Co. (*In re* AAA Mach. Co.), 30 B. R. 323 (Bankr. S. D. Fla. 1983).

[72] *In re* Shangri-la Nursing Center, Inc., 31 B. R. 367 (Bankr. E. D. N. Y. 1983).

[73] *In re* Tucker, 34 B. R. 257 (Bankr. W. D. Okla. 1983).

[74] Sight & Sound of Ohio, Inc. v. Wright, 36 B. R. 885 (S. D. Ohio 1983).

[75] *In re* Loop Hosp. Partnership, 35 B. R. 929 (Bankr. N. D. Ill. 1983).

[76] U. C. Leasing, Inc. v. Barnett Bank of West Florida, 443 So. 2d 384 (Fla. Dist. Ct. App. 1983).

[77] *In re* Witkowski, 37 B. R. 352 (Bankr. D. N. D. 1984).

[78] Ozark Prod. Credit Ass'n v. First Nat'l Bank of Carrollton (*In re* Clemmons), 37 B. R. 712 (Bankr. W. D. Mo. 1984).

[79] USI Capital and Leasing v. Medical Oxygen Serv., Inc. (*In re* Medical Oxygen Serv., Inc.), 36 B. R. 341 (Bankr. N. D. Ga. 1984).

[80] *In re* McNutt, 37 B. R. 95 (Bankr. D. Or. 1984).

[81] Sunset Enters., Inc. v. B & B Coal Co., 38 B. R. 712 (W. D. Va. 1984).

[82] Barick Furniture Crop. v. Monzack (*In re* Fritsche), 36 B. R. 844 (Bankr. D. R. I. 1984).

[83] *In re* Winckler, 38 B. R. 103 (Bankr. D. N. D. 1984).

[84] Homeway Rentals v. Martin (*In re* Martin), 64 B. R. 1 (Bankr. S. D. Ga. 1984).

[85] Michigan Carbonic Co. v. Anton's Lounge & Restaurant, Inc. (*In re*

Anton's Lounge & Restaurant), 40 B. R. 134 (Bankr. E. D. Mich. 1984).

［86］ Ford v. Rollins Protective Servs. Co. , 171 Ga. App. 882, 322 S. E. 2d 62 (1984).

［87］ *In re* Heinzeroth, 40 B. R. 518 (Bankr. E. D. Pa. 1984).

［88］ *In re* Catamount Dyers, Inc. , 43 B. R. 564 (Bankr. D. Vt. 1984).

［89］ *In re* Francis, 42 B. R. 763 (Bankr. E. D. Mo. 1984).

［90］ Jahn v. M. W. Kellogg Co. (*In re* Cleryvale Transp. , Inc.), 44 B. R. 1007 (Bankr. E. D. Tenn. 1984).

［91］ TaylorRental Corp. v. John Deere Co. (*In re* Noack), 44 B. R. 172 (Bankr. E. D. Wis. 1984).

［92］ Watkins v. Air Vermont, Inc. (*In re* Air Vermont, Inc.), 44 B. R. 440 (Bankr. D. Vt. 1984).

［93］ *In re* Mitchell, 44 B. R. 485 (Bankr. N. D. Ala. 1984).

［94］ Mann Inv. Co. v. Columbia Nitrogen Corp. , 173 Ga. App. 77, 325 S. E. 2d 612 (1984).

［95］ Mohawk Indus. , Inc. v. Connecticut Sewing Mach. & Supply Co. (*In re* Mohawk Indus. Inc.), 49 B. R. 376 (Bankr. D. Mass. 1985).

［96］ *In re* RAM Mfg. , Inc. , 45 B. R. 663 (Bankr. E. D. Pa. 1985).

［97］ Mejia v. Citizens & S. Bank, 175 Ga. App. 80, 332 S. E. 2d 170 (1985).

［98］ Litton Indus. Credit Corp. v. Lunceford, 175 Ga. App. 445, 333 S. E. 2d 373 (1985).

［99］ *In re* Cook, 52 B. R. 558 (Bankr. D. N. D. 1985).

［100］ *In re* Redifer, 53 B. R. 35 (Bankr. D. Or. 1985).

［101］ IFG Leasing Co. v. Schultz, 705 P. 2d 576 (Mont. 1985).

［102］ *In re* Mesa Refining Inc. , 52 B. R. 359 (Bankr. D. Colo. 1985).

［103］ BJL Leasing Corp. v. Whittington, Singer, Davis and Co. , 204 N. J. Super. 314, 498 A. 2d 1262 (1985).

〔104〕 *In re* Chisholm, 54 B. R. 52（Bankr. M. D. Fla. 1985）.

〔105〕 North American Rental v. First S. Leasing, Ltd. （*In re* North American Rental）, 54 B. R. 574（Bankr. D. N. H. 1985）.

〔106〕 *In re* Ram Mfg. , Inc. , 56 B. R. 769（E. D. Pa. 1985）.

〔107〕 Pacific Express, Inc. v. Teknekron Infoswitch Corp. （*In re* Pacific Express, Inc. ）, 780 F. 2d 1482（9th Cir. 1986）.

〔108〕 Woodson v. Tom Bell Leasing（*In re* Breece）, 58. B. R. 379（Bankr. N. D. Okla. 1986）.

〔109〕 *In re* Sprecher Bros Livestock & Grain, Ltd. , 58 B. R. 408（Bankr. D. S. D. 1986）.

〔110〕 Consumer Lease Network, Inc. v. Puckett（*In re* Puckett）, 60 B. R. 223（Bankr. M. D. Tenn. 1986）.

〔111〕 Tennant Co. v. Martin's Landscaping, Inc. , 40 Conn. Sup. 475, 515 A. 2d 665（1986）.

[259]   〔112〕 Carlson v. Tandy Computer Leasing, 803 F. 2d 391（8th Cir. 1986）.

〔113〕 Lendal Leasing, Ltd. v. Farmer's Wayside Stores, Inc. , 720 S. W. 2d 376（Mo. Ct. App. 1986）.

〔114〕 NYNEX Bisc. v. Beker Indus. Corp. （*In re* Beker Indus. Corp. ）, 69 B. R. 937（Bankr. S. D. N. Y. 1987）.

3. 裁判例的分析

（1）从上面裁判例的整理（参见边码276及以下）中可以得出如下结论（此外，对于A、B、C等要素的意义，参见边码276—277）。

虽然与真正租赁和担保租赁的判断标准没有直接关系，但在争议类型上，③（承租人破产时的效力）是最多的。在争议类型清楚的112件裁判例中，超过一半（61件）都是承租人破产的情形。一方面是因为在破产中，出租人利益与承租人及其他债权人利益的对立最为尖锐，另一方面也是因为1980年以后，作为National Reporter System的一部分，以Bankruptcy Reporter的公开刊载为代表，很多破产相关的裁判例都被公开了。实际上,上面 61 件中有 54 件都是刊登在 Bankruptcy Reporter 上。而且,租赁标的物各不相同。

在租赁期间上,最短的是［9］,15 周。没有处理过几小时或几天这种短期的情况。此种短期的情形中,租金只是买卖价格的一部分,当然被认为是真正租赁,几乎不会出现问题[27]。

若看结论,114 件裁判例中所作的 120 起认定中,认为是真正租赁的有 38 起,认为是担保租赁的有 82 起;分别占到全部的 31.7％ 和 68.3％。被认为是担保租赁的超过三分之二。即使区分时期来观察,也基本没有什么变化。

（2）接下来就裁判时考虑的要素进行分析。　　　　　　　［260］

（a）表（边码 278 及以下）中所列的各要素中,存在某一要素时,一定会作出某种判断的,是下列四种情形。即,戊的情形（［34］a、b、［58］a、［88］。均为担保租赁）;对于己,为 C 或（C）的情形（［12］、［32］、［38］、［44］、［45］、［58］b、［63］、［65］、［80］、［91］、［100］、［108］。均为担保租赁）;对于己,为 D 的情形（［2］、［50］。均为真正租赁）;以及对于己,为"义务"的情形（［53］、［54］b、［62］a、［79］。均为担保租赁）。

戊及 D 的案件数很少,并且其中很多都是其他要素在判断中也发挥了重要的作用。即,对于戊,［34］a、b 和［56］a 中有 A 种类的购买选择权,参照后述⑤的标准,其购买选择额显然均是名义上的。对于 D,［2］的购买选择额超过了买卖价格的 25％,参照⑤的标准,其是实质性的。［50］中,乙是〇这一点对判断带来了很大的影响。当然,［88］中,戊的要素似乎是决定性的,但这是租金递减的比例相比其他的显著之大（9 年的租赁期间中,在头两年几乎就回收了租金,之后 7 年的租金很少）。

因此,目前仅作如下理解应是妥当的。

①"租金随着期间经过而逐渐减少,有助于认定担保租赁。"

---

[27] Coogan, The ABS's of Leasing and the UCC, Uniform Commercial Code Service (Bender), vol. 1, 4.1.01.

与此相对，C、（C）以及"义务"要素的存在，在结果上可以统一理解为"租赁期间届满时合同上或事实上承租人有购买义务的情形"。如此一来，16起案件全都是"担保租赁"。所以，若最终承租人购买，则正是买卖。这是采用了租赁的形式保留所有权，并将其用作买卖价款的担保手段。判决的态度可以说是合理的。

因此，可作如下理解。

②"租赁期间届满时，承租人在合同上或事实上有购买义务的情形，为担保租赁。"

此外，在备注一栏中，判断认为"售后回租（Sale and Leaseback，承租人将自己所有的动产出售，同时以该买受人为出租人进行承租）"的6起（［37］、［43］、［48］、［51］、［102］、［103］）均被认定为是担保租赁。这是理所当然的。

因此，可作如下理解。

③"售后回租为担保租赁。"

（b）来特别关注购买选择权。

（i）对于C、（C）或者"义务"的情形，已作过分析。但是，对于剩下的A、B、×的情形，真正租赁和担保租赁的情况都有。具体而言，具有A要素的60起中，真正租赁的有14起，担保租赁的有46起；有B要素的16起中，真正租赁的有5起，担保租赁的有11起；有×要素的23起中，真正租赁的有17起，担保租赁的有6起。此外，有D要素的2起均为真正租赁，但如上所述，单单这一要素的存在并不会被认定为真正租赁［参见（a）］，这里再次提醒这一点。

（ii）来考虑A、B、D。

这些要素存在的情形中，重视购买选择额的多寡（实质性的，还是名义上的）（若是实质性，则为真正租赁；若是名义上，则为担保租赁）。若是名义上的，则当然由承租人购买，所以可理解为实际上存在买卖，在此基础上在买卖标的物上设定担保。因此，为担保租赁。反过来，若是实质性的，则承租人不一定购买，而将标的物返还给出租人，所以是真正租赁。

A、B、D共计78起。其中，购买选择额的多寡得到认定的有61起（此外，虽然［27］、［42］、［83］3起按d的基准来判断多寡是妥当的，但市场价格不明），几乎所有的裁判例中都作出了多寡的判断。此外，在多寡判断中，除了采用a、b、c、d的方法，也有未采用任何一种方法的，只是说了"名义上的"或"实质性的"的裁判例。

在A上，合同约定租赁期间届满时不需要追加支付任何的金钱而承租人成为标的物的所有权人，即购买选择额为0美元的情形，或者购买选择额不过1美元的情形，除1起外，全部都是担保租赁（0美元：［9］、［21］、［39］、［54］a、［60］、［95］。1美元：［14］、［52］、［70］、［72］、［94］、［96］、［103］、［106］）。此外，B的［8］和［13］也可按照此来思考。前者是租赁期间中随时支付剩余租金的全额而取得标的物所有权的合同，在期间届满时对价为0美元。后者是在租赁期间中，仅抵充预付款而取得标的物所有权的时点到来，其结果，无须产生新的支出。这些当然也被判断为担保租赁。此外，对价为1美元的情形，虽然也有判断是按a、c、d哪种方法，是否名义上的，但多数都是没有按照任何一种基准，而认定对价当然是名义上的，为担保租赁。

［262］

当然，仅有1起例外。［84］中，合同约定期间届满时承租人无须追加支付任何金钱而成为标的物所有权人。但该案中重视承租人享有的中途解约权，并认定为真正租赁。但在案情几乎相同的［60］中，却认定为担保租赁。从根本上而言，还是应当作为例外来理解。

因此，可作如下理解。

④"租赁期间届满时，通过再支付1美元，或者无须任何支出，承租人成为标的物所有权人的合同，为担保租赁。"

超出1美元的情形，按照前述a、b、c、d的某个或多个基准，判断购买选择额是名义上的还是实质性的。除了购买选择额为0美元或1美元的情形，a有22件判例采用，b有12件，c有2件，d有19件（采用多个基准时，分别算入）。关于B，虽然没有采用d基准的，但似乎是因为可随时行使购买选择权，所以不能一意地规定行使时的市场价格吧。

[263] 　若仔细来看采用 a 基准的裁判例，会发现如下情况：58%（真正［6］），53%（真正［61］、［92］a），50%以上（真正［11］），50%左右（真正［59］），25%以上（真正［2］），21%以上（真正［105］），20%（真正［31］），15%（真正［90］），10.6%（担保［25］），10%（担保［19］、［37］、［71］、［76］、［89］），10%以下（担保［35］），9.8%（担保［69］），2%以下（担保［58］a），0.07%（担保［7］）。此外，［55］和［73］中没有显示具体的百分比，只是参照 a 的基准而分别认定实质性的、真正租赁，和名义上的、担保租赁。由此可以得出，15%和10.6%的分界线是区分真正租赁和担保租赁的分歧点（暂取中间值，理解成13%）。此外，［37］是售后回租的事实，从前述③的基准中也可说明，但参照该基准也不矛盾。

　采用 b 基准的情况如下：24%（真正［10］），18%（真正［31］），11%（担保［18］），7.5%（担保［111］），6.9%（担保［69］），6.5%（担保［37］c），6%（担保［54］），5%以下（担保［33］），2%（担保［49］）。也有2件（［71］和［76］）没有明示百分比，而只是认定名义上的、担保租赁。由此可以得出，在 b 的基准上，18%和11%的分界线是区分真正租赁和担保租赁的分歧点（暂取中间值，理解为15%）。此外，［37］是售后回租的事实，从前述③的基准中也可以说明，但是参照该基准也不矛盾。

　采用 c 基准的数量很少，但这可以包含在 b 中来理解。总租金与购买选择额之和同购买选择额相比，在结果上与标的物价格成为问题的 a、d 相异，只有总租金会成为问题。若采用 c 基准，当然也可按照 b 基准来算定百分比｛若按 c 基准为α%，则按 b 基准为［α／(100-α)］%｝。因此，无须认为其是独立的类型。所以，若将采用 c 基准的三件判决的百分比，按上述公式换算成 b 的方式，分别为2.8%（担保［34］a）和4.2%（担保［16］、［34］b）。参照前面关于 b 的分歧点，并无矛盾。

　采用 d 基准的情况如下：100%（真正［87］、［90］、［93］a。担保［35］、［62］b），68%（担保［47］），10%（担保［15］），7.4%

（担保［48］），1%（担保［29］）。此外，有 6 件只是认定名义上的、担保租赁（［37］、［54］c、［58］a、［73］、［78］、［93］），有 1 件只是认定实质性的、真正租赁（［92］），有 3 件不明（真正［27］、担保［42］、真正［83］）。

限于明示了百分比的，100%以外的全部都是担保租赁。未满 100%意味着对于从市场价格中扣除购买选择额后的价格部分，产生了标的物相关的承租人权利。裁判例的态度可以说是合理的[28]。100%的 5 件中有 3 件是真正租赁。担保租赁的 2 件都是市场价格大幅减价。即，"市场价格自身已是名义上的了"（特别是［62］a）。因此，或许可理解为，在 d 上，100%以外的都是担保租赁，但即使是 100%，若已大幅减价时，则为担保租赁[29]。然而，［90］中采用了"由于期间届满时大幅减价，所以不一定行使购买选择权。因此，或许返还标的物，是真正租赁"这一逻辑。结果上，对于 100%的情形，裁判例的整理上只能说是态度不明。

因此，可作如下理解：

5 "有购买选择权，若其对价为租赁开始时标的物价格的 13%以下[30]，或总租金的 15%以下，或比选择购买时的市场价格低，则其合同为担保租赁[31]。以何种基准作出判断，尚不确定。"

(iii) 接下来讨论×的情形，即不存在购买选择权的情形。

如上所述，23 件中有 17 件都是真正租赁。由于最终需要向出租人返还，所以应不存在购买资金的融资与担保设定这一担保租赁。那么，担保租赁的 6 件如何呢？其中［43］和［51］是售后回租的案件，当然是担保租赁。此外，［99］认定虽然合同上约定返还，但实际

［28］ Cf. R. A. Hilman, J. B. McDonnell & S. H. Nickles, Common Law and Equity under the Uniform Commercial Code, ¶ 18.05［3］［a］, at 41–42（1985）.

［29］ B. Clark, The Law of Secured Transactions under the Uniform Commercial Code, ¶ 1.5［3］, at 26（1980），三林，前注［8］，第 545 页。

［30］ B. Clark, supra note 29, ¶ 1.5［3］, at 26 认为是 25%，R. D. Henson, Handbook on Secured Transaction under the Uniform Commercial Code 46（2d ed. 1979）认为是 20%。

［31］ J. J. White & R. S. Summers, supra note 18, at 881 认为对于百分比，判例的态度不一致。

上没有返还（标的物被固定在土地上）。另外，［109］是标的物毁损时可支付剩余租金而买受。本来这些案件分到×或许就有些问题。剩下的［77］和［78］则是因其他情事影响了判断，留待后述。

如此考虑，可作如下理解。

6 "租赁期间届满时承租人向出租人返还标的物的义务，在认定真正租赁上发挥着很强的作用。"[32]

(iv) 没有判断购买选择额是名义上的还是实质性的，包括3件虽作出判断但认为"不明"的。与A、B、D合计17件。其中，［102］是售后回租的案件，而［82］本就是在租赁合同中使用了"买卖""出卖人""买受人"的用语，当然都是担保租赁。仅看剩下的，真正租赁有5件（［27］、［41］、［50］、［81］、［83］），担保租赁有10件（［1］、［17］、［23］、［28］、［42］、［64］、［74］、［104］、［107］、［114］）。可以想见是综合考虑了其他情事。

(c) 因此，再来讨论购买选择权以外的其他各要素。

甲：○的5件中有4件都是担保租赁，×的5件中有3件都是真正租赁。因此，○的话，似乎更容易被认为是担保租赁。在标的物处于可使用状态时，若一直处在承租人处，则结果上和承租人所有该标的物是一样的，因此被认为是担保租赁。而且，确实在［107］中，将甲为○作为认定担保租赁的重要理由之一。但是，如［90］，也有将○理解为是承租人不会行使购买选择权的情事，并将其作为认定真正租赁的积极理由。如［54］，为×，将期间届满时标的物价值仍然很大理解为是承租人行使购买选择权的情事，并将其作为认定担保租赁的理由。如此一来，这一要素似乎并未受到重视[33]。

乙：○的6件中有4件都是担保租赁[34]，但反过来也有将这一要

---

[32] R. D. Henson, *supra* note 30, at 45-46断言，没有购买选择权即为真正租赁。

[33] 当然，B. Clark, *supra* not 29 ¶ 1.5 [4], at 28将其列为五项核心要素之一。

[34] 尽管如此，Harris & Mooney, Recent Cases Relating to Equipment Leases, *in* Equipment Leasing 1985, 337 (1985)将乙的不存在理解为担保租赁的必要条件。

素的存在作为判断真正租赁的积极理由的（［50］和［60］。特别是后者）。这一要素基本不怎么被重视。

丙：〇的33件中有30件都是担保租赁。真正租赁的3件中，均是不存在购买选择权的（［30］、［75］、［112］）。没有购买选择权这一点已经如前所述（⑥），是认定真正租赁的重要因素。似乎可以认为，时很容易会被认定为担保租赁，只有当存在"没有购买选择权"这一要素时存在例外。与此相对，×的2件均是真正租赁（［59］和［92］）。但在这两件中，有其他因素，特别是购买选择额多寡的判断，而且由于事例也很少，所以在推导出一般结论上要谨慎。

因此，可作如下理解。

⑦"总租金与买卖价款加利息的金额相均衡时，有助于认定担保租赁。"

丁：〇的20件中有15件都是担保租赁。但是，20件中有14件都是对购买选择权的存在与否以及其购买选择额是名义上的还是实质性的作出了判断，而这些是区分担保租赁和真正租赁的决定性要素。丁要素难言是发挥了多大作用。详细来看，虽有购买选择权，但没有就购买选择额的多寡作出判断的有4件（［17］、［107］、［114］。［109］也可参照此来理解）；虽认定购买选择额是实质性的，但仍认定为担保租赁的有1件（［110］）；根本没有就购买选择权的存在作出判断的有1件（［36］）。这些虽然多是认定了其他因素，但结论上都是担保租赁。在这些裁判例中，该要素发挥了作用。此外，对于预付款和保证金的金额，多数没有认定。而且，即使存在相当于24个月租金的巨额预付款和保证金，也被认定为是真正租赁（［3］和［5］），所以其金额基本不怎么被重视。

因此，可作如下总结：

⑧"预付款和保证金的存在，有助于认定担保租赁。"

戊、己：已经论述。

庚、辛：庚为〇的13件中，担保租赁占8件，真正租赁占5件。若同时考虑到在全部裁判例中担保租赁所占的比例［68.3%，参见（1）］，可以说并非特别决定性的要素。购买选择权的存在与否以及购买选择额的多寡果然还是决定性的。问题在于，不存在购买选择权的情形，或者没有就购买选择额的多寡作出认定的情形中，即使限于这两种情形来讨论该因素是否发挥作用，担保租赁为 3 件，真正租赁为 2 件，与整体来看也基本没有差别。也有判决将可以再租赁列为认定担保租赁的积极理由（［51］），但结果上可以说这一要素没有怎么被重视[35]。

壬、癸、子、丑、寅：将这些作为关乎承租人义务的要素来一起观察。一般而言，这些要素的存在是承租人负担本由所有权人负担的义务，所以构成判断担保租赁的理由[36]。但是，如［3］、［83］和［92］，虽然认定了存在其中 4 项因素，但仍认定为真正租赁。其中能典型地看出，在结果上，购买选择权的存在与否、购买选择额的多寡或者是否为售后回租等要素，不管在哪一判例中都发挥着决定性的重要作用。壬以下的要素基本不被重视。

问题在于，在虽然存在购买选择权，但没有认定购买选择额多寡的情形，或者虽然不存在购买选择权，但被认定为担保租赁的情形，壬以下的要素是否发挥着某种作用？为思考这一点，对于没有认定购买选择额的 16 件，分别调查其中真正租赁和担保租赁的案件中壬到寅的要素平均存在多少个，可以发现，都是平均 2.0 项，完全是同样比率。因此，不得不怀疑是否实际发挥了作用。此外，对于没有购买选择权的案件，虽然注意到［77］认定存在 4 项要素，并认定为担保租赁，但在这一裁判例中，似乎是"可用非常便宜的租金进行再租赁"这一点影响很大，所以这也并非决定性的。

结果上，很难说该要素受到特别重视。

卯：有○的 22 件中 17 件都是担保租赁。但即使在这些裁判例中，②～

---

[35] 当然，B. Clark, *supra not* 29 ¶ 1.5 [4], at 29 将其列为核心要素之一。

[36] Mooney, *Personal Property Leasing: A Challenge*, 36 Bus. Law. 1605, 1612 n. 13 (1981).

⑤的基准仍然是决定性的。若仅来看虽有购买选择权但没有认定购买选择额的案件和没有购买选择权的案件，共计8件中被认定为担保租赁的有5件（［42］、［77］、［99］、［104］、［109］），真正租赁的有3件（［3］、［27］、［75］），基本没差。结果而言，实际上基本没有作用。

辰：○的35件中26件都是担保租赁，但如果仅限于没有认定购买选择额的案件，则4件中有2件是担保租赁（真正［20］、［27］。担保［28］、［114］）。并非决定性要素。只是，值得注意是，有2件虽然不存在购买选择权，但认定担保租赁（［77］和［88］）［除了售后回租以及实际上似乎不会返还的。参见"（b）（iii）"］，这两件中都是认定了存在这一要素。确实，即使在没有购买选择权且存在这一要素的情形下，也有4件判例认定为真正租赁（［4］、［20］、［57］、［112］）。但应当重视的是，构成⑥基准的例外的2件，都是具备这一要素的。

因此，可作如下理解。

⑨ "承租人债务不履行时，承租人需要即时一次性支付剩余租金的，有助于认定担保租赁。"[37]

巳：对于这一要素，想从考察对象外除去。因为本来也会认为由于是担保租赁，所以进行了登记，而且，即使存在○且认定为担保租赁，○的存在是否有原因，也极为可疑。

午、未：午中○的22件中的18件，未中○的12件中的11件，都是担保租赁。这些因素的存在确实有助于认定担保租赁。而且，在没有对购买选择额的多寡进行认定却认定了担保租赁的11件中，有4件（［17］、［42］、［64］、［114］）；虽然不存在购买选择权但却认定了担保租赁的2件中，有1件（［77］），都认定了午的要素。如此看来，可以说特别是午的要素有助于认定担保租赁。

⑩ "承租人选择标的物，出租人按其指示购买并出租，有助于认定担保租赁。"

---

[37] B. Clark, *supra* note 29, ¶ 1.5 [4], at 28 也将其列为核心要素之一。

申：○的 14 件中有 13 件都是担保租赁；×的 7 件中有 5 件都是真正租赁。确实，如果是○，则很容易认定为担保租赁。此外，仅来看用②~⑤的基准无法说明的 7 件。○的 3 件（［77］、［98］、［99］）全都是担保租赁。当然，×的情形也是 4 件中的 3 件（［23］、［42］、［88］）都是担保租赁，但是［83］（对于该要素是×）中，虽然有 A 种类的购买选择权，但被认定为真正租赁，应当值得重视。

因此，可作如下理解。

[270]　　⑪"出租人或出租人地位的受让人为金融业者，且不持有交易设施的，有助于认定担保租赁。"

酉：○的 11 件中有 7 件都是担保租赁。从全体裁判例中担保租赁所占的比例来看，谈不上是很高的比例，而且在没有购买选择权的案件中，认定存在该要素的 2 件（［66］、［101］）都是真正租赁，所以实际上几乎没有什么作用。

戌：○的 15 件中有 13 件都是担保租赁，似乎是有助于认定担保租赁的要素。但是，用②~⑤的基准无法说明的案件只有 1 件（［21］）。这 1 件因为没有购买选择权而被认定为真正租赁（参见⑥），所以实际上几乎没有什么作用。

4. 小结

（1）来整理一下从上述考察中所得的见解。

首先是几乎没有例外的法则。

②"租赁期间届满时，承租人在合同上或事实上有购买义务的情形，为担保租赁。"

③"售后回租为担保租赁。"

④"租赁期间届满时，通过再支付 1 美元，或者无须任何支出，承租人成为标的物所有权人的合同，为担保租赁。"

⑤"有购买选择权，若其对价为租赁开始时标的物价格的 13% 以下，或总租金的 15% 以下，或比选择购买时的市场价格低，则其合同为担保租赁。以何种基准作出判断，尚不确定。"

其次是，重要因素。

⑥ "租赁期间届满时承租人向出租人返还标的物的义务，在认定真正租赁上发挥着很强的作用。"

再次，

① "租金随着期间经过而逐渐减少，有助于认定担保租赁。"

⑦ "总租金与买卖价款加利息的金额相均衡时，有助于认定担保租赁。"　　［271］

⑧ "预付款和保证金的存在，有助于认定担保租赁。"

⑨ "承租人债务不履行时，承租人需要即时一次性支付剩余租金的，有助于认定担保租赁。"

⑩ "承租人选择标的物，出租人按其指示购买并出租，有助于认定担保租赁。"

⑪ "出租人或出租人地位的受让人为金融业者，且不持有交易设施的，有助于认定担保租赁。"

（2）这里应当值得注意的是，120件判断中有82件，仅用②、③、④、⑤的基准即可说明。若再加上⑥基准（但⑥仅适用于用②~⑤无法说明的情形），则可以说明99件。

确实，裁判例中，在一般论上，多数都会认为"即使购买选择权的存在与否以及购买选择额的多寡非常清楚，也应当考虑全部要素而判断是真正租赁还是担保租赁"[38]。不过，尽管存在此种一般论，但几乎在所有的裁判例中，只有极少数的事实才有决定性意义[39]。

即使在学说上，一般也都理解为，乙以外（己也除外）的要素的存在，有助于认定有关租赁合同为担保租赁[40]。但是，若来考察用②~⑤以及⑥的基准无法说明的裁判例（正是在这种情况下，才是试炼

---

[38] R. A. Hillman, J. B. McDonnell & S. H. Nickles, *supra* note 28, ¶ 18.05［3］[a], n. 217.

[39] 展示同样理解的，Mooney, *supra* note 36, at 1611, R. A. Hillman, J. B. McDonnell & S. H. Nickles, *supra* note 28, ¶ 18.05［3］[a], n. 43.

[40] Leary, *supra* note 26, at 1071.

剩余要素是否能实际发挥作用之时），则根据上面已进行的详细探讨，可以得知各要素基本没有发挥太大作用。若硬要说，仅有①、⑦、⑧、⑨、⑩、⑪的基准发挥作用。

[272] 虽然存在上述一般论，但美国各州的裁判例并没有考虑太多要素——这是从分析中所得知的。

四、对日本的启示

1. 将租赁合同分为真正租赁和担保租赁，对于后者，与担保权同等对待，这一美国法的态度应是妥当的。在租赁中，如果存在应按普通租赁处理的和应按担保处理的情形，则分别给予合适的待遇，这一点没有异议。与此处于相同方向上的见解在日本已有所存在，这在"一"中已有所介绍。而且我自己也是这么认为[41]。具体而言，在承租人破产时的处理、清算义务等方面，按担保来对待。

那么，如何进行此种区分呢？从结果上而言，美国的裁判例在区分真正租赁和担保租赁上，认为购买选择权的存在与否和购买选择额的多寡等极少数要素具有几乎决定性意义。若引进此等裁判例，在日本也仅考虑这些极少数要素，则会导致几乎全部的租赁合同都被作为真正租赁来处理。理由在于，附有购买选择权的租赁合同，在税务处理上会被认定为买卖。而租赁的很大利处是使得法人税的课税对象减少，如此一来会导致这一利处丧失，所以在日本可以说几乎不具有可行性[42]。

这说明日本的租赁几乎全部都应作为普通租赁来处理。在此仅说明结论，但我认为在日本目前也存在作为担保租赁而应按担保来处理的租赁合同。所以，在判断是否为担保租赁方面，应引进美国各州裁判例的一般论，并去考虑多数要素。

但是，美国各州的裁判例虽采用"考虑多数要素并在每一案件中

---

[41] 道垣内弘人：《買主の倒産における動産売主の保護》，有斐阁1997年版，第309页。

[42] 同上注，第28页。

判断真正租赁和担保租赁"这一一般论,但结果却认为极少数要素是具有决定性的。这一事实也表明了考虑多数要素的做法自身存在困难。而且,若考虑多数要素,则难免会导致某一租赁是真正租赁还是担保租赁的预测可能性降低,导致相关当事人的权利关系不安定[43]。而且,列出应考虑的要素也是一个问题。应当留意的是,有批判认为无论是保证人的存在也好,出租人事业性质也好,并不是交易本身的性质,而是在决定交易性质时所考虑的,这将使得问题的所在暧昧化[44]。如何回答这些问题,希望今后能够继续摸索。

2. 在用语这一点上,暂且提案如下。

首先,如果前提是将租赁合同分为真正租赁和担保租赁,仅应将此处所说的担保租赁称为融资租赁(finance lease)。而真正租赁,没有必要硬要附上经营租赁(operating lease)这一名称,单称"租赁(赁贷借)"即可。连租赁(赁贷借)这样的合同,最近都被起了 Rental 或经营租赁(operating lease)的名称,导致议论产生混乱。在美国,所谓真正租赁就是真正意义上的 lease,即,不过是日语中所说的租赁(赁贷借)而已。

其次,在决定真正租赁还是担保租赁,即根据上面所说,融资租赁还是租赁(赁贷借)方面,若以考虑多数要素为前提,则维修租赁(maintenance lease)、完全支付租赁(full payout lease)、售后回租(sale and lease-back)、比例租赁(percentage lease)等用语应理解为是"着眼于在其决定中应考虑的某项要素的存在"的用语,而没有更多的意义。当然,在决定是融资租赁还是租赁(赁贷借)以外的情景中,不能轻易断言这些用语真的没有任何意义。但至少应确认与融资租赁这一用语的关系。

3. 本节本来就是想要整理和分析在美国被评价为"绝望地富有矛盾且混乱"[45]的美国裁判例。此乃颇为无谋的尝试。而且,分析方法

---

[43] Mooney, *supra* note 36, at 1613.
[44] *Id.* at 1612 n. 35.
[45] *Id.* at 1610.

也存在很多问题。此外,上述私见也不过是暧昧的见解,并且对租赁合同的实态缺乏深入探讨,不过是一次尝试性的见解。但希望能为今后租赁的法律规制研究提供一点资料。

[275]

[276]　　[表注]

判例编号:参见"三、1"。在有关判例中,对种类顺序相异的多个租赁合同作出判断时,按复数判例来对待,如［34］a、［35］b。但是,虽然多个租赁合同出现问题,但其合同内容基本相同并一同作出判断时,按一个判例来对待。

争议类型:①=第三人扣押租赁标的物;②=与其他担保权间的优劣;③=承租人破产［另外,［15］是"为债权人利益的财产转让(assignment for the benefit of creditors)",［41］是遗产管理,［46］是强制管理(receivership),但都包含在 3 里面］;④=承租人债务不履行时出租人的权利行使;⑤=第三人因标的物而遭受损害时的侵权行为责任;⑥=标的物的即时取得,各自出现问题的情形。各种情形中争议的实态(真正租赁和担保租赁会发生什么样的不同)参见"二"及注［23］。

租赁标的物:存在多个种类的标的物时,仅举其中一类。

租赁期间:发生争议时已开始再租赁,或在中途达成期间延长的合意等情形,在相同意义上进行定义很困难。但原则上显示合同最初的期间。

甲:租赁期间比标的物的耐用年数更长,或者等于耐用年数(〇),比耐用年数短(×)。

乙:租赁期间,承租人可以无须支付损害赔偿金而中途解约(〇),可中途解约但需要支付损害赔偿金(△);特别认定中途解约权被否定一事(×)。

丙:总租金为买卖价款加上应然利息之金额(〇),总租金比买卖价款少(×)。

丁:有保证金或预付金(〇)。

戊:租金随期间经过而减少(〇)。

己：承租人的标的物购买选择权存在与否｛A：租赁期间届满时存在；B：租赁期间随时存在一定比例的既付租金抵充价款；C：约定租赁期间届满时，以预定剩余价值为基准，如果可以更高价处分，则承租人取得其剩余，反过来如果只能以更低价处分，则承租人支付不足的价额，其结果，可以以预定剩余价值购买〔（C）是指，虽然存在同样情事，但判决没有说"与有购买选择权相同"〕；D：仅在租赁期间途中的一定期间存在；义务：承租人有标的物购买义务；×：不存在｝。

a、b、c、d：对于己中存在购买选择权的情况，其选择权行使时应向出租人支付的对价（以下称"购买选择额"）只是名义上的还是实质性的，是通过何种标准来判断的？a：租赁开始当时买卖价格的百分之几；b：总租金的百分之几；c：总租金与购买选择额的百分之几；d：选择权行使时标的物市场价格的百分之几。在作为基准而使用的列中，记录其百分比。有的情形会使用多个基准。

此外，虽然作为基准而使用，但没有具体认定百分比，只是作出名义上的还是实质性的判断时，在作为基准而使用的列中分别记录"名" [277] "实"。没有依据任一基准来作出判断时，不指定列，而分别记录"名义""实质"。

金额不超过1美元的情形，虽然依据上述某一基准，但没有认定百分之几，或者没有依据上述任一基准时，当然记录"名义上"。此种情形，在使用的列中，或者不指定列，而仅记录"1美元"。

金额为0的情形（即期间届满时承租人当然成为所有权人），也不指定列，而记录"0美元"。

此外，对于虽认定d基准正当，但认为不能认定百分之几的裁判例，在d列中记录"不明"。

庚：期间届满后，承租人有要求再租赁的权利（○），可以认可再租赁（△）。

辛：庚中○或△的情形，再租赁时，租金减少（○），还是原样（×）。

壬：租赁期间中标的物的风险负担在承租人（〇）。

癸：标的物相关的保险加入义务在承租人（〇）。

子：标的物的修理、维护义务在承租人（〇）。

丑：标的物相关的苛捐杂税支付义务在承租人（〇）。

寅：对于标的物可能发生的所有对第三人的责任，承租人负有免除出租人责任的义务（〇）。

卯：存在特约排除标的物相关的出租人担保责任（warranty）（〇），没有排除（×）。

辰：承租人债务不履行时，承租人有义务即时一次性支付期间届满时以前的全部租金（〇），虽然出租人取回标的物，但承租人仍负有支付租金的义务（△）。

巳：存在按照《统一商法典》第9编的登记（〇），姑且作了登记但是形式不适当，没有效力（△），没有登记（×）。

午：承租人选择标的物，出租人按照指示购买并出租（〇）。

未：标的物直接由出卖人交给承租人（〇）。

申：出租人或受让出租人地位之人为金融业者或没有交易设施者（〇）。

酉：就承租人的义务，存在保证人（〇）。

戌：存在出租人地位的让与（〇）。

备注：存在表中所列分析要素难以收录的特别情事时，注记其内容。

结论：结论上表示是真正租赁，还是担保租赁（前者为"真"，后者为"担"），出租人胜诉还是败诉，还是原判决被撤销并发回重审（分别表示为〇、×、△）。胜诉、败诉、撤销并发回重审的区别实际上很难。在此，例如判决认为"因为是真正租赁，所以要按照这一性质来判决"同时"撤销并发回重审"，则按照出租人胜诉处理等，即在实质的标准下进行分类。

判例编号	争议类型	标的物	租赁期间	甲	乙	丙	丁	戊	己	a	b	c	d	庚
[1]	①	空气压缩机	1个月						B					○
[2]	③	机械	3年						D	25%以上				△
[3]	③	活字铸造机	10年	×			○	×						
[4]	③	不明	不明					×						△
[5]	③	印刷机	10年				○							○
[6]	②	拖车	1年						B	58%				△
[7]	①	练粉机	5年		○				B	0.07%				
[8]	③	不明	5年						B	0美元				
[9]	②	拖拉机	15周						A	0美元				
[10]	②	拖拉机	3年						A		24%			
[11]	①	复印机	18个月						A	50%以上				
[12]	①	推土机	3年						C	0美元				○
[13]	④	飞机	30个月				○		B		名义			
[14]	②	卡车	不明						A			1美元		
[15]	③	电动切割机	3年						A			10%		
[16]	②	卡车	3年				○		A			4%		
[17]	③	食品包装机	5年			○	○		B					
[18]	②	设备	3年						B			11%		
[19]	④	计算机	5年						A	10%				
[20]	④	饭店设备	不明					×						
[21]	⑤	起重机	34个月						A			0美元		
[22]	④	通信设备	5年					×						
[23]	③	打字机	22个月				○		A					
[24]	④	美容院设备	3年					×						○
[25]	④	设备	3年	×					B	10.6%				
[26]	④	不明	不明						A		实质			
[27]	④	洗车用机动车	5年						A		不明			○
[28]	①	计算机	不明						A					
[29]	不明	奶牛	5年						A			1%		
[30]	⑥	高楼设备	5年				○	×						
[31]	不明	机动车	3年						A	20%	18%			○
[32]	④	机动车	2年						C					
[33]	②	印刷机	不明						A		5%以下			
[34]a	④	计算机	7年					○	A		2.7%			
[34]b	④	计算机	7年					○	A		4%			
[35]	②	汽车旅馆设备	5年				○		A	10%以下		100%		
[36]	③	机动车	3年		△	○	○							
[37]	④	印刷机	5年	×					A	10%	6%		名	
[38]	⑥	拖拉机	5年						C			2%		
[39]	④	冰箱	不明			○			A			0美元		
[40]	③	家具	2年					×						
[41]	③	矿石搬运机	3个月						B					△

辛	壬	癸	子	丑	寅	卯	辰	巳	午	未	申	酉	戌	备注	结论
				O				×							担×
					O			×							真O
	O	O	O		O	O		×	O						真O
×								×							真O
O							Δ								真O
				O				×							真O
								×						因占有而取得对抗力	担O
									O			O			担O
		O	O	O											担×
			O											出租人在期间内可随时以同种物交换标的物	真O
								×							真O
O	O		O		O			×	O				O		担×
														在第27个月仅没收预付款而享有所有权	担×
							O								担Δ
							×								担×
															担Δ
								×	O						担×
		O			O										担O
															担×
		O			O										真O
												O			担O
					O										真O
	O							×		×				同种的承租人八成以上最终都购买了	担×
O															真O
		O			O										担×
			O				O			O					真O
O						O	O								真O
		O					O	O				O			担Δ
								×							担×
		O													真O
×															真O
								O							担×
								O							担O
							O	O							担×
							O	×							担×
	O		O	O	O		×	O	O	O			O		担×
	O		O	O		O		×							担×
									O	O			O	售后回租	担×
				O		O									担×
	O	O	O			O	O								担×
		O						×							真O
×															真O

判例编号	争议类型	标的物	租赁期间	甲	乙	丙	丁	戊	己	a	b	c	d	庚
[42]	④	计算机	7年						A		不明			
[43]	④	蜡烛制造机	5年			○			×					
[44]	④	飞机	5年			○			C	10%				
[45]	④	食堂设备	不明			○			(C)					○
[46]	③	精肉机	不明						×					
[47]	②	广告牌	5年						A			68%		
[48]	⑥	废物处理设施	5年						A			7.4%		
[49]	③	起重机	54个月			○			A	2%				
[50]	④	挖掘机	6个月	○					D					△
[51]	③	风琴	3年			○			×					○
[52]	④	办公家具	不明						A	1美元				
[53]	③	店铺设备	7年					○	义务					
[54]a	③	不明	不明						A	0美元				
[54]b	③	不明	不明						义务					
[54]c	③	不明	82个月	×					A	6.5%		名		
[55]	③	营业设备	不明						B	实				
[56]	②	奶牛	5年						×					△
[57]	③	推土机	1年						B	名义				○
[58]a	③	卡车	5年				○		A	2%以下		名		
[58]b	③	卡车	备注						(C)					
[59]	③	腊肠机	4年	×		×	○		A	50%左右				○
[60]	③	音箱	74周		○	○			A	0美元				
[61]	③	拖车	6年	×					A	53%				
[62]a	③	卡车	1年						义务					△
[62]b	③	冷冻车	10年			○			A			100%		
[63]	④	机动车	不明						C					
[64]	③	船	10年						A					
[65]	③	机动车	2年			○			(C)					
[66]	④	计算机	不明						×					
[67]	③	卡车	4年						×					
[68]	③	机动车	不明						×					
[69]	④	计算机	5年	×	○				A	9.8%	6.9%			
[70]	③	移动住宅	10年				○		A	1美元				
[71]	③	不明	不明						A	10%	名			
[72]	③	机械设备	不明		×				A	1美元				
[73]	③	转盘	不明			○	○		B	名			名	
[74]	③	冰箱	72周	○	○				A					
[75]	③	医院设备	5年			○			×					
[76]	②	设备	不明			○	○		A	10%	名			
[77]	③	养猪设施	5年			○			×					○

辛	壬	癸	子	丑	寅	卯	辰	巳	午	未	申	酉	戌	备注	结论
	O		O		O	O			O	O	×				担×
	O	O							O	O		O		售后回租	担×
		O		O	O										担×
O						O	×	O		O					担O
			O												真O
								×							担×
	O						×	O	O					售后回租	担×
		O	O	O	O	O	O	O		O		O		合同中记载"担保"的内容	担O
			O	O											真O
O	O	O	O	O				×	O	O				售后回租	担×
									O	O					担×
			O	O	O										担×
			O	O	O			△							担×
			O	O				△							担×
			O	O				△							担×
															真O
															真O
								O		×					担×
															担×
														无期间之约定,于终止时点处分	担×
O			O	O		×		O			×				真O
	O													当事人间以前也有同样的交易,承租人成为所有权人	担×
			O					O	×						真O
×														每年可更新,但终止时购买义务	担×
		O	O	O											担×
		O	O		O	O	O							市场价格已经是名义上的	担×
		O	O		O			×	O						担×
		O	O		O			×				O			担×
			O					O	O		O				真×
															真O
	O	O	O												担O
	O	O	O		O	O				O	O				担×
	O	O	O					△							担×
									O		O				担×
	O	O	O	O											担O
	O	O													担×
		O					O		O	O					真O
	O		O	O				备注			O			认定出租人的权利类似于担保权人的权利	担×
O	O		O	O	O				O						担×

判例编号	争议类型	标的物	租赁期间	甲	乙	丙	丁	戊	己	a	b	c	d	庚
[78]	③	奶牛	4年						A				名	
[79]	③	制氧机	3年						义务	约10%				
[80]	③	机动车	不明						(C)					
[81]	③	采煤设备	3年				○		B					
[82]	③	家具	不明		○				A					
[83]	③	卡车	3年						A		不明			
[84]	③	冰箱	78周	○					A		0美元			
[85]	③	饮料自动销售机	3年						A	4%				○
[86]	④	警报设备	3年						×					△
[87]	③	卡车	不明				○		A				100%	
[88]	③	机械	9年		○		○		×					
[89]	③	引擎	10年			○			A	10%				
[90]	③	冰箱	8年	○	×		○		B	15%			100%	
[91]	③	叉车	5年		○				(C)					
[92]	③	飞机	31个月		×				A	53%			实	
[93]a	③	奶罐	5年						A				100%	
[93]b	③	奶牛	5年						A				名	
[94]	②	灌溉设备	不明						A				1美元	
[95]	③	缝纫机	5月						A		0美元			
[96]	③	计算机	5年						A				1美元	
[97]	④	机动车	4年						A		实质			
[98]	②	木材加工机	6年		○									
[99]	③	灌溉设备	7年	○					×					
[100]	③	照相设备	不明						C					
[101]	④	冷冻车	5年						×					
[102]	③	精油设备	10年		○									
[103]	④	机动车	4年			○	○		A		1美元			
[104]	④	推土机	3年			○			B					
[105]	③	机械	不明						A	21%以上				
[106]	③	计算机	5年						A				1美元	
[107]	③	通信设备	5年	○		○	○		A					
[108]	③	机动车	2年						(C)					
[109]	③	养猪设施	7年			○			×					
[110]	③	家具	18个月	○	△	○	○		B		实质			
[111]	④	吸尘器	3年						A	7.5%				○
[112]	③	计算机	40个月			○			×					
[113]	④	复印机	不明	○										
[114]	③	电话设备	4年	○		○	○		A					

辛	壬	癸	子	丑	寅	卯	辰	巳	午	未	申	酉	戌	备注	结论
	○		○				○			○		○			担○
								△							担×
															担×
		○	○	○		×								若未采煤则无租金支付义务	真○
									×					合同中有"买卖""出卖人""买受人"用语	担×
		○	○	○	○						×				真○
															真○
×	○	○	○			○	○								担×
			○												真○
	○														真○
		○		○		×	○	×		×					担×
○	○	○	○	○	○	○						○			真○
○	○	○				×	○	×							真○
	○	○		○		○		×				○			担×
○	○	○			○	×		×							真○
	○		○								○				担×
	○		○								○				担×
								△	○						担×
								×							担×
								△							担×
		○	○					×				○			真○
○	○	○		○					○	○					担×
○	○	○	○	○	○	○	○	○	○	○				标的物固定在土地上，取回不现实	担×
												○			真○
	○	○	○			○			○	○		○		售后回租	担×
								○	○		○			售后回租	担×
	○	○		○		○					○				担×
	○							○			○				真○
							△								担×
	○	○			○		备注							认定出租人的权利类似于担保权人的权利	担×
○	○	○		○				×							担×
		○				○	○	○						标的物毁损之际支付剩余租金全额。承租人有所有权	担×
		○	○	○	○	备注		○		○		○		认定出租人的权利类似于担保权人的权利	担×
		○		○											担×
	○		○				○								真○
									○			○			担○
	○	○	○	○		○		○							担×

[原载于《筑波法政》第 11 号（1988 年），第 118 页及以下]

第二节　融资租赁合同中的清算义务——最高法院昭和 57 年 10 月 19 日第三小法庭判决（民集 36 卷 10 号 2130 页）

一、事实概要

机械设备等租赁业者 X（原告、被控诉人、上告人）在 1973 年 5 月 9 日和 Y（被告、控诉人、被上告人）缔结了计算机租赁合同。主要内容如下：(a) 租赁期间为 5 年。(b) 租金为每月 115,210 日元，在每月 10 日之前由 Y 汇款到 X 的指定银行账户。(c) 只要 Y 有一次迟延支付租金，X 就可请求 Y 即时支付剩余租金的全额。(d) Y 迟延支付租金时，按照日息四分的比例发生迟延损害赔偿金。(e) 本案物品灭失或修理不能时，Y 应当向 X 支付本年度规定损失金额——具体而言，第一年为 511.4 万日元，第二年为 453.5 万日元，第三年为 354.9 万日元，第四年为 247 万日元，第五年为 129.1 万日元，并且本案租赁合同因该支付而终止。

因此，X 从诉外人 A 处购入计算机，并在 1973 年 11 月 20 日向 Y 交付该计算机。从此时起，合同条款 (a) 中所说的租赁期间开始。Y 从 1973 年 11 月到 1976 年 4 月支付了租金。

然而，到了 1976 年 4 月，Y 通知 X：1976 年 5 月 10 日以后不再支付租金，并且也不负有本案物品的保管义务。于是，实际上在同年 5 月 10 日以后，Y 就怠于支付租金。对此，X 在同年 8 月 12 日向 Y 送达了书面通知，催告 Y 在 7 天内支付 1976 年 5 月到 7 月的未付租金 34.563 万日元，同时要求在该期间徒过时即时清偿剩余租金全额。Y 没有支付。

基于上述事实关系，X 以 Y 为相对人，提起本案诉讼，请求支付 1976 年 5 月 10 日以后预定支付的剩余租金全额 345.63 万日元，以及从支付日期起每日四分的迟延损害赔偿金。此外，X 在 1977 年 11 月 7 日从 Y 处取回了本案租赁物。

对此，Y 除了主张事实关系，还主张：由于 X 取回了本案租赁物，Y 不能再使用收益本案租赁物。因此，1977 年 11 月 7 日以后的租金支付义务消灭。而且，对于取回前的未付租金的支付义务，根据X取回的本案租赁物价值进行清算并消灭。此外，X可通过解除与诉外人A之间的买卖合同并受有买卖价款的返还而填补损害。而X没有这么做却请求Y支付剩余租金全额，构成权利滥用。

一审X全面胜诉。理由如下：因为Y违背本案合同并主张不负本案租赁物的保管义务，所以X取回本案租赁物的措施是妥当的。而且，请求即时清偿剩余租金是基于合同，而非违法不当的行为，不构成权利滥用。此外，Y所说的由于X取回本案租赁物而租金支付义务消灭并清算的主张也不能采用。

Y控诉。在二审中，Y提出如下新主张：首先，本案租赁合同仅X享有解除权，Y无论发生什么事由都不能解除合同。其次，本案租赁合同的实体是金融，本来租金中就含有利息。因此，在未付租金中加上迟延损害赔偿金，将构成允许在本金上附加高额的复利。此外，X取回了和新品一样的本案租赁物，在取回以后也可取得租金。而且，本案合同中，X被免除了租赁物的瑕疵担保责任和管理责任。鉴于此，本案租赁合同单方有利于X，违反公序良俗，应当无效。

对此，X主张如下：本案租赁合同实质上可以认为是X对Y融资租赁物的购买资金，租赁物的买卖是诉外人A和Y所作的。所以，本案租赁合同从该实质来看是合理的，不能说违反公序良俗。

二审稍微变更了一审的判决，并判示如下：本案租赁合同不违反公序良俗，并且本案租金全额的请求权包括了对此约定的迟延损害赔偿金。在允许X受领此等租金全额的同时，在本案租赁物取回以后，X将可自由处分该租赁物。然而，即使本案租赁合同毫无阻塞地届满，X也不过是受有租金全额的支付和租赁期间届满时租赁物的返还而已。如此一来，从取回本案租赁物的时点到约定的租赁期间应当届满的时点，不得不认为X对这期间租赁物的使用价值的得利是毫无缘由的。如果该价额不应返还给Y，则当事人间将失去衡平。而约定的规定损失金额是合同当事人间合意约定的作为该时点本案租赁物价额的金额，所以每年度的规定损失金额之差,正体现了各自年度的期间内本案租赁物的使用价值。在本案中,如果这样来算定 X 得利的使用价值,则为 117.9 万日元。按利息、本金的顺序来以此抵充 X 的债权,则剩余 290.2243 万日元。这是 Y 应当支付给 X 的金额。

对此,X 和 Y 两方都提出上告,但本判决是对 X 上告的回应。X 的上告理由非常详细,其中作为最高法院判断对象者如下:原审认为从本案租赁物取回的时点到约定租赁期间届满期间,租赁物的使用价值对 X 来说是毫无缘由的得利。但是,在一般的租赁交易中,出租人租赁给承租人的标的物,通常是承租人为了用于自己的特定事业目的,由承租人自身特订规格、样式的租赁物,所以缺乏通用性。因此,有关租赁物能直接被承租人以外之人所使用的可能性非常小。像本案的计算机租赁的情形正是如此。计算机中安装了专门适于 Y 事业目的的软件。因此,不能将其用于 X 自身的业务,而且也完全不能指望在取回后将其出租给第三人并获取利益。从本案此等租赁合同的特殊性来看,对 X 而言,不会因取回租赁物而产生任何的使用价值相当额的得利。X 可以通过提前取回租赁物而得到的利益,最多就是在 X 现实处分本案租赁物时,处分所得金额超过租赁期间届满时租赁物预计残存金额情形中的差额而已。

[289]

二、判旨

部分撤销并发回重审。

"在所谓的融资租赁合同中,租赁业者在租赁期间中途从使用人处受有租赁物返还的情形,即使其原因是使用人的债务不履行,如果没有特别情事,因上述返还而取得的利益需要返还给使用人,或者抵充租赁债权的支付等,并对此进行清算。盖因,在上述租赁合同中,即使在租赁业者因使用人的债务不履行而受有租赁物的返还时,也没有丧失对于全部租赁期间的租金债权,所以除了受有上述租金债权的支付,也可以因中途返还租赁物而取得利益。相较于租赁合同在约定的期间内存续并届满的情形，上述情形中将可取得过大的利益，参照公平原则，并不妥当。当然，虽然上述租赁合同形式上的内容是租赁业者令使用人使用自己所有的租赁物，但是从实质上来看，不能否定其有着租赁业者对使用人供与金融的便利这一性质。所以，不能因为需要进行上述清算，就认为给租赁业者带来了特别的不利益。

[290] "如上所述，租赁业者在租赁期间的中途因使用人的债务不履行而受有租赁物返还的情形中，需要清算因此取得的利益。但是，上述情形中的清算对象，是租赁物返还时具有的价值与本来租赁期间届满时应有的剩余价值间的差额，而不是返还时到租赁期间届满时的使用价值。因此，在具体算定清算金额上，需要确定返还时与租赁期间届满时的租赁物的交换价值。以返还时到租赁期间届满时的租金金额，或租赁物在租赁期间中途灭失、毁损情形中约定的使用人向租赁业者支付的所谓规定损失金额为基础来算定的方法是不正当的。此外，由于租赁物为适于使用人的使用目的而采用了特别样式的情况并不少见，所以在有些情形中，租赁业者受有租赁物的返还后未必能轻易地立刻将其用作其他处分或者缔结新的租赁合同。但是，限于租赁业者没有将返还的租赁物用作其他处分或者缔结新的租赁合同而现实取得处分价款等，不能因此就认为不可能具体算定清算金额。"

由此来看本案，原审认为需要清算这一点是正当的，可以支持。但是，原审认为清算对象是租赁物返还时到租赁期间届满时的使用价值，并且从规定损失金额中来算定；参照前述理由，这一判断是错误地解释和适用租赁合同相关之法令。原判决的这一部分需要撤销。

三、评释

1. 本判决判示，在所谓的融资租赁合同中，因用户的债务不履行而在约定租赁期间的中途取回租赁物的租赁业者，需要将租赁物取回时具有的价值和本来租赁期间届满时应有的剩余价值间的差额，向用户清算（可以说是义务吧）。

所谓的融资租赁——为后面叙述方便,稍微说一下——一般理解如下。即,某企业(用户)需要特定物品(机械、设备等)时,租赁业者代用户从制造商处购入该物品,用户通过从租赁业者处借受该物品而使用收益。租赁业者通过从用户处每月收取租金而回收购买价款(及利益)。而且,此种合同中通常附有下列特约:(i)就租赁物的瑕疵,租赁业者不对用户负责任;(ii)租赁期间标的物的灭失毁损危险由用户负担;(iii)租赁期间用户不能解除合同;(iv)若用户有债务不履行,租赁业者可请求用户返还租赁物并即时清偿剩余租金全额(按照合同从中扣除中间利息的金额)等。本案合同中也附有此等特约。[291]

关于本判决的意义,首先,本判决是最高法院首次直接面对——且判示也非常详细——融资租赁的判决。确实在本判决之前也有最判昭和56年4月9日下民集32卷1~4号397页这一处理融资租赁合同的判例。但是,该1981年最高法院判决只是追认了原审的判断而已,并未在其中就融资租赁合同的性质或有效性展开详细的讨论。因此,实质上本判决是第一起最高法院的判决。

2. 其次如何评判本判决在判例法上的地位。为此,需要不局限于清算义务而来讨论以前所谓的租赁裁判例。但在此想要把它们分成四种类型。

(1)争议前述瑕疵担保免责特约、危险负担特约是单方有利于租赁业者而无效的事例——①大阪地判昭和49年10月8日金判451号17页,②大阪地判昭和51年3月26日下民集32卷1~4号176页,③名古屋高判昭和55年7月17日(本判决的原审),④东京地判昭和57年6月23日别册NBL11号183页,⑤东京地判昭和57年7月16日别册NBL11号185页。

这些裁判例均认定有关特约有效。其理由简单叙述如下。即,融资租赁合同实质上是租赁业者向用户融资物品的购买资金,所以即使物品有瑕疵或灭失时,租赁业者也需要回收融资金全额。因此,有关特约有效。

[292]　（2）对于用户债务不履行时一次性请求剩余租金的特约，认为其违反《分期付款销售法》第 6 条（前注③、后注⑥），单方有利于租赁业者而违反公序良俗（后注⑦、⑩），或因租赁物已经能够被取回而没有租金支付义务（后注⑧、⑨），从而争议其有效性的事例（前注③、⑥水户地判昭和 52 年 3 月 15 日下民集 32 卷 1~4 号 227 页、⑦东京高判昭和 56 年 8 月 26 日判时 1016 号 67 页、⑧东京地判昭和 56 年 12 月 21 日下民集 32 卷 1~4 号 321 页、⑨东京地判昭和 57 年 1 月 28 日判时 1050 号 96 页、⑩东京高判昭和 57 年 4 月 27 日下民集 32 卷 1~4 号 369 页）。

这些裁判例均认为相关特约有效。理由如下：融资租赁合同与分期付款销售不同，不适用《分期付款销售法》。此外，由于融资租赁的实质是融资，所以各月支付租金应理解为是延期返还融资金。因此，各月的使用收益与该月的租金之间没有对价关系，不能因为租赁物被取回就免除用户的租金支付义务。同样地，一次性请求支付剩余租金的宗旨，是因为用户债务不履行而丧失期限利益，因而是合理的。

但是，在③、⑦、⑨、⑩中，用户也主张如下：租赁业者在约定租赁期间届满前取回租赁物，相较于缔约当时所预计的，取回了折旧程度较小的租赁物，但是在此基础上还要收取租金全额是不当的。对于这一点，裁判例也支持了用户的该主张，对于租赁业者因提前取回租赁物而获得的利益，要课以清算义务［实际清算的是③和⑦，在一般论上论述清算必要性的是⑨（原本就是请求已清算金额的事例）和⑩（租赁物没有被取回的事例）］。

（3）用户主张若融资租赁实质上是金融，则就应当适用《利息限制法》，有些案件中约定的租金违反该法（前述⑩、⑪东京地判昭和 57 年 2 月 17 日下民集 32 卷 1~4 号 357 页）。

裁判例均认为融资租赁不是消费借贷，所以不适用该法。

（4）其他——例如前述 1981 年最高法院判决。

[293]　这些都是处理制造商与用户间的关系、错误等一般问题的裁判例，

所以在此省略[46]。

从上面简单介绍的来看，总结以往裁判例的倾向如下。即，第一，裁判例均没有将融资租赁合同塞进既存的合同类型（例如租赁合同）中，而是认定其实质上是物品购买资金的融资，并按照其实质作出判断。第二，鉴于其实质是金融，所以重视租赁业者全额回收租金的必要性，认定合同中所附的种种特约均为有效。第三，但是，若从当事人的公平的观点来看，如果合同中存在不当条款，也倾向对其进行修正（具体而言，可举出前述清算义务的承认）。

那么，本判决也与此等以往的裁判例的倾向相一致。即，本判决认定本案融资租赁合同实质上是物品购入资金的融资（第一点倾向），并在此基础上认定本案合同有效（第二点倾向），以此为前提，课以租赁期间届满前收回租赁物的租赁业者清算义务（第三点倾向）。

再详细来看判旨的内容。

第一，本判决认定融资租赁的实质是租赁业者对用户进行物品购入资金的融资。如上所见，这沿袭了以往下级审的见解。本判决在判例法上基本已确立对融资租赁本质的理解[47]。

第二，本判决的前提是本案租赁合同（其中附有前面所说的特约）的有效性。如"一、事实概要"中所见，对于原判决，Y也提出了上告。Y主张本案租赁合同对X单方有利，违反公序良俗。对此，最高法院在作出本判决的同一天，作出判决驳回了Y的上告（金法1011号46页）。本判决也是以此为前提的。租赁业界对此作出高度评价[48]。

[294]

第三，约定租赁期间届满前取回租赁物之际，租赁业者负有清算义务。在现在使用的融资租赁合同的几个范本中，远东租赁（本案中的

---

[46] 详细的判例，参见商事法务研究会编：《リース取引の判例研究（别册NBL No. 11）》，商事法务研究会1983年版，第84页及以下。

[47] 松田安正：《新・リース取引の理論と実務（1）》，载《NBL》第272号（1983年），第45—46页。

[48] リース事業協会编：《リース事業協会10年史》，リース事業協会1983年版，第226页。

X）等使用的没有明确记载此等清算义务。因此，本判决将迫使部分实务进行变更，在实务上具有很大意义[49]。

本案的中心问题是第三个问题。换言之，在提前取回租赁物的情形中，租赁业者是否存在清算义务，以及其内容为何。

清算义务产生的前提是，"在Y债务不履行时X可对Y请求即时清偿剩余租金的全额"这一特约的有效性。如后面所讨论的，为了实现与判旨相同的结论（X的请求金额被缩减），该特约自身的有效性也会出现问题。但是，判旨在认定特约自身有效的基础上，通过另外承认清算义务的方法，推导出这一结论。

如本案的情形，课以租赁业者清算义务，在前面说到的几个下级审裁判例中已经看到。此外，学说上多数也都是肯定这一点[50]。在这一点上，本判决只不过是沿袭了以往的判例和学说。

清算对象是租赁物返还时具有的价值与本来租赁期间届满时应有的剩余价值间的差额。若从"清算对象是什么"这一观点来看以往的裁判例，可以有如下发现：首先，作为本判决的原审判决的前注③认为，其对象为物品返还时到约定租赁期间届满时的物品的使用价值。此外，前注⑦虽然也同样从抽象论上认为是使用价值，但实际上是以物品可以处分的金额作为基准来进行清算的。与此相对，前注⑨认为物品的处分价额为清算对象。前注⑩不明瞭。学说似乎基本上都是以物品的交换价值为基准的（即采用了与本判决相同的立场）[51]。而

---

[49] 参见池田映岳：《リース契約における二方式の再検討》，载《NBL》第285号（1983年），第8页及以下。

[50] 例如，几代通：《リース取引をめぐる解釈問題——その1・内部関係》，载《私法》第38号（1976年），第25页；铃木禄弥：《リース料支払いの遅延・物件引上げ》，载广中俊雄、龙田节编：《契約の法律相談（2）》，有斐阁1978年版，第68页；松田安正：《リース取引》，载《手研》第311号（1981年），第24页。

[51] 几代，前注[50]，第25页；铃木，前注[50]，第68页；松田，前注[50]，第24页。

且，实务中，即使在目前已经进行的清算中，似乎也是采用同样的理解[52]。因此，对于以往下级审裁判例中有分歧的问题，本判决按照学说和实务的大势作出了判断（特别是明确否定了认为应返还使用价值的原判决）。

即使如判旨所说要清算交换价值的差额，但实际上要正确进行算定仍颇为困难。但是，此点暂且搁置，下面这点从判旨来看并非一意明确的。即，以什么时间——合同缔结时？取回时？为基准来评估"租赁期间届满时应有的剩余价值"呢？学说上也有认为判旨是以取回租赁物时作为评估基准时[53]。但不得不说从判旨本身来看是不明的。当然，也不觉得实际上该评估会因基准时的不同而发生很大的变化，下面不再涉及。

此外，清算的方法也存在疑问。即，是租赁业者实际处分物品而进行清算（以下称"处分清算方式"），还是根据取回物品时点的评估额来进行清算（以下称"评估清算方式"）。判旨认为，"限于租赁业者没有将返还的租赁物用作其他处分或者缔结新的租赁合同而现实取得处分价款等，不能……认为不可能具体算定清算金额"，是采用了评估清算方式[54]。在这一点上，学说存在分歧。但似乎多数是认为大半的租赁物缺乏通用性，而且也没有二手市场，因而主张处分清算方式[55]。此外，实务中，例如日本租赁的合同书中就并列记载了上述两种方式，但实际上几乎所有的情形中都是采用处分清算方式[56]。在此等学

[296]

---

〔52〕 西尾哲夫编：《リースの実務知識〔第 3 版〕》，金融财政事情研究会 1979 年版，第 107 页。

〔53〕 池田映岳等：《〈座談会〉リース取引に関する判例の分析研究》，载商事法务研究会编：《リース取引の判例研究（別冊 NBL No. 11）》，商事法务研究会 1983 年版，第 26 页（末延道彦发言），第 31 页（林彰久发言）。

〔54〕 庄菊博：《判批》，载《判評》第 292 号（《判時》第 1073 号）（1983 年），第 204 页。

〔55〕 松田安正：《判批》，载《判評》第 278 号（《判時》第 1030 号）（1982 年），第 165 页；庄政志：《判批》，载《金判》第 626 号（1981 年），第 53 页。

〔56〕 此为向该公司的人请教所得。

说和实务的大势中,本判决采用了评估清算方式。这一点值得关注。

3. 接着,来仔细研究一下判旨结论本身的妥当性。第一,课以 X 清算义务究竟是否妥当;第二,即使清算,租赁物返还时具有的价值与预计的租赁期间届满时应有的剩余价值间的差额为其金额,是否妥当;第三,采用评估清算方式是否妥当。

第一点,也就是课以 X 清算义务,应是妥当的。如果不承认清算义务,则如判旨中说的,X 将可以双重取得折旧程度较小的物品和规定的租金,相较于合同如约履行的情形,能够获得更大的利益。这不妥当。实际上,上面已经说到,远东租赁(本案中的 X)和与之相并列的租赁业界的两大公司之一的日本租赁所使用的合同中,都明确记载了此等清算义务。从这一点也可窥视出结论的妥当性吧。此外,本案中,X 没有扣除中间利息而请求清偿剩余租金的全额(与此相对,也有租赁业者会在用户存在债务不履行时,从剩余租金中扣除中间利息后,请求用户支付其金额[57]),这一点也易认可清算义务[58]。

但是,也可以考虑若干反论——本案中,或者在一般论上。

正如上告理由所反驳的,特别是在像本案中租赁物是计算机的情形,无论是处分还是再租赁都很困难,而且 X 自己也不能使用,所以 X 没有得利。但在本案中,X 让制造商回购了取回的物品(虽然在事实审中没有被认定,但 X 在上告理由中承认了这一点),所以这一反驳不成立。此外,在一般论上,如果无论如何都不可能处分或者再租赁,则也可以认为得利为零[59]。

另外,也可作出如下反驳。即,本案中,Y 通知 X 今后就本案租赁物不负有保管义务,Y 自己放弃了使用权。由于随意放弃使用权,所以之后即使 X 取得了某种利益,Y 也没有理由可以发牢骚,因此至少——

---

[57] 松田,前注〔55〕,第 164 页。

[58] 太田丰:《判批》,载法曹会编:《判解民昭和 57 年度》,法曹会 1987 年版,第 811 页,脚注 23。

[59] 篠田省二:《判批》,载《金法》第 1029 号(1983 年),第 20 页;太田,前注〔58〕,第 806 页。

与就 Y 不支付租金存在值得同情的事由的情形相异——在本案中，应当说 X 没有清算义务。但是，对于债务履行，Y 被请求一次性支付剩余租金，并且租赁物也被取回，已经受有不利益。此种不利益是合同中约定的惩罚。而且，X 的利益状况也不会因债务不履行的事由是什么就产生差别。因此，没有必要对 Y 课以超出合同约定的不利益。至少，没有必要使 X 得利。

由此来看，对 X 课以清算义务（或者通过其他法律构造来缩减 X 的请求金额）自身是妥当的。本案相关的判例解说等也没有异议。

那么，对于第二点，此种情形下应返还的得利的内容，判旨所说的是否妥当呢？关于这一点，如上面所看到的，判旨认为是物品返还时与约定租赁期间届满时的交换价值的差额。与此相对，原审认为应向 Y 返还物品返还时到约定租赁期间届满时物品的使用价值。

首先，即使要返还使用价值，如原审一样将各年度的规定损失金额的差额作为使用价值的做法（如第一年的规定损失金额与第二年的规定损失金额的差额，为第一年的使用价值）显然是不妥当的。若按此种方法来算定使用价值，会出现随着物品的折旧，使用价值反而增加的不当结果[60]。具体而言，若按原审的方法来试算使用价值（对于各年度的规定损失金额，参见"一、事实概要"），第一年为 57.9 万日元，第二年为 98.6 万日元，第三年为 107.9 万日元，第四年为 117.9 万日元，另外如果第六年的规定损失金额为零（合同中没有约定），第五年的使用价值为 129.1 万日元。这似乎有反常识。

但是，若脱离原审采用的算定方法而在抽象层面上来思考，似乎不能说交换价值的差额与使用价值中只有一方是妥当的。

上告理由和多数学说都认为，应返还的不是使用价值，而是交换价

---

[60] 吉原省三：《判批》，载《金法》第 963 号（1981 年），第 3 页；野口惠三：《判批》，载《NBL》第 231 号（1981 年），第 47 页；庄政志：《判批》，载《金判》第 666 号（1983 年），第 51 页；吉川荣一：《判批》，载《ジュリ》第 788 号（1983 年），第 106 页；本城武雄、加藤智泰：《判批》，载《名城》第 31 卷第 3、4 号（1982 年），第 125 页；庄，前注〔54〕，第 203 页。

值的差额,并举出下列理由。即,X——更一般地,租赁业者——由于不以物品的使用为目的,所以不会取得使用价值[61]。确实,在本案中,X取回租赁物后对其进行了处分,很容易就可以认定交换价值的差额。但是,也有些情形中,租赁业者取回租赁物后将其租赁给其他人。若是此种情形,则称其为使用价值的返还也是合适的。再进一步来说,交换价值的差额与使用价值,至少从经济上来考虑似乎是相等的。或者,只是换一个视角来表达同样的内容。Y为了使用而购买物品,购买所需的金额(即交换价值)体现了使用价值。此外,原审在算定使用价值上使用了规定损失金额,但原审理解这一规定损失金额体现了相关时点中本案物品的价额。如此一来,即使算定交换价值的差额,也与原审采用的算定使用价值的方法相同。

若如此来考虑,则即使认为应向Y返还的是相当于物品使用价值的得利,似乎也未必能说是错误的吧。结果不过是用语的问题而已。问题的根本应该是其算定方法。

对于算定方法,判旨认为要分别算出返还时和约定租赁期间届满时物品的交换价值,其差额为清算金。该差额显然是X的得利,判旨的算定方法是妥当的(本案的判例解说等也没有异议)。只是,这不仅是作为交换价值的算定方法而言是妥当的,作为等同于交换价值差额的使用价值的算定方法,也是妥当的。

但是,仅仅根据上面的讨论,尚不能断言结论是妥当的,还需讨论下列问题:本案中,X要求Y支付剩余租金的全额。但是,租金中包含了延期期间相应的利益、固定资产税、保费。若租赁物被收回、处分,且租金丧失延期支付,这些费用都是不需要的[62]。若在本案中认可剩余租赁价金的请求,则相比于合同如约终止时,X也可取得上述利

---

[61] 冈部真纯:《判批》,载《金法》第977号(1981年),第7页;吉原,前注[60],第3页;野口,前注[60],第47页;庄,前注[55]第53页;庄,前注[54],第203页。

[62] 对于租金的算定方法,例如,松田安正:《新·リース取引の理論と実務(2)》,载《NBL》第275号(1983年),第38—40页。

益。对于此等得利,不也应该要返还给 Y 吗[63]？从其他角度来说,若按金融担保功能来理解融资租赁,并将取回物品描绘为实现担保权,则 X 取回相当于担保标的物的物品,在此基础上还将可以请求被担保债务,即剩余租金债务的全额。但是,该被担保债务,即剩余租金债务中,含有因受有即时清偿而当然应扣除之金额,被担保债务的金额相应缩减难道不是应然的吗？关于这一点,今后应该会积累更加精细的裁判例。 [300]

判旨采用的评估清算方式应是妥当的。理由如下：若采用处分清算方式,则会导致在 X 一直不处分时,处分前产生的物品减价全部构成仅归属于 Y 的不利益[64],而且也不能确保处分价额的适正[65]。此外,对于 Y 来说,什么时候可以受有清算,也将存在不确实之虞[66]。另外,虽然本案中 X 已经处分租赁物,但该实际处分价额并不当然构成清算金算定的基础。因为不清楚该处分价额是否已适当评估了物品取回时的交换价值。即使在本案中,发回重审后,法院也应在处分价额之外单独作出评估（当然可作参考）。

4. 来讨论为使判旨的结论正当化而所采用的法律构造。

在认可 X 的清算义务上,判旨列举的理由首先是"公平原则"。此外,由于融资租赁合同实质上是金融,所以需要清算,不能因此就认为对租赁业者严苛。

虽然与判旨的顺序相反,但是这里首先想要讨论融资租赁合同实质上是物品购入资金的融资这一点。如果稍微详细说一下判旨在这一点上的逻辑,则是：本案融资租赁合同实质上是 X 对 Y 进行了本案物品的购入资金的融资。X 保持本案物品的所有权是为了担保融资金。如此一来,对于 X 而言,如果可以回收融资金——租金及约定的租赁期间

---

[63] 谷启辅：《判批》,载《判夕》第 472 号（1982 年）,第 97 页。
[64] 太田,前注 [58],第 801 页。
[65] 庄,前注 [54],第 204 页。
[66] 吉川,前注 [64],第 105 页；庄,前注 [54],第 204 页。

届满后的物品——则可以因此而得到满足，如果存在超出的得利，则应当进行清算[67]。

[301]　把融资租赁合同的实质看作是金融，在此前的裁判例中也已经说过（特别是①、②、⑦、⑧、⑨）。学说上也没有异议。问题是，能否因此就看作是为担保 X 的所有权呢？若是肯定，则本判决可理解为是与预告登记担保或让与担保中清算义务的判例处于相同系列[68]。本判决的逻辑应该是正当的。关于这一点，可以存在下列反驳。即，在融资租赁中，即使用户按照合同如约支付租金，最终还是要将物品返还给租赁业者的。因此，虽然同样是债权人享有所有权，但与让与担保等有所不同，融资租赁本质上并非担保[69]。但是，其严密的法律性质暂且搁置，在经济实质上，在用户债务不履行之际可基于所有权取回，在这一意义上具有作为担保的功能[70]。所以，像本案，取回物品这种恰是担保功能出现问题的情况，可以充分且有必要评价其担保性实质[71]。若如此来考虑，则判旨的这一论据应是正当的。担保还是非担保，可能涉及定义的问题。即使整体上认为是非担保，也不能说因此就在全部的情况中都作为非担保来处理——不认可清算义务。反过来，因为是担保，所以就应该全都与其他的非典型担保作相同处理吗？也不能简单肯定这一说法。只能按照每个问题的具体情况来考虑。

　　但是，若从判旨中的"不能……带来了特别的不利益"这一表述来看，这一论据在判旨中似乎只是发挥了补充的、消极的作用。但是，如前所述，以及如下文中看到的，正是这一论据，构成可以积极解释 X 存在清算义务的理由。

　　因此，还想要讨论在判旨的逻辑中作为核心论据的"公平原则"。

[302]　在认可清算义务的以往判例中，也有将"当事人间的衡平"（③）或

---

〔67〕　此外，参见太田，前注〔58〕，第 804 页。
〔68〕　太田，前注〔58〕，第 803 页。此外，参见铃木，前注〔50〕，第 68 页。
〔69〕　池田等，前注〔53〕，第 37 页（末延道彦发言）。
〔70〕　松田，前注〔50〕，第 24 页。
〔71〕　池田等，前注〔53〕，第 37 页（米仓明发言）。

"衡平原则"（⑦）作为其理由的。但是，不能建立更符合法律的构造吗？

关于这一点，首先考虑不当得利。确实也会观点质疑，X 是基于约定取回租赁物的，所以即使 X 因此取得某种利益，也不能说欠缺"法律上原因"[72]。在本案中，判旨没有从正面说是不当得利，或许是因为有此种理由。但是，若强调担保的侧面，则即使取回自身是基于正当权限，也仍没有根据来解释"连剩余的价值都可以取得"这一点。因此，根据不当得利法理来解释判旨完全是可行的，但是如果再进一步思考，也可以这么说。即，如果按照担保性功能来理解融资租赁，则清算是当然的要求，用不着硬说"因为是不当得利"，而只要说"因为是担保"就可以了。就像是在非典型担保中，清算义务的根据不说是不当得利，而直接说是"因为是担保"。

其次，也可以考虑这样的构造。即，一次性请求剩余租金全额的特约自身无效，仅就实际损害部分认可 X 的请求，或者将相关特约视为损害赔偿额的预定，在此基础上认定其金额过高而违反《民法》第 90 条，应缩减至合理的金额[73]。但是，判旨并没有采用此种法律构造。即，即使从此前的裁判例的立场来看，判旨的宗旨也是将剩余租金全额的一次性请求视为丧失融资金的延期返还，其自身是有效的。于是，本来判旨就是按照担保性功能来理解融资租赁合同的，所以在清算义务上，没有必要采取上述构造，直接说"因为是担保"即可。

对于将清算对象理解为是交换价值的差额，判旨没有专门论述其理由。但是，不管怎样，使用价值也好，交换价值的差额也好，不过是用语的问题。这一点在前文已有所论述（参见"3"）。

[303]

---

[72] 太田丰：《判批》，载《NBL》第 272 号（1983 年），第 23 页。此外，亦参见加藤雅信：《判批》，载《判夕》第 507 号（1983 年），第 99—100 页。

[73] 对于后者的构造，参见野村丰弘：《リース契約の解除》，载《判夕》第 484 号（1983 年），第 8 页。

5. 最后讨论以下剩余的几个问题。

（1）关于清算义务和合同解除的关系。在判旨中，没有明确本案合同是否已被解除，但鉴于 X 已经处分本案物品，可认为本案中存在解除，至少是合意解除。本来在本判决作出时，约定租赁期间就已经届满。因此，不能因为 X 受有剩余租金全额的支付，就认为要将租赁物返还给 Y。而且，即使在一般论上而言，在租赁业者取回物品的情形中，多数都可视为存在解除或合意解除。但是，在租赁业者强制用户支付租金这一目的上，也并非不能无须解除合同就取回标的物（对于租赁业者而言，如果受有迟延租金的支付，则想要将物品返还给用户）。依据通常的租赁合同，似乎也可以这么做[74]。所以，在此种情形下，不会出现清算义务的问题。本判决的射程不会涵盖这种情形[75]。

（2）判旨中所谓的"特别情事"具体是指什么样的情事呢？只能等待今后的判例来明确。但是，简单来看一下可以考虑的几种情事吧。

（a）首先，存在特约约定不进行清算的情形。但是，此等特约的有效性恐怕是存在问题的[76]。特别是，如果相对人是对租赁没有专门知识的用户，并在签订的合同中使用此等特约，将会有很大的弊害。

与此相对，关于清算方法的特约（例如，虽然存在本判决，但约定依据处分清算方式），应该说大体还是有效的[77]。

[304]　（b）其次，租赁业者的得利不大的情形。或者也可以考虑，例如存在特约约定如果得利是 10 万日元以下则不返还的情形。这是出于便利的考虑，不过也是存在问题的。融资租赁的实质是金融，如果租赁业者可以回收融资金，则应当以此来满足。如果把这一观点再往前推一

---

[74] 但可否直接认可该约定的有效性，是一个问题（冈部真纯：《判批》，载《金法》第 1011 号（1982 年），第 11—12 页）。

[75] 上述内容，参见太田，前注〔58〕，第 809—810 页。

[76] 太田，前注〔58〕，第 804—805 页；庄，前注〔54〕，第 203 页。

[77] 池田等，前注〔53〕，第 35 页（池田映岳、米仓明发言）；志水义文：《判批》，载《判夕》第 506 号（1983 年），第 53 页。

步,则不论之外的得利有多少,都要返还[78]。

(3) 本判决是站在"租赁业者的所有权是为了担保"这一观点上的(参见"4")。但是,这一判断不应作为一般论来理解,而应理解为完全只是在本案案情(取回物品这一担保性功能出现问题的情形)中所作的判断。因此,不能因为出现了本判决,就绝对认为融资租赁在公司再生等情况中也可作为担保来处理——特别是按照既存的非典型担保学说的操作来处理[79]。如前所述,需要按照不同的情况来讨论合适的判断和处理方式[80][81][82]。

[原载于《法学協会雜誌》第 101 卷第 5 号(1984 年),第 776 页及以下] [305]

---

[78] 庄,前注[54],第 204 页。

[79] 池田等,前注[53],第 35 页(冈部真纯发言)。

[80] 对于融资租赁的担保构造,不限于破产的情形,参见福永有利:《ファイナンス・リース契約と倒産法》,载《判タ》第 507 号(1983 年),第 9—11 页。

[81] 本节的写作得到了社团法人租赁事业协会的森住祐治和西川高司的指点。以志道谢。

[82] 关于本判决的评析,除太田,前注[58],第 791 页的调查官解说外,还有太田,前注[72],第 21 页;太田丰:《判批》,载《季刊实务民事法》第 2 号(1983年),第 188 页;庄政志,前注[60],第 51 页;庄政志:《判批》,载《ジュリ》第 792号(1983 年),第 73 页;庄,前注[54],第 201 页;篠田,前注[59],第 16 页;加藤,前注[72],第 98 页;冈部,前注[61],第 6 页;志水,前注[77],第 50 页;柳谷晏秀:《判批》,载《判タ》第 512 号(1984 年),第 68 页;池田真朗:《判批》,载《法セ》第 351 号(1984 年),第 51 页;桥本恭宏:《判批》,载《明治大学短期大学紀要》第 37 号(1985 年),第 181 页;神崎克郎:《判批》,载江头宪治郎、山下友信编:《商法(総則商行為)判例百選(第 4 版)》,有斐阁 2002 年版,第 156 页;田辺宏康:《判批》,载江头宪治郎、山下友信编:《商法(総則商行為)判例百選(第 5 版)》,有斐阁 2008 年版,第 156 页。此外,以本判决的分析为中心的座谈会,有池田等,前注[53],第 8 页。关于原判决的评析,有吉原,前注[60],第 3 页;野口,前注[60],第 44 页;庄,前注[55],第 49 页;堀内仁:《判批》,载《手研》第 312 号(1981 年),第 45 页;本城、加藤,前注[60],第 118 页;吉川,前注[60],第 103页;冈部,前注[61],第 7 页。

[306] ## 第三节　用户导致租赁物无法使用时的租金支付债务——最高法院平成 5 年 11 月 25 日第一小法庭判决（金法 1395 号 49 页）

一、问题之所在

所谓的融资租赁交易，虽然形式上是租赁合同，但实质上是赋予用户以金融上的便宜，同时通过使租赁物的所有权归属于租赁业者，赋予租赁业者担保利益以应对用户的债务不履行的交易。这在判例上也被广泛承认，最判昭和 57 年 10 月 19 日民集 36 卷 10 号 2130 页[83]虽然稍显消极，但还是认为"从实质上来看，不能否定其有着租赁业者对使用人供与金融的便宜这一性质"。

如此来看，用户每月支付的租金，并非租赁物的使用对价[84]，即使租赁物处于不能使用的状态，这也不会直接影响租金支付债务的结局。

但是，在某些情形下，根据租赁物销售者、租赁业者、用户各自的关系，以及租赁物不能使用的情事，也会认为贯彻这一逻辑并不妥当。在下级审判决中，也有因租赁业者自身明知是空头租赁，从而否定用户的租金支付义务的判例[85]。

[307] 这里讨论的最高法院判决则以"物品的使用变得不可能""并非因可归责于租赁业者的事由"为理由，肯定了租金支付义务。首先来看一下案件。

二、事实概要

Y（被告、控诉人、被上告人）在从诉外人 A 处引进装有专门软件

---

[83] 参见本书边码 286 及以下。
[84] 下级审判决中论述这一宗旨的有东京地判昭和 56 年 12 月 21 日下民集 32 卷 1～4 号 321 页、东京地判昭和 57 年 1 月 28 日判时 1050 号 96 页等。
[85] 札幌高判昭和 58 年 2 月 22 日判夕 496 号 116 页、东京地判昭和 63 年 10 月 25 日金判 822 号 40 页。

的计算机（以下称"本案租赁物"）时，与租赁业者 X（原告、被控诉人、上告人）缔结了本案租赁合同。换言之，首先由 X 从 A 处买受本案租赁物，但物品由 A 直接交付给 Y，Y 每月支付 X 租金。然而，Y 为了协助 A 周转资金，没有从 A 处受有本案租赁物的交付，但将记载受有交付意思的收据交付给了 X，同时也在 1984 年 9 月到 1986 年 9 月按月支付租金。

1986 年 9 月月底，X 主张因 A 经营不济而有必要拿回本案租赁物，从而擅自将仍在 A 处的本案租赁物拿走，并保管了本案租赁物。另外，Y 以未受有租赁物的交付为理由，拒绝支付 10 月以后的租金。因此，X 在同年 10 月 29 日以 Y 不支付租金为理由，作出解除本案租赁合同的意思表示，并以 Y 为相对人提起诉讼，请求其支付相当于剩余租金的 14.5 万日元的约定损害赔偿金以及支付完成之前的迟延损害赔偿金。

一审 X 胜诉，但二审 X 败诉。理由是 X 单方取回本案租赁物，而导致 Y 不可能使用该租赁物，所以 Y 可以拒绝支付租金，因此以不支付租金为理由的本案租赁合同解除无效。因此，X 提出上告。

三、判旨

撤销原判，发回重审。

"1. 根据前述事实关系，特别是本案租赁标的物的种类、性质、本案租赁合同缔结的过程等，可以认为本案租赁合同是所谓的融资租赁合同。融资租赁合同是租赁业者代替希望购买物品的用户，从销售业者处购买物品，并使用户长时间使用物品，在上述购买价款中加入利息等各种经费，作为租金来回收的制度。其实体是赋予用户以金融上的便宜，所以租金的支付债务在合同缔结的同时，就其金额发生，且不过以每月支付租金的方式赋予用户期限利益，而且租赁物的使用与租金的支付并不处于对价关系。因此，用户原因导致租赁物不能使用时，如果是不能归责于租赁业者的事由，用户不能免除每月的租金。

"2. 根据前述事实，Y将记载已经从A处受领装有专门软件的计算机意思的收据交给了X，但是因为实际上没有受有上述交付，所以至少在与X的关系上，Y自己并没有占有使用本案计算机，反而是使A保管，也不得不被视为是违反了'自己应当占有租赁物'这一本案租赁合同上的义务。于是，明知本案计算机处于A处的X，以A经营不济为理由，取回本案租赁物，这一做法可以说是合乎情理的，所以之后如果出现Y积极请求交付但X拒绝的情事则另当别论。如果没有，则因上述取回而产生的Y不能使用本案计算机的状态，不如说是Y违反前述本案租赁合同上的义务而导致的，不能归责于X。

"3.……撤销原判决。对于本案，有必要根据上述内容进行进一步审理，所以将其发回原审。"

四、本判决的地位

1. 重视融资租赁交易的实质功能并否定支付租金与使用租赁物间的对价关系的见解，如"一"中所述，在此前的下级审判决中也很常见。在最高法院层面，本判决是第一起积极确认这一见解的判决。此外，对于融资租赁交易相关的一个重要问题点是，用户破产时《破产法》第59条（现第53条）、《公司再生法》第103条（现第61条）是否适用。最高法院将来会作出何种判断，我们能通过该判决来预测。应当会否定各条的适用吧[86]〔作者补注1〕。

2. 如果否定对价关系，那么可以很容易得出这样的结论——即使租赁物处于不能使用的状态，也发生租金支付义务。当然，在迄今为止的下级审判决中，在推导出同样的结论上，多数都是以诚信原则为媒介，认为用户已将收据交付给租赁业者但主张租金支付义务不存在

---

〔86〕 东京高判平成2年10月25日判时1370号140页〔民集49卷4号1097页〕否定了公司更生法103条的适用。

〔作者补注1〕之后，最判平成7年4月14日民集49卷4号1063页否定了公司更生法103条的适用。

的，有违诚信而不能支持其主张[87]。在这一点上，本判决从否定对价的关系上直接推导出了结论，将"融资租赁合同是金融合同，与通常的租赁合同不同"这一点更直接地与法律效果连接起来。具体而言，本判决明确了"用户原因导致租赁物不能使用时，如果是不能归责于租赁业者的事由，用户不能免除每月的租金"这一一般性命题，并在此基础上明确，如果存在①用户自发地将物品收据交付给租赁业者，且②租赁业者以销售业者的信用不安为理由，从销售业者处取回租赁物的情事，如果没有出现用户之后积极请求租赁业者交付但租赁业者拒绝的情事，则租赁物的使用不能并非可归责于租赁业者的事由导致的。

"用户原因导致租赁物不能使用时，……用户不能免除每月的租金"这一一般性命题实际上在下级审判决中也已有先例。因为用户开出了拒付票据，租赁业者回收了物品，进而用户停止支付租金，因而租赁业者解除租赁合同，在这一案件中，东京高判昭和61年10月30日金判768号26页认为，"如果不存在特别的情事（例如，没有相当的取回理由而单方取回租赁物等，从诚信原则上来说请求支付租金对于用户过于严苛的情形），即使在支付租金的对应期间内不能使用物品，用户也不能免除所约定的租金支付义务"。

[310]

3. 当然，对一般性命题自身并非没有异议。积极地认定租赁业者有物品检查义务，在空头租赁的情形中，原则上不能请求其支付租金。此种见解在学说上也颇多。但此处一般性命题不作为问题。以此为前提，在该命题的具体适用上，稍作讨论。即，本判决也好，上述东京高判昭和61年10月30日也好，都认定存在不发生租金支付义务的情形。前者认为是"租赁物的使用变得不可能，是可归责于租赁业者的事由所导致的情形"，后者认为是"存在特别情事的情形"，不发生支付义

---

[87] 东京地判昭和52年3月31,日下民集28卷1~4号374页、仙台高判昭和62年12月25日判时1265号92页、札幌地判平成2年3月26日判时1359号100页等。

务。另外，作为其例子，后者举出了"没有相当的取回理由而单方取回租赁物等，从诚信原则上来说请求支付租金对于用户过于严苛的情形"。

下面，专门就空头租赁的情形，我们来讨论一下在判断是否存在这一例外情形时的思考方向。

五、否定租金支付债务发生的情事

1. 首先整理一下迄今为止的下级审判决。

大部分下级审判决都认为即使租赁物没有交付，也发生租金支付义务。但若根据案件详细来看，则颇为复杂。

[311] 虽然租赁物尚未交付，但用户已对租赁业者交付物品收据，仅从这一事实出发肯定了租金支付义务的发生。此类判决有东京地判昭和57年3月24日判时1056号208页、仙台高判昭和62年12月25日（前注〔87〕）等。除此之外还有结合其他情事来认定的。例如，物品销售业者与用户采用空头租赁的手段想要获取资金，此种例子也有一些[88]。这些案子认定为共同侵权行为也可以，所以在结论上，肯定租金支付义务应该没有异议。用户与销售业者是由同一人经营的公司，此种例子也与之类似[89]。

与此相对，对于纵使交付物品收据，但租赁业者现实地知晓租赁物未交付的事实的情形，也有否定租金支付义务发生的例子。札幌高判昭和58年2月22日（前注〔85〕）、东京地判昭和63年10月25日（前注〔85〕）、札幌地判平成2年3月26日（前注〔87〕）就是如此。但是，这些判决也并没有在仅仅认定租赁业者的恶意后就推导出结论，而是综合其他情事所作的判断。札幌高判昭和58年2月22日指出了物品收据中没有记载受领日，也没有受领者的签字盖章，认为租赁业

〔88〕 东京地判昭和52年3月31日前注〔87〕、东京地判昭和56年10月2日判时1034号99页、东京地判平成元年6月28日判时1341号95页。

〔89〕 东京地判昭和61年12月25日判夕644号212页。

者恐怕是期待将来作出交付,并在自己的责任上推进交易。札幌地判平成2年3月26日指出,对于用户受领物品的确认,依据的是支付第一次租金这一事实(约定了若受领则支付,若支付则已受领),但这是不充分的确认方法,进而也认定了销售业者和租赁业者间存在紧密的业务合作关系。东京地判昭和63年10月25日中认定的情事为,用空头租赁来调取资金,本来是用户和物品销售业者间的手法,但用户告知租赁业者的负责人"作为租赁物而被选定的医疗器械类,对自己而言完全没用……,现实交付的话会很难办的",负责人也确认了"已经充分知晓上述情事,不过是为了完成形式而选定物品而已",在此基础上用户在物品收据上签字盖章。这些判决都是认定并考虑了亦可视为"租赁业者承受纠纷风险"的情事。

2. 如此看来,在判断是否存在租金的支付义务时,"租金并非租赁物的使用对价"这一命题不足以单纯地推导出"即使不能使用也应当支付租金"这一结论。这提示了需要进行实质性的判断,即在相关具体的情事下,用户负有支付义务是否妥当。在机动车的所有权保留买卖中,物品依次从经销商到次经销商,次经销商到用户处时,经销商可否以次经销商的债务不履行为理由从用户处取回物品?这一实质性判断与这一问题具有类似性。[312]

即,纵使已交付物品收据,但例如租赁业者与销售业者间存在紧密的业务合作关系时[90],或者租赁业者积极认可物品的不交付时,也应否定租金支付义务。虽然在此无法网罗地举出判断的要素,但在今后的方向上,期待可以在相关具体的情事下作出实质性判断。当然,从本判决的判旨中无法期待。理由在于,本判决仅在关于"用户导致物品的使用变得不可能"的情事上,将"可归责于租赁业者的事由"视为问题。如租赁业者与物品销售业者间的业务合作关系等,难以纳入该判断中。但这些情事也可说是对物品不交付的消极支持(容认)吧。

---

[90] 此外,关于瑕疵担保免责特约的案件,参见仙台高判平成4年4月21日判夕811号140页。

六、对本判决应用的评价

1. 那么，本判决中的一般性命题该如何适用呢？

[313] 本来，用户没有受有物品的交付却将物品收据交给租赁业者，也被认定为是"为协助 A 的资金周转"，也可以说对用户与物品销售业者而言是策划的空头租赁。恐怕，用户基本不觉得有物品使用的必要性，并将租赁业者的物品拿回当作所谓的奇货，等待拒绝支付租金的时点的到来。因此，如果也没有"出现 Y 积极请求交付但 X 拒绝的情事"，则应支持租金支付请求。如此看来，恐怕适用上没有问题。

2. 但是，以 A 经营不济为理由，从 A 处取回本案租赁物，这一做法被评价为"合乎情理的"又是如何呢？稍微改变一下本案的案情，租赁物曾经如约被交付给 Y，但之后因修理而被存在 A 处时，X 将碰巧处于 A 处的相关物品取回，此种做法应不能评价为"合乎情理的"。在本案中，用户自己放弃物品的使用（难道不是吗？）这一情事是非常重要的，在一般论上，很难将取回评价为"合乎情理的"[91]。

[原载于《金融法务事情》第 1396 号（1994 年），第 76 页及以下]

[314]
第四节　消极担保条款的效力

一、引言

1. 在日本的金融实务中，特别是在发行公司债时，通常会作出如下约定以代替取得正式的物的担保或人的担保[92]。

---

[91] 关于本判决的评析，有池田真朗：《判批》，载《NBL》第 559 号（1994 年），第 60 页；大西武士：《判批》，载《判夕》第 859 号（1994 年），第 59 页；伊藤进：《判批》，载《民商》第 113 卷第 3 号（1995 年），第 108 页。

[92] 贺集唱：《担保留保条项》，载《金法》第 611 号（1971 年），第 14 页；清水浩：《担保付社债の実务上の问题点》，载加藤一郎、林良平主编：《担保法大系 4》，金融财政事情研究会 1985 年版，第 548 页及以下。

"债务人（公司债时，为委托公司）乙，不会为自己的债权人或其他第三人的债权人，而在乙的财产上设定任何担保权。"

"债权人（公司债时，为受托公司）甲请求时，债务人（公司债时，为委托公司）乙随时在乙全部财产的一部分上设定质权或抵押权。"

前者称为消极担保条款，后者称为担保保留条款。日本的实务中，多数是两者相联结而使用。

2. 其中，关于担保保留条款，日本已有多篇论稿，问题点也已被明确[93]。但是，对于消极担保条款，迄今为止似乎尚未见到从正面展开论述的文献[作者补注2]。

正如字面上所看到的，该条款似乎有着如下目的：对于债权人甲来说，作为自己（暂且）不取得担保的代价，也不让其他债权人取得担保，以防止债务人乙的一般财产减少，确保不劣后于其他债权人的地位。但是，若乙违反该约定而为其他债权人设定担保权则情况如何呢？正常来看，此等单纯的甲乙间的合同不会约束第三人，因此担保权的设定自身似乎是有效的。但若是如此，为何要使用此种效力很弱的约定呢？还是说，在一定限度内，也能肯定对第三人的效力？或者，该条款另有真正意义吗？

[315]

3. 本节就是从上述疑问出发，具体讨论下列问题。消极担保条款何时何地以何种形式开始使用的（"二"）？如后所述，其发祥地是美国。但在美国，对于消极担保条款的第三人效力是如何思考的呢（"三"）？之后，概观国际金融交易中消极担保条款的使用，并思考其意义（"四"）。最后，进行若干总结并结束本节的讨论（"五"）。

---

[93] 贺集，前注[92]。

[作者补注2] 之后出现了松冈久和：《クロスデフォルト条項・ネガティブプレッジ条項の民事法的検討》，载《ジュリ》第1217号（2002年），第3—6页。

二、消极担保条款的起源

1. 1930 年代后期起，在美国，消极担保条款伴随着公司债的发行而开始被使用。其背景如下：在 1929 年开始的大恐慌中，公司债的债务不履行现象频发，虽然公司债债权人将会实现自己取得的担保，但会发现此时相关担保的标的物价值很小。因此，相较于取得个别的担保，会觉得抑制其他担保权人出现的方式才是上策[94]。当然，这一说明对企业一方而言是颇为善意的。如 1938 年某论者所述的下列说明似乎才是实际的情况。即，消极担保条款是从"尽可能少的担保，但在外观上尽可能看到多的担保，以此来尽可能多地借钱"这一企业的目的中诞生的[95]。

总之，消极担保条款得到极为广泛的使用。根据调查，在 1930 年代后期发行的 700 项公司债中，有 80.1% 都可以看到消极担保条款[96]。

2. 此等消极担保条款可以分为三种[97]。

第一种被称为"肯定性消极担保条款（affirmative negative pledge clause）"。该约定的形式为，如果为其他债权人设定担保权，则本约定的债权人也按债权额比例地取得担保权。

第二种被称为"附条件的消极担保条款（conditional negative pledge clause）"。该约定的形式为，如果本约定的债权人没有按债权额比例地取得担保权，则不得为其他债权人设定担保权。

第三种被称为"绝无担保条款（absolute no pledge clause）"。其形式上仅约定不得为其他债权人设定担保权。

---

[94] G. Gilmore, Security Interests in Personal Property, vol. 2, para 38. 1, at 999 (1965).

[95] Jacob, *The Effect of Provision for Ratable Protection of Debenture Holders in Case of Subsequent Mortgage*, 52 Harv. L. Rev. 77, 86-87 (1938).

[96] Note, *Restrictive Covenants in Debentures: the Insull Case*, 49 Harv. L. Rev. 620, 620 n. 4 (1936).

[97] Id. at 620 n. 5.

若从实质上来看，或许会觉得其中并无有意义的区别。特别是，第一种和第二种之间的区别是很微妙的。但是，如后所述，也能看出美国各州的裁判例是从这些区别中推导出了法律效果的差异。

三、消极担保条款的效力——美国判例法理的展开

1. 衡平法担保权的成立与否

（1）那么，应如何思考这一消极担保条款的效力呢？其违反会产生债务人的债务不履行，此点自不必说。问题在于对第三人的效力。

关于这一点，至少在过去，美国各州的裁判例呈现出复杂的样态。[317] 裁判例中的问题是，是否会因消极担保条款而创设出衡平法担保权？为理解裁判例，首先对此种衡平法担保权的观点进行简单说明。

所谓衡平法担保权，一般被定义为虽不满足普通法担保权的要件，但在衡平法上作为担保权对待的担保交易[98]。具体而言，创设出衡平法担保权的情形有若干，但此处成为问题的是下列两种情形。第一，存在"就某特定财产为 A 设定普通法担保权"这一特定履行的可能合意，但尚未设定的情形；第二，存在"将某特定财产移转至 A，或就其为 A 设定普通法担保权的合意"，但欠缺必要的形式要件（例如书面形式）的情形。此时，就相关财产，发生为 A 的衡平法担保权[99]。于是，如果存在衡平法担保权，则该担保权人可对善意第三取得人以外的第三人，主张自己的优先权[100]。

（2）（a）消极担保条款对第三人的效力最早在裁判例中出现是在1888 年。首先介绍下判决。

Knott v. ShepherdstownManuf'g Co., 5 S.E. 266（W.Va. 1888）

【案情】X 对 Y 公司贷款 7 500 美元，但在相关消费借贷合同中约定"Y 未支付本案债务期间，对自己所有的建筑物、机械、土地等，均

---

[98] American Law of Property, vol. 4, para 16. 21, at 39 (1952).
[99] Id. para 16. 23, at 42.
[100] Note, *Protection for Debenture Holders*, 46 Yale L. J. 97, 104 (1936).

不设定任何种类的约定担保权"。然而，出于平等清偿自己全部债权人的目的，为设定信托，Y将自己的全部资产让与给了A。

对此，X提起本案诉讼。X主张自己对于Y的建筑物、机械、土地享有衡平法担保权。一审支持了这一主张，并判示X可优先于Y的其他债权人而在有关信托中受清偿。

Y上诉。

【判旨】"当然，不论对于何种财产，该约定都不会创设出任何的担保权。该约定是消极的（negative）、没有特定的合意。与之相对，担保权的设定是积极的（active）行为。作出此等行为的意图，明显不包括消极的合意。……X可以以违反约定为理由，禁止信托的实现，但在此无须处理该问题。"

（b）判旨触及了禁止的可能性，这一点留待后面论述，但对于衡平法担保权的成立，判旨用"当然（of course）"一词否定。

（3）（a）然而，在下列1920年的判决中，与当时大部分人的预测相反[101]，法院作出判决认可衡平法担保权的成立。

Connecticut Co. v. New York, N.H. & H.R. Co., 107 A. 646（Conn. 1920）

【案情】Y公司共计5次发行了1300万美元左右的公司债，但在各公司债证书中记载"除更新既存的担保外，假使今后Y在公司债发行日的全部或部分财产及权限上设定担保，则在与相关担保的被担保债权同一条件上，该公司债取得相关担保"。

之后，X公司被Y收入伞下，其全部的股权为Y所有。之后，在上述公司债发行时点上由Y所有的财产，全部移转到X名义下。

基于以上事实关系，X以Y为相对人提起诉讼，请求确认X享有不对公司债债权人提供担保，而以自己的财产为其他债权人设定担保权的自由。

---

[101] G. Gilmore, *supra* note 94, para 38. 2, at 1002.

【判旨】首先否定了 X 独立的法人人格，因而 X 当然受有本案条款的约束。在此基础上，论述如下："通过表明为公司债债权人保持财产的意思而设定担保权时，其存在不会因担保权的实际设定不确定而受有影响。……该约定在最初的时点上创设出未完成的权利。但尽管如此，其是关于一定财产的担保权。并且该权利是现实的，且是衡平法上的，而且仅能在衡平法上行使。公司及受衡平法约束的其他人，应当认可这一点。……在某财产上设定担保权的意思得是明白无误的。否则若是对于表意者没有实现意思的内容，该约定就只是为了创设出使相对人期待并信赖的外观而所作的欺骗。"虽然对于将来取得的财产，可在现时点上设定担保权，此乃已经确立的判例法理，但此时，"由于相关财产的取得是不确定的，约定并不会成为单纯的对人合同。在本案中，不确定性并不是针对财产的取得，而是针对设定其他担保权的事实。但就本质上而言，原理的适用是相同的"。

(b) 该案并不是一个很典型的案子。因为这是消极担保条款的合同当事人 Y 与其子公司 X 间合谋的确认诉讼（值得一提的是，当时通过将资产让与给子公司而免除消极担保条款负担的做法，似乎颇为流行[102]）。而且，已经否定 X 独立的法人人格，所以即使不再涉及衡平法担保权的成立与否，也可作出判决。尽管如此，该判决还是特意积极地判示消极担保条款会创设出衡平法担保权。

(c) 接着，在下列 1931 年的判决中，也肯定了衡平法担保权的成立。

Chase Nat. Bank of City of New York v. Sweezy, 281 N.Y.S. 487 (Sup. Cit. 1931), aff'd mem., 259 N.Y.S. 1010 (App. Div. 1932), aff'd mem., 185 N.E. 803 (N.Y. 1933).

【案情】A 公司为调取资金而发行公司债，但在其证书第 16 条中作出如下约定。

---

[102] Note, *supra* note 100, at 101–103.

"在本公司债尚未支付完之前，如果本公司债没有与相关被担保债权同等地且比例性地因相关担保权而被担保时，对于以 A 公司的全部或部分财产、权利为标的的任何担保权，均不负有此等担保权所担保的任何债务（除与本公司债同时发行的附担保公司债外）。"

随后，X 银行成为本案公司债的管理信托的受托人。

之后，A 从 X 处受有 640 万美元左右的融资。用该融资的一部分购买了证券，作为该债务的担保，将有关证券的占有移转到 X 银行。而且，对于在该时点 A 已经享有的其他证券，也同时作为该债务的担保，将占有移转给 X。

再之后，对于该债务，保证人 B 代为清偿，并代位取得了 X 的贷款债权。部分公司债债权人基于公司债的上述约定，就 X 占有的证券主张自己的权利。因此，X 提起本案诉讼，请求明确相关当事人间的权利关系。

【判旨】"保证人 B 的律师强调证书第 16 条并非积极地表示在同条规定的条件成就时承认公司债债权人享有担保权，而是消极地禁止。但不能否认，在相关公司想要违反约定时，公司债债权人享有请求禁止等救济权利。而且，即使已经发生违反约定的情况，也不会因此而妨碍公司债债权人的权利。理由在于，取得担保的当事人是公司债管理信托的受托人，且对合同条款有现实的认识，而且正是该银行。……尽管对于第 16 条的正确解释是什么，留有若干的疑问，但是我认为……对于供作其他债权人担保之物，为公司债债权人发生衡平法担保权。……（但是），以将来取得的财产为标的的担保，担保设定人在取得相关标的物的状态上，以之作为担保标的的物。因此，在该时点，如果该标的物已是其他担保的标的物的话，……将来取得财产的担保，不能排斥此等其他担保。"所以，为了担保相关标的物的购买价款，已经设定担保权时，应当说买受人以附有担保的状态取得了标的物。"因此，银行的贷款被用于购买证券，该证券被银行作为担保而取得。在该范围内，银行及作为其承继人的保证人，不受第 16 条公司债债权人权利的约束，可以取得担保。与此相对,……对于在银行的贷款合同以前购买的、已经完全清偿价款的证券,与保证人的权利同等且比例地服从于公司债债权人的担保权。"

(d) 本判决也不是一个很典型的例子。因为违反消极担保条款的担保权权利人是公司债管理信托的受托人。但是本判决明确承认了衡平法担保权的成立,被视为关于消极担保条款效力的开创性判例(leading case)之一[103]。实际上,Kaplan v. Chase Nat. Bank of City of New York,281 N.Y.S. 825(Sup. Cit. 1934)也接着承认了衡平法担保权的成立。Kelly v. Central Hanover Bank & Trust Co.,11 F. Supp. 497(S.D.N.Y. 1935)虽然否定其成立,但受到了学说的强烈批判[104]。而且在上级审中也被撤销而发回重审〔85 F.2d 61(2d Cir. 1936)〕。

(4)(a)然而,下列判决否定了衡平法担保权的成立。

B. Kuppenheimer & Co. v. Mornin, 78 F.2d 261(8th Cir. 1935), cert. denied, 296 U.S. 615(1935)

【案情】A 从 X 处借受 8500 美元,并为其支付而开出了期票,同时 Y_1 作了背书保证。Y_1 与 X 约定如下。

"在完全清偿本案期票及其利息之前,不问其所在,Y_1 不能将自己现在保有的不动产让与给他人,或在其上设定担保权。尽管如此,当其全部或部分不动产被出卖,或其上被设定担保权时,Y_1 应将该出卖或担保权设定所产生的金钱抵充本案期票的支付。"

然而,Y_1 为偿还 A 对 Y_2 所负的债务,出卖了自己的部分不动产,并在部分不动产上设定了担保,从而取得金钱。Y_2 取得了支付。

基于上述事实关系,X 以 Y_1 和 Y_2 为相对人提起本案诉讼,并主张对于 Y_1 仍保有的不动产,X 享有衡平法担保权,同时对于 Y_2 从 Y_1 处

---

[103] G. Gilmore, *supra* note 94, para 38. 2, at 1001.
[104] Note, *Corporation Finance*: *Remedies for Breach of Debenture Covenants Restricting Depletion of Assets*, 36 Colum. L. Rev. 319, 319-320(1936); Note, *supra* note 96, at 620-624. Cf. G. Gilmore, *supra* note 94, para 38. 2, at 1007.

作为债务清偿而受领的金钱，由于是 X 享有衡平法担保权的不动产的对价，所以服从于 X 金钱上的担保权。

【判旨】"X 主张中的难点在于，此处所用的文言没有明示担保权设定的意思。……Y_1 只是约定了在票据支付之前，对于所有的土地，不进行让与或担保权设定。……但是，为了成立担保权，应当明示且特定财产，并明确表明以相关财产作为担保的意思。在本案中，不存在担保权。"

(b) 该判决的论理正确。因为在上述消极担保条款中，不能特定在哪一财产上设定了担保权。至此，学说按照消极担保条款的种类类别来理解判例法理。

首先，对于肯定性消极担保条款，Connecticut Co. v. New York, N.H. & H.R. Co. 判决是开创性判例。对于为其他债权人而设定担保的财产，为公司债债权人发生衡平法担保权。

其次，对于附条件的消极担保条款，Chase Nat. Bank of City of New York v. Sweezy 判决是开创性判例。与肯定性消极担保条款中一样，对于已被设定担保的财产，发生衡平法担保权。

但是，对于绝无担保条款，如 Knott v. Shepherdstown Manuf'g Co. 和 B. Kuppenheimer & Co. v. Mornin 判决，不发生衡平法担保权。因为担保标的物没有特定。

所以，如果约定肯定性消极担保条款，则会稳妥些[105]。

[323]　(5) (a) 奇妙的是，这之后的判决中所处理的全都是绝无担保条款。而且几乎在所有的判决中，都否定了衡平法担保权的存在。当然，其理由与 B. Kuppenheimer & Co. v. Mornin 判决并不相同。1959 年的 Fisher v. Safe Harbor Realty Co. 判决认为"这是不做出一定行为的消

---

〔105〕 Note, *The Security Value of Restrictive Covenants in Debentures*, 22 Va. L. Rev. 440, 454 (1936).

极约定,并未明确表明用土地上的担保权担保债务"[106]。此外,1971年的 Trade National Bank v. Phillip 判决认定"这没有包含关于设定担保权的任何文言,……对于实现也没有任何规定"[107]。

若如 B. Kuppenheimer & Co. v. Mornin 判决以标的物不特定作为否定衡平法担保权成立的理由,则反过来很容易得出"肯定性消极担保条款和附条件的消极担保条款中因为标的物特定,所以能成立"这一结论。但是,若如 Fisher v. Safe Harbor Realty Co. 判决和 Trade National Bank v. Phillip 判决将当事人意思的不明确、实现上的欠缺作为理由,则这些也可以作为肯定性消极担保条款和附条件的消极担保条款不创设出衡平法担保权的理由。或者,似乎也可认为,判例法对于消极担保条款的全部类型,在方向性上开始采用否定衡平法担保权成立的做法。

(b) 其中受到关注的是,对于绝无担保条款,下列判决认可了衡平法担保权的成立。

Coast Bank v. Minderhout, 392 P.2d 265 (Cal. 1964). [324]

【案情】X 银行对 A 进行了多次融资,但在其合同中约定如下:A 等人在完全清偿对 X 的债务之前,未经 X 承诺,包括本案不动产在内,就合同中规定的一定不动产,不得让与或设定担保权。

然而,在对 X 的债务还有部分尚未支付时,A 便将本案不动产让与给 Y。Y 对于 X 和 A 的约定是恶意的。

基于上述事实关系,X 主张就本案不动产享有衡平法担保权,并基于此申请实现担保权。原审支持了该请求,Y 提出上诉。

【判旨】"通过未履行的合意,合同当事人想要将合同中特定的数

---

[106] 150 A. 2d 617, 620 (Del. 1959). 同旨, The Equitable Turst Co. v. Imbesi, 412 A. 2d 96 (Md. 1980).

[107] 480 P. 2d 320, 326 (Cal. 1971). 同旨, Orange County Teachers Credit Union v. Peppard, 98 Cal. Rep 533 (Ct. App. 1971); Browne v. San Luis Obispo National Bank, 462 F. 2d 129 (9th Cir. 1972); Weaver v. Tri City Credit Bureau, 557 P. 2d 1072 (Ariz. Ct. App. 1976).

个动产、不动产或资产作为金钱债务或其他债务的担保，并在书面形式上充分表现出此种意图……就该特定财产发生衡平法担保权。而且，这不仅是针对现在合同当事人手中所有的财产，也可对恶意取得人或担保权人手中的财产执行。而本案条款表现出此种充分的意图。"

（c）作为绝无担保条款的对象，本判决的不动产是特定的，在这一点上可与 Knott v. Shepherdstown Manuf'g Co. 判决相区别。但在这之后的各判决中，纵使对象不动产是特定的，也否定了通过绝无担保条款成立衡平法担保权[108]。因此，现在通常认为，上述判示完全是因程序上要因而产生；判例整体的立场是，不论对象不动产特定还是不特定，绝无担保条款都不会成立衡平法担保权[109]。

[325] （6）所以，现在的学说基本上都一致认为，不仅是绝无担保条款，不论哪种类型的消极担保条款，都没有创设出衡平法担保权的效力[110]。可以看一下 Gilmore 所说的。

"在公司债权人相关的一系列判决中，……虽然展现了各种法理的可能性，但最终都不过是因为公司债权人要受到保护，所以（消极的约定）受到保护，但几乎没有形成统一的理论。"[111] "有主张衡平法担保权的，有主张拟制信托的，但都是不明确的概念，最终都还是个人客户应当获胜，但只不过不知道其理由而已。"[112] "消极的约定并不是担保合同，也不能对恶意的第三人主张，只不过是单纯的对人约定而已。"[113]

---

[108] 注〔107〕所列判决，以及 The Equitable Trust Co. v. Imbesi, supra note 106; Chase Manhattan Bank, N. A. v. Gems-By-Gordon, Inc. 649 F. 2d 710 (9th Cir. 1981）。

[109] Coogan, Kripke and Weiss, The Outer Fringes of Article 9: Subordination Agreements, Security Interests in Money and Deposits, Negative Pledge Clauses, and Participation Agreement, 79 Harv. L. Rev. 229, 264 (1965）。

[110] D. Baird and T. Jackson, Cases, Problems, and Materials on Security Interests in Personal Property 929-930 (1984）。

[111] G. Gilmore, supra note 94, para 38. 2, at 1007.

[112] Id. para 38. 4, at 1015.

[113] Id. para 38. 4, at 1017.

此外，这里所称的"消极的约定"包括了肯定性消极担保条款，指的是消极担保条款全体。这联系上下文可以知晓。

2. 其他的对第三人效力

（1）在其他的对第三人效力上，虽未看到直接的裁判例，但学说上论述了禁止以及债权侵害的可能性。

（2）首先，禁止并非纯粹的对第三人效力。换言之，是禁止合同当事人的行为。对于其可能性，已在 Knott v. Shepherdstown Manuf'g Co. 判决（1888年）中有所提示。此外，学说上也认为，关系到第三人的权利时，可以禁止合同当事人的行为[114]。但同时，在实际发生消极担保条款的违反之前，债权人似乎也很少有知道该违反可能性的[115]。

（3）其次，对于债权侵害，理论上也可以承认。这一点没有争议[116]。但至少需要证明取得担保之人是恶意的。并且，在恶意的证明上，仅证明知道存在公司债是不够的。此外，担保权人为银行的情形中，判例上认为即使贷款负责人是恶意的，也不构成银行自身的恶意，所以救济的可能性很小[117]。

[326]

四、国际金融中的消极担保条款

1. 形态

（1）如"三"中所见，对于消极担保条款的对第三人效力，过去美国的判例和学说上有多种议论。但最终的落脚点是，仅作为单纯的对人约定而有效力。

然而，尽管如此，最近的国际金融，在所谓的银团贷款合同、债券

---

[114] Note, *supra* note 100, at 103 n. 33; Mitchell, *The Negative Pledge Clause and the Classification of Financing Devices*, 60 Am. Bankr. L. J. 153, 168-172 (1986).

[115] Note, *supra* note 100, at 103.

[116] 早期且详细的, Jacob, *supra* note 95, at 111 and 115. 认为构成债权侵害，因而可以禁止相关担保的实现的, Mitchell, *supra* note 114, at 278-279。

[117] Note, *supra* note 105, at 450 and 452.

发行中，似乎通常也会使用此种消极担保条款[118]。来看一下合同范例里的该条款[119]。

"限于基于本合同的债务存续，或贷款人的贷款义务存续，借款人约定如下。即，对于现在及将来的任何财产或其产生的收入，作为（借款人，子公司、关联公司，或其他自然人或法人的）现在或将来的金钱债务、保证债务及其他债务的担保，不会设定任何的担保或使之存续。而且也不获得来自其他机构的担保。但是，本合同中贷款人的债权（其本金、利息及其他）

(i) 根据被设定的担保，与该被担保债权同等且比例性地被担保，且过半数的贷款人认为其为适当的情形；

(ii) 过半数的贷款人判断将与该被担保债权同等享受被设定之担保的得利的情形除外。

此外，下列担保权除外。

(i) 对于借款人或子公司、关联企业的一定资产，仅为担保该资产的买卖价款债权或制造、修理、改造费用，而自相关买卖、制造、修理、改造起60日内设定的担保权；

(ii) 为担保借款人日常经营过程中产生的债务，因法定效果而产生的担保权（包括租税先取特权或其他先取特权）。"

（2）若干说明。

首先，不仅禁止就债务人自身的债务提供担保，也禁止就子公司等债务提供担保。此外，也禁止第三人为担保债务人的债务提供担保。乍一看似乎很奇妙，但是为了防止债务人的过剩债务负担［不使其负担

---

[118] 国际金融相关的一些文献中也有涉及。P. Wood, Law and Practice of International Finance, para 6. 2 (1), at 146 (1980); P. Gabriel, Leal Aspects of Syndicated Loans 251 (1986); B. Terry (ed.), International Finance and Investment-Multinational Corporate Banking 183-184 and 583 (end ed. 1990).

[119] G. Penn, A. Shea and A. Arora, The Law & Practice of International Banking, para 17. 26, at 415-416 (1987). 但是，该书的范例中借款人为国家，所以作了若干修正，以适用于借款人为私人企业的情形。

"第三人成为（物上）保证人才能勉强借到的债务"][120]。

其次，下列担保构成例外。第一，法定担保权。和上述合同范例一样，多限于日常经营过程中产生的法定担保权（lien created in the ordinary course of business）[121]。第二，买卖价款担保权或建设费用债权的担保权[122]。因为这是单方导致资产的增加，所以基本无须作为问题。当然，应当注意，即使在上述合同范例中，也是限于债务发生之日起60日内设定的情况。因为如果这之后被设定，则可能是因为债务发生以后借款人的财产状况恶化，所以特意要设定。第三，虽然上述合同范例中没有涉及，但多数认为动产质权是例外[123]。可以理解，因为采用仓库证券、提单质押方式的动产质权，是日常交易中产生的。

当然，也有观点指出，很难将所有权保留、融资租赁、买进出租、附买回权买卖、售后回租、保理等类似担保交易全部纳入射程中[124]。

最后，在国际金融的消极担保条款中，也可以看到肯定性消极担保条款、附条件的消极担保条款、绝无担保条款。

2. 目的和效力

（1）那么，消极担保条款的目的是什么？可以期待有何种对第三人效力？还是说，其另有真实意图呢？

众所周知，国际金融通常都是无担保金融[125]。其中，消极担保条款无疑是一种妥协的产物。但是，积极目的，也可以举出下列三点[126]。

①避免资产集中于某一位担保权人；

②确保债权人间的公平；

③债务人陷入不能再无担保借款的状况时，使其不能再借款，防止

---

[120] P. Wood, *supra* note 118, para 6. 2 (2), at 149.
[121] P. Gabriel, *supra* note 118, at 94.
[122] P. Wood, *supra* note 118, para 6. 2 (2), at 151.
[123] *Id.* para 6. 2 (6), at 152; P. Gabriel, *supra* note 118, at 95-96.
[124] Boardman & Crosthwait, *Wither the Negative Pledge*, [1986] 3 J. of Int'l Banking L. 163, 163.
[125] P. Wood, *supra* note 118, para 6. 2 (1), at 146.
[126] P. Gabriel, *supra* note 118, at 81.

债务人负担过剩债务。

[329]　（2）关于对第三人的效力，也有以美国国内交易相关的裁判例为基础，认为成立衡平法担保权的[127]。但是，多数仍认为不能期待对第三人的效力[128]。所以，甚至有观点认为，不要再浪费时间和经费来拟定消极担保条款了[129]。

那么，为什么在国际金融中仍然经常使用消极担保条款呢？似乎应注意下列两点。

第一，国际金融，特别是通过国际性公司债的发行来调取资金的实务，通常受到美国国内公司债发行实务的强烈影响。若从这一角度来看，采用消极担保条款，与其说积极意义是什么，倒不如说只是因为受到美国国内金融实务的强烈影响。

但是，第二，应注意，在国际金融中，鉴于其金额的巨大性等，相较于如何从经济上已经失败的债务人处回收债权这一问题，重点在于如何不让债务人陷入经济失败。因此，防止债务人过多借款非常重要。而消极担保条款就担负起这一职责，即上面所说的目的③是最重要的[130]。

所以，从这一目的来看，相较于肯定性消极担保条款，绝无担保条款更合适。前者中，为第三人设定担保自身不构成债务不履行[131]。

---

[127]　Id. at 90.

[128]　P. Wood, *supra* note 118, para 6.7（2）, at 163.

[129]　Boardman & Crosthwait, *supra* note 124, at 164.

[130]　P. Gabriel, *supra* note 118, at 81.

[131]　在本节的论文原稿脱稿后，刊载前，出版了 R. C. Tennekoon, The Law and Regulation of International Finance (1991)。该书的特色在于，对于判断"担保"设定有无的准据法进行了讨论。换言之，（在贷款人看来）国际金融的借款人有很多都是在海外有资产；关于这些资产上是否设定了"担保"这一问题，应以哪一法域的法来判断。在结论上，其认为对于贷款人而言，问题是在相关"担保"实现时，其他债权人是否优先回收债权，所以相关"担保"有效时，应以管辖担保权实现的法院所属法域的法作为准据法（p. 92-94）。此外，核心上表现为"担保"的，也可能包含虽然法律性质上不构成担保权，但带来事实上优先清偿的法律手段（如，抵销预约）。消极担保条款禁止的"担保"是否包含了此等法律手段，是相关条款的解释问题，其准据法与贷款合同的准据法一致。

五、结语

如开头所述,在日本消极担保条款也在一定范围内使用。但即使在存在衡平法这一柔性概念的英美法上,方向性上也是否定其对第三人的效力的。在不存在此等概念的日本,不得不认为其完全只有债权效力。

因此,在国际金融上,如"四、2"中所指出的,消极担保条款的积极意义基本上只是通过扩大债务人的债务不履行事由而间接防止债务人过多借款。所以,扩大该债务不履行事由的效果,除了在公司债或国际金融等大规模资金调取的情景,使用消极担保条款时也可以具有一定意义。换言之,很多观点指出,即使对于比较小额的债权,若在实际发生不支付后采取行动也会徒劳无功之时,应当尽早发觉债务人信用状况的恶化,并着手迅速回收债权。然而,如果债务支付期限没有到来,则债权人没有强制支付的权利。在此种状况下,消极担保条款认为债务人向他人提供担保这一事实是债务人信用状况恶化的表现,并使得债务不履行发生以及债务履行期到来。所以,为了扩大债务不履行事由,采用绝无担保条款是妥当的。

以上便是结论性内容。但最重要的是,希望在美国公司债法或国际金融相关法律的理解上,本节能够有所助力。

[原载于林良平、甲斐道太郎编:《谷口知平先生追悼論文集(2)契約法》,信山社1993年版,第312页及以下]

首次发表信息〔译者注〕

章节	首次发表
第1章第1节	《判例の法形成——譲渡担保》，载广中俊雄，星野英一编：《民法典の百年Ⅰ 全般的観察》第311页及以下（有斐阁1998年）
第1章第2节	《債権担保目的の買戻特約付売買契約は譲渡担保であり、買戻特約付売買契約の形式がとられていても、目的不動産の占有の移転を伴わない契約は、特段の事情のない限り、債権担保の目的のものであると推認される》，载《法学協会雑誌》第129卷第1号第184页及以下（2012年）
第1章第3节	《借地上の建物の譲渡担保権者が建物の引渡を受けて使用収益する場合と賃借権の譲渡または転貸》，载《ジュリスト》第1135号（平成9年重要判例解説）第77页及以下（1998年）

〔译者注〕本书收录的均为作者的论文，故在此提供这些论文的首次发表信息，供读者参考、查阅。

(续表)

章节	首次发表
第 1 章第 4 节	《譲渡担保権者が被担保債権の弁済期到来後に目的不動産を第三者に譲渡した場合には、当該譲渡担保契約がいわゆる帰属清算型であると処分清算型であるとを問わず、また、譲受人がいわゆる背信的悪意者に当たると否とにかかわらず、譲渡担保を設定した債務者は、債務を弁済して目的不動産を受け戻すことができない》,載《法学協会雑誌》第 112 卷第 7 号第 983 页及以下 (1995 年)
第 1 章第 5 节	《不動産の譲渡担保契約において、債務者による債務の弁済と右弁済に伴う目的不動産の返還請求権等とを合体し、これを 1 個の形成権たる受戻権と法律構成し、民法 167 条 2 項を適用することはできない》,載《法学協会雑誌》第 100 卷第 9 号第 1711 页及以下 (1983 年)
第 1 章第 6 节	《譲渡担保設定者の有する清算金支払請求権の消滅時効を譲渡担保権者から目的不動産を譲り受けた第三者が援用することの可否》,載《私法判例リマークス》第 20 号第 14 页及以下 (2000 年)
第 1 章第 7 节	《不動産を目的とする譲渡担保において、被担保債権の弁済期後に譲渡担保権者の債権者が目的不動産を差し押さえ、その旨の登記がされたときは、設定者は、その後に債務の全額を弁済しても、第三者異議の訴えにより強制執行の不許を求めることはできない》,載《法学協会雑誌》第 128 卷第 7 号第 1899 页及以下 (2011 年)
第 1 章第 8 节	《譲渡担保権設定者は、譲渡担保権者が清算金の支払又は提供をせず、清算金がない旨の通知もしない間に譲渡担保の目的物の受戻権を放棄しても、譲渡担保権者に対して清算金の支払を請求することはできない》,載《法学協会雑誌》第 128 卷第 8 号第 2134 页及以下 (2011 年)

（续表）

章节	首次发表
第2章第1节	《動産譲渡担保に基づく物上代位権の行使が認められた事例》，載《法学協会雑誌》第128巻第12号第3239頁及以下（2011年）
第2章第2节	《集合動産譲渡担保の再検討：『目的物』の中途処分》，載《金融法研究資料編》第5号第128頁及以下（1989年）
第2章第3节	《イングランド浮動担保における個々の財産に対する担保権者の権利——わが国流動動産譲渡担保理論の参考として》，載星野英一、森島昭夫編：《現代社会と民法学の動向——加藤一郎先生古稀記念（下）》第521頁及以下（有斐閣1992年）
第3章第1节	《将来債権の包括的譲渡の有効性と対抗要件——最3小判平成11·1·29を踏まえて》，載《ジュリスト》1165号第66頁及以下（1999年）
第3章第2节	《債権譲渡担保の設定通知が担保権者に債権を移転したことを通知したものと認めることができないとされた事例》，載《私法判例リマークス》第22号第30頁及以下（2001年）
第3章第3节	《指名債権譲渡の予約についての確定日付のある証書による債務者に対する通知または債務者の承諾をもつて予約の完結による債権譲渡の効力を第三者に対抗することの可否》，載《金融法務事情》第1652号第18頁及以下（2002年）
第3章第4节	《将来債権譲渡担保における債権移転時期と、国税徴収法24条による譲渡担保権者の物的納税責任》，載《金融法務事情》1748号第30頁及以下（2005年）；《単純な判決ではない》，載《NBL》第854号第46頁及以下（2007年）

(续表)

章节	首次发表
第 3 章第 5 节	《集合債権譲渡担保と過払い金返還義務の帰属》,載《早稲田法学》第 89 卷第 3 号第 109 頁及以下(2004 年)
第 4 章第 1 节	《仮登記担保権者(根仮登記担保権者の事案)は、仮登記担保契約に関する法律 2 条 1 項所定の債務者または第三者に対する通知をし、その到達の日から 2 月の清算期間を経過した後であっても、同法 5 条 1 項所定の通知(この通知は清算金が生じない場合にも必要とされる)をしていない後順位担保権者に対しては、仮登記に基づく本登記承諾請求をすることができない》,載《法学協会雑誌》第 105 卷第 8 号 1129 頁及以下(1988 年)
第 4 章第 2 节	《所有権留保に基づく目的物取戻しと権利濫用》,載江頭憲治郎、山下友信编:《商法(総則商行為)判例百選〔第 5 版〕(別冊ジュリスト194 号)》第 120 頁及以下(2008 年)
第 5 章第 1 节	《真性リースと担保リース——アメリカ判例法の分析》,載《筑波法政》第 11 号第 118 頁及以下(1988 年)
第 5 章第 2 节	《いわゆるファイナンス・リース契約において、ユーザーの債務不履行を原因として約定リース期間の途中でリース物件を引揚げたリース業者は、リース物件が返還時において有した価値と本来のリース期間の満了時において有すべき残存価値との差額をユーザーに清算する義務がある》,載《法学協会雑誌》第 101 卷第 5 号第 776 頁及以下(1984 年)
第 5 章第 3 节	《ユーザーによるリース物件の使用不可能になった場合におけるリース料支払債務》,載《金融法務事情》第 1396 号第 76 頁及以下(1994 年)
第 5 章第 4 节	《ネガティブ・プレッジ条項の効力》,載林良平、甲斐道太郎编:《谷口知平先生追悼論文集(2)契約法》第 312 頁及以下(信山社 1993 年)

判例索引[译者注]

明治、大正	边码
大判明治 38 年 9 月 29 日民录 11 辑 1236 页	4,7
大判大正 5 年 11 月 8 日民录 22 辑 2193 页	68
大判大正 9 年 6 月 2 日民录 26 辑 839 页	5,8
大判大正 10 年 2 月 9 日民录 27 辑 244 页	200
大判大正 10 年 3 月 12 日民录 27 辑 532 页	200
大判大正 14 年 7 月 25 日新闻 2475 号 13 页	68
大判大正 15 年 8 月 3 日新闻 2616 号 11 页	68
昭和元年至昭和 20 年	边码
大判昭和 2 年 10 月 26 日新闻 2775 号 13 页	4,7
大判昭和 2 年 12 月 17 日新闻 2804 号 16 页	4,7
大判昭和 8 年 12 月 11 日裁判例 7 民 277 页	41
大判昭和 9 年 12 月 28 日民集 13 卷 2261 页	196,204
大判昭和 13 年 10 月 12 日民集 17 卷 2115 页	4,7
大判昭和 17 年 11 月 20 日民集 21 卷 1099 页	231

[译者注]本索引所列边码为原书(本书日文版)页码。

(续表)

昭和 21 年至昭和 50 年	边码
最判昭和 28 年 5 月 29 日民集 7 卷 5 号 608 页	200,201
最判昭和 29 年 8 月 24 日裁判集民 15 号	240
最判昭和 34 年 9 月 3 日民集 13 卷 11 号 1357 页	39,83,100
最判昭和 37 年 8 月 10 日民集 16 卷 8 号 1700 页	240
最判昭和 40 年 12 月 17 日民集 19 卷 9 号 2159 页	40
最判昭和 41 年 4 月 28 日民集 20 卷 4 号 900 页	5,9,20
最判昭和 42 年 11 月 16 日民集 21 卷 9 号 2430 页	67
最判昭和 43 年 3 月 7 日民集 22 卷 3 号 509 页	5,14,15,67
最判昭和 43 年 8 月 2 日民集 22 卷 8 号 1558 页	196
最判昭和 43 年 11 月 21 日民集 22 卷 12 号 2765 页	59,101
东京地判昭和 45 年 5 月 25 日下民集 21 卷 5、6 号 695 页	30
最判昭和 45 年 9 月 24 日民集 24 卷 10 号 1450 页	58
最判昭和 46 年 3 月 25 日民集 25 卷 2 号 208 页	5,14,20,50,56,107
东京高判昭和 47 年 5 月 23 日金判 327 号 12 页	30
东京地判昭和 49 年 7 月 22 日判时 763 号 56 页	29,30
大阪地判昭和 49 年 10 月 8 日金判 451 号 17 页	291,300
最大判昭和 49 年 10 月 23 日民集 28 卷 7 号 1473 页	67,232
最判昭和 50 年 2 月 28 日民集 29 卷 2 号 193 页	236
最判昭和 50 年 4 月 18 日金法 761 号 31 页	38
最判昭和 50 年 7 月 25 日民集 29 卷 6 号 1147 页	63
东京地判昭和 50 年 11 月 27 日判时 826 号 67 页	41
昭和 51 年至昭和 63 年	边码
大阪地判昭和 51 年 3 月 26 日下民集 32 卷 1~4 号 176 页	291,300

(续表)

昭和 51 年至昭和 63 年	边码
东京高判昭和 51 年 9 月 29 日判时 836 号 51 页	30
水户地判昭和 52 年 3 月 15 日下民集 32 卷 1~4 号 227 页	292
最判昭和 52 年 3 月 17 日民集 31 卷 2 号 308 页	196
最判昭和 52 年 3 月 31 日金法 835 号 33 页	239
东京地判昭和 52 年 3 月 31 日下民集 28 卷 1~4 号 374 页	309,311
名古屋高判昭和 53 年 2 月 16 日判时 906 号 58 页	67
最判昭和 53 年 12 月 15 日判时 916 号 25 页	163
最判昭和 54 年 2 月 15 日民集 33 卷 1 号 51 页	134
东京高决昭和 54 年 9 月 19 日下民集 30 卷 9~12 号 415 页	164
东京高判昭和 55 年 1 月 23 日判时 960 号 43 页	68
东京高判昭和 55 年 7 月 10 日判时 975 号 39 页	67
名古屋高判昭和 55 年 7 月 17 日民集 36 卷 10 号 2156 页	291
横滨地判昭和 55 年 10 月 9 日金判 613 号 43 页	29,30
最判昭和 56 年 4 月 9 日下民集 32 卷 1~4 号 397 页	291,293
东京地判昭和 56 年 5 月 25 日判时 1022 号 77 页	29,30,31
最判昭和 56 年 7 月 14 日判时 1018 号 77 页	239
东京高判昭和 56 年 8 月 26 日判时 1016 号 67 页	292
东京地判昭和 56 年 10 月 2 日判时 1034 号 99 页	311
东京地判昭和 56 年 12 月 21 日下民集 32 卷 1~4 号 321 页	292,306
最判昭和 57 年 1 月 22 日民集 36 卷 1 号 92 页	5,15,18,47,49,51,64,89,92,107,112
东京地判昭和 57 年 1 月 28 日判时 1050 号 96 页	292,295,300,306

(续表)

昭和 51 年至昭和 63 年	边码
东京地判昭和 57 年 2 月 17 日下民集 32 卷 1~4 号 357 页	292
东京地判昭和 57 年 3 月 24 日判时 1056 号 208 页	310
最判昭和 57 年 3 月 30 日民集 36 卷 3 号 484 页	13
最判昭和 57 年 4 月 23 日金法 1007 号 43 页	46,48,51,89
东京高判昭和 57 年 4 月 27 日下民集 32 卷 1~4 号 369 页	292,295
东京地判昭和 57 年 6 月 23 日别册 NBL11 号 183 页	291
东京高判昭和 57 年 7 月 15 日判夕 479 号 97 页	175,178
东京地判昭和 57 年 7 月 16 日别册 NBL11 号 185 页	291
最判昭和 57 年 9 月 28 日判时 1062 号 81 页	5,19,22,25,216
最判昭和 57 年 10 月 14 日判时 1060 号 78 页	134
最判昭和 57 年 10 月 19 日民集 36 卷 10 号 2130 页	286,306
最判昭和 57 年 10 月 19 日金法 1011 号 46 页	294
最判昭和 57 年 12 月 17 日判时 1070 号 26 页	239
札幌高判昭和 58 年 2 月 22 日判夕 496 号 116 页	306,311
最判昭和 58 年 3 月 31 日民集 37 卷 2 号 152 页	56,80,83
札幌高决昭和 60 年 10 月 16 日判夕 586 号 82 页	164
东京地判昭和 60 年 10 月 22 日判时 1207 号 78 页	177
最判昭和 61 年 4 月 11 日民集 40 卷 3 号 584 页	222
东京地判昭和 61 年 6 月 16 日讼月 32 卷 12 号 2898 页	164,173
东京高判昭和 61 年 10 月 30 日金判 768 号 26 页	309
最判昭和 61 年 11 月 20 日判时 1219 号 63 页	127
东京地判昭和 61 年 12 月 25 日判夕 644 号 212 页	311

(续表)

昭和 51 年至昭和 63 年	边码
最判昭和 62 年 2 月 12 日民集 41 卷 1 号 67 页	18,24,42,46,49,56,89,107,109,110
最判昭和 62 年 4 月 24 日判时 1243 号 24 页	238
最判昭和 62 年 11 月 10 日民集 41 卷 8 号 1559 页	131,134
最判昭和 62 年 11 月 12 日判时 1261 号 71 页	52,58,62,95,99
仙台高判昭和 62 年 12 月 25 日判时 1265 号 92 页	309,310
静冈地富士支判昭和 63 年 6 月 4 日判夕 683 号 206 页	30
东京地判昭和 63 年 10 月 25 日金判 822 号 40 页	306,311
平成元年至平成 10 年	边码
东京地判平成元年 6 月 28 日判时 1341 号 95 页	311
东京高判平成元年 7 月 25 日判时 1320 号 99 页	29,30,31
福冈高判平成元年 10 月 30 日判时 1346 号 90 页	30
札幌地判平成 2 年 3 月 26 日判时 1359 号 100 页	309,311
东京地判平成 2 年 7 月 13 日判时 1381 号 64 页	30
东京地判平成 2 年 8 月 24 日判时 1385 号 70 页	30
浦和地川越支判平成 2 年 9 月 6 日判夕 737 号 155 页	30
东京高判平成 2 年 10 月 25 日判时 1370 号 140 页	309
仙台高判平成 4 年 4 月 21 日判夕 811 号 140 页	312
浦和地判平成 4 年 5 月 20 日判时 1455 号 124 页	30
东京地判平成 4 年 7 月 20 日判夕 825 号 185 页	40
东京地判平成 5 年 1 月 27 日判夕 838 号 262 页	165
最判平成 5 年 2 月 26 日民集 47 卷 2 号 1653 页	5,21,25,216

(续表)

平成元年至平成 10 年	边码
最判平成 5 年 11 月 25 日金法 1395 号 49 页	306
最判平成 6 年 2 月 22 日民集 48 卷 2 号 414 页	2,16,43,78,89,92,112
大阪地判平成 6 年 10 月 28 日判时 1555 号 95 页	178
最判平成 7 年 3 月 10 日判时 1525 号 59 页	82,84
最判平成 7 年 4 月 14 日民集 49 卷 4 号 1063 页	309
最判平成 7 年 11 月 10 日民集 49 卷 9 号 2953 页	5,22,25,42,216
大阪高判平成 7 年 12 月 6 日判时 1564 号 31 页	165,179
东京地判平成 8 年 1 月 22 日判时 1581 号 127 页	165
大阪高判平成 8 年 1 月 26 日判时 1574 号 70 页	178
东京地判平成 8 年 9 月 20 日判时 1583 号 73 页	180
东京高判平成 8 年 11 月 6 日判时 1591 号 32 页	180
最判平成 8 年 11 月 22 日民集 50 卷 10 号 2702 页	57,83,92,105
东京高判平成 9 年 2 月 20 日判时 1605 号 49 页	181
最判平成 9 年 4 月 11 日裁判集民 183 号 241 页	59,81,83,100
最判平成 9 年 6 月 5 日民集 51 卷 5 号 2053 页	198
最判平成 9 年 7 月 17 日民集 51 卷 6 号 2882 页	38
最判平成 10 年 1 月 30 日民集 52 卷 1 号 1 页	165
东京地判平成 10 年 2 月 5 日判夕 985 号 214 页	165
最判平成 10 年 3 月 26 日民集 52 卷 2 号 483 页	165
东京高判平成 10 年 7 月 29 日判夕 1042 号 156 页	30
平成 11 年以后	边码
东京地判平成 11 年 1 月 22 日判时 1693 号 88 页	182

（续表）

平成 11 年以后	边码
最判平成 11 年 1 月 29 日民集 53 卷 1 号 151 页	158,169,204
最判平成 11 年 2 月 26 日判时 1671 号 67 页	59,77,100
最决平成 11 年 5 月 17 日民集 53 卷 5 号 863 页	114
东京高判平成 11 年 11 月 4 日判时 1706 号 18 页	186
最判平成 13 年 11 月 22 日民集 55 卷 6 号 1056 页	192,203,204,205,207,214
最判平成 13 年 11 月 27 日民集 55 卷 6 号 1090 页	194,201
东京地判平成 14 年 8 月 26 日金法 1689 号 49 页	117
东京高判平成 16 年 7 月 21 日金法 1723 号 43 页	202
最判平成 18 年 2 月 7 日民集 60 卷 2 号 480 页	26
最判平成 18 年 10 月 20 日民集 60 卷 8 号 3098 页	85
最判平成 19 年 2 月 15 日民集 61 卷 1 号 243 页	208
最决平成 22 年 12 月 2 日民集 64 卷 8 号 1990 页	118

主题词索引[译者注]

主题词	边码
"将来财产的担保"理论	142
"许可"理论	142
背信的恶意人	53
不当得利	217
处分清算型	14,48,59
处分限制条款	144
存货即时取得	240
担保性构造	3
担保租赁	244
涤除	25
第三人异议	88
动产让与担保	
——让与担保权人请求交付	63
赌博	171
浮动担保	

[译者注]本索引所列边码为原书(本书日文版)页码。

(续表)

主题词	边码
——"许可理论"、"将来财产的担保"理论	142
——处分限制条款	144
——自动结晶化条款	147
附条件的消极担保条款	316,322
更生担保权	9,14
公序良俗	172
固定化	129,133
归属清算型	14,47,59
国税征收法 24 条	9
合同上地位移转	210
衡平法担保权	316
互换给付	55
基于让与担保的物上代位	115
——集合动产让与担保	118
集合物论	120
集合债权	191
集合债权让与担保	
——溢付款返还债务	212
——对毁损的损害赔偿	124
——设定人处分个别动产	122
——设定人处分集合物自身	125
——设定人的债权人扣押个别动产	129
——设定人的债权人扣押集合物	130

(续表)

主题词	边码
——第三人毁损个别动产	126
——第三人毁损集合物整体	128
——收取权的归属	213
——标的债权的债务人所作的抵销	191
将来债权的扣押	184
将来债权的让与	158
——对抗要件	179
——公序良俗的限制	172
——民法478条的适用	182
——期间限制	163
将来债权的让与担保	
——债权移转时期	202,209
将来租金债权的扣押	165
交易能力	167
交易适格性	167,170
结晶化	153
金融衍生品交易	171
绝无担保条款	316,322
肯定性限制担保条款	316,322
空头租赁	310
扣押的处分禁止效力	95
留置权	56,100
——让与担保标的物的处分	100

(续表)

主题词	边码
买回	26
——被担保债权	33
——与让与担保的概念关系	31
卖与担保	37
普通法担保权	317
清算金	
——发生时期	56,82,107
——留置权	56,77
——确定时期	55
——支付请求权的消灭时效	77
取回权	14,64
——抛弃	105
——清偿期到来后的扣押	91
——让与担保与预告登记担保的区别	74,111
——消灭时期	43,108
——消灭时效	67
——意义	72
——预告登记担保法 11 条但书前半句	69,75
权利滥用	236
让与担保	
——与信托的关系	220
——对被担保债权的附随性	6
让与担保标的物的被保险利益	21

(续表)

主题词	边码
让与担保标的物的处分	
——留置权	100
——民法177条的适用可能性	96
——清偿期到来后	43
——清偿期到来后的扣押	90
——与清算金的互换给付	55
——在与第三取得人的关系上中断时效	84
让与担保标的物的第三取得人	
——法定代位清偿权	8
让与担保标的物的扣押	
——第三人异议	88
——民法94条2款	102
——清偿期到来后	85
——取回权的对抗	95
让与担保权人的涤除权	23
让与担保权人请求交付标的物	
——特约的可否	63
让与担保设定人的公司更生程序	9
让与担保设定人的取回权→取回权	
让与担保设定人对第三人的返还请求权	19
让与担保设定与承租权的让与、转租	38
融资租赁(亦见,租赁)	244,286
射幸合同	167,171

（续表）

主题词	边码
授权	240
售后回租	260
所有权保留	236
所有权性构造	3
通常经营范围	120
通常经营过程	133
物上代位	115
消极担保条款	314
——国际金融	326
消灭时效中断的相对效力	83
信托	219
诚信原则	61
溢付款返还义务	212
英格兰浮动担保→浮动担保	
预告登记担保	
——后顺位担保权人的拍卖申请权	226
——清算期间	235
预告登记担保法5条1款的通知	222
再买卖的预约	37
债权让与担保	
——设定人的收取权	189
——对抗要件	186
债权让与的对抗要件	

(续表)

主题词	边码
——债务人的事前承诺	200
债权让与的预约	
——对抗要件	194
债权让与禁止特约	198
真正租赁	244
自动结晶化条款	147
租赁	
——风险负担	291
——购买选择权	261
——购买义务	260
——利息限制法	292
——清算义务	286
——清算义务的根据	300
——剩余租金的一次性支付	268,292
——瑕疵担保	291
——与普通租赁的关系	273
——总租金	266
——租金与使用的对价关系	308
最高额预告登记担保	232

日本年号与公历年对照表

日本年号	公历年
明治 29 年	1896 年
明治 30 年	1897 年
明治 31 年	1898 年
明治 32 年	1899 年
明治 33 年	1900 年
明治 34 年	1901 年
明治 35 年	1902 年
明治 36 年	1903 年
明治 37 年	1904 年
明治 38 年	1905 年
明治 39 年	1906 年
明治 40 年	1907 年
明治 41 年	1908 年
明治 42 年	1909 年
明治 43 年	1910 年
明治 44 年	1911 年

(续表)

日本年号	公历年
明治 45 年 大正元年	1912 年
大正 2 年	1913 年
大正 3 年	1914 年
大正 4 年	1915 年
大正 5 年	1916 年
大正 6 年	1917 年
大正 7 年	1918 年
大正 8 年	1919 年
大正 9 年	1920 年
大正 10 年	1921 年
大正 11 年	1922 年
大正 12 年	1923 年
大正 13 年	1924 年
大正 14 年	1925 年
大正 15 年 昭和元年	1926 年
昭和 2 年	1927 年
昭和 3 年	1928 年
昭和 4 年	1929 年
昭和 5 年	1930 年
昭和 6 年	1931 年
昭和 7 年	1932 年
昭和 8 年	1933 年

(续表)

日本年号	公历年
昭和9年	1934年
昭和10年	1935年
昭和11年	1936年
昭和12年	1937年
昭和13年	1938年
昭和14年	1939年
昭和15年	1940年
昭和16年	1941年
昭和17年	1942年
昭和18年	1943年
昭和19年	1944年
昭和20年	1945年
昭和21年	1946年
昭和22年	1947年
昭和23年	1948年
昭和24年	1949年
昭和25年	1950年
昭和26年	1951年
昭和27年	1952年
昭和28年	1953年
昭和29年	1954年
昭和30年	1955年
昭和31年	1956年

(续表)

日本年号	公历年
昭和 32 年	1957 年
昭和 33 年	1958 年
昭和 34 年	1959 年
昭和 35 年	1960 年
昭和 36 年	1961 年
昭和 37 年	1962 年
昭和 38 年	1963 年
昭和 39 年	1964 年
昭和 40 年	1965 年
昭和 41 年	1966 年
昭和 42 年	1967 年
昭和 43 年	1968 年
昭和 44 年	1969 年
昭和 45 年	1970 年
昭和 46 年	1971 年
昭和 47 年	1972 年
昭和 48 年	1973 年
昭和 49 年	1974 年
昭和 50 年	1975 年
昭和 51 年	1976 年
昭和 52 年	1977 年
昭和 53 年	1978 年
昭和 54 年	1979 年

(续表)

日本年号	公历年
昭和 55 年	1980 年
昭和 56 年	1981 年
昭和 57 年	1982 年
昭和 58 年	1983 年
昭和 59 年	1984 年
昭和 60 年	1985 年
昭和 61 年	1986 年
昭和 62 年	1987 年
昭和 63 年	1988 年
昭和 64 年 平成元年	1989 年
平成 2 年	1990 年
平成 3 年	1991 年
平成 4 年	1992 年
平成 5 年	1993 年
平成 6 年	1994 年
平成 7 年	1995 年
平成 8 年	1996 年
平成 9 年	1997 年
平成 10 年	1998 年
平成 11 年	1999 年
平成 12 年	2000 年
平成 13 年	2001 年
平成 14 年	2002 年

(续表)

日本年号	公历年
平成 15 年	2003 年
平成 16 年	2004 年
平成 17 年	2005 年
平成 18 年	2006 年
平成 19 年	2007 年
平成 20 年	2008 年
平成 21 年	2009 年
平成 22 年	2010 年
平成 23 年	2011 年
平成 24 年	2012 年
平成 25 年	2013 年
平成 26 年	2014 年
平成 27 年	2015 年
平成 28 年	2016 年
平成 29 年	2017 年
平成 30 年	2018 年
平成 31 年 令和元年	2019 年

译后记

本书作为《日本典型担保法》的姊妹篇出版,收录了道垣内老师关于让与担保、所有权保留、融资租赁等非典型担保的论作。看似是课题散乱的非典型担保,实则是具有内在逻辑的体系书。

在民法乃至信托法的研究中,道垣内老师一以贯之地秉持开阔的视野,时刻注意与其他制度的关系并展开讨论分析。对非典型担保的研究是其集中体现。正如中文版序言中所述,尽管非典型担保没有明确的法律条文,但在分析时需要时刻顾及民法其他制度、民事执行法和破产法的相关制度。探索妥当的解释论就像是在狭窄的弄堂里侧身、磕碰、蹒跚前行。读者在阅读本书时,也会深刻感受到道垣内老师的思考方式,就像一张蛛网,由一个论点出发,四散至关联论点,最终形成体系的思考网络。

在律师的实务工作中,常会接触到日益复杂的、创新的担保交易方式,其中的大多数或都可归入非典型担保。对于此等非典型担保,如何在与我国其他法律制度整合的同时,妥善给出适合实践的解释论,将是未来很长一段时间的课题。这也是道垣内老师所期待的本书能给予中国民法学和法律实务的"刺激"。

与同期译出的《日本典型担保法》一样,本书的翻译出版离不开常鹏翱老师、李昊老师、易军老师以及辛正郁老师一如既往对我的包容、关怀和指导;同时感谢北京大学出版社陆建华老师和费悦老师在出版过程中不断的支持和关照；当然，如果没有家人、朋友给予我的关心，本书也绝无可能出版，一并致以谢意。

王融擎
2022年暮秋，杨公堤

法律人进阶译丛

⊙ 法学启蒙
《法律研习的方法：作业、考试和论文写作（第9版）》，〔德〕托马斯·M.J.默勒斯 著，2019年出版
《如何高效学习法律（第8版）》，〔德〕芭芭拉·朗格 著，2020年出版
《如何解答法律题：解题三段论、正确的表达和格式（第11版增补本）》，〔德〕罗兰德·史梅尔 著，2019年出版
《法律职业成长：训练机构、机遇与申请（第2版增补本）》，〔德〕托尔斯滕·维斯拉格 等著，2021年出版
《法学之门：学会思考与说理（第4版）》，〔日〕道垣内正人 著，2021年出版

⊙ 法学基础
《法律解释（第6版）》，〔德〕罗尔夫·旺克 著，2020年出版
《法理学：主题与概念（第3版）》，〔英〕斯科特·维奇 等著，2023年出版
《基本权利（第8版）》，〔德〕福尔克尔·埃平 著，2023年出版
《德国刑法基础课（第7版）》，〔德〕乌韦·穆尔曼 著，2023年出版
《刑法分则I：针对财产的犯罪（第21版）》，〔德〕伦吉尔 著
《刑法分则II：针对人身与国家的犯罪（第20版）》，〔德〕伦吉尔 著
《民法学入门：民法总则讲义·序论（第2版增订本）》，〔日〕河上正二 著，2019年出版
《民法的基本概念（第2版）》，〔德〕汉斯·哈腾豪尔 著
《民法总论》，〔意〕弗朗切斯科·桑多罗·帕萨雷里 著
《德国民法总论（第44版）》，〔德〕赫尔穆特·科勒 著，2022年出版
《德国物权法（第32版）》，〔德〕曼弗雷德·沃尔夫 等著
《德国债法各论（第17版）》，〔德〕迪尔克·罗歇尔德斯 著，2023年出版

⊙ 法学拓展
《奥地利民法概论：与德国法相比较》，〔奥〕伽布里菈·库齐奥 等著，2019年出版
《所有权的终结：数字时代的财产保护》，〔美〕亚伦·普赞诺斯基 等著，2022年出版
《合同设计方法与实务（第3版）》，〔德〕阿德霍尔德 等著，2022年出版
《合同的完美设计（第5版）》，〔德〕苏达贝·卡玛纳布罗 著，2022年出版

《民事诉讼法（第4版）》，〔德〕彼得拉·波尔曼 著
《消费者保护法》，〔德〕克里斯蒂安·亚历山大 著
《日本典型担保法》，〔日〕道垣内弘人 著，2022年出版
《日本非典型担保法》，〔日〕道垣内弘人 著，2022年出版
《担保物权法（第4版）》，〔日〕道垣内弘人 著
《信托法》，〔日〕道垣内弘人 著
《公司法的精神：欧陆公司法的核心原则》，〔德〕根特·H. 罗斯 等著

⊙ 案例研习

《德国大学刑法案例辅导（新生卷·第三版）》，〔德〕埃里克·希尔根多夫著，2019年出版
《德国大学刑法案例辅导（进阶卷·第二版）》，〔德〕埃里克·希尔根多夫著，2019年出版
《德国大学刑法案例辅导（司法考试备考卷·第二版）》，〔德〕埃里克·希尔根多夫著，2019年出版
《德国民法总则案例研习（第5版）》，〔德〕尤科·弗里茨舍 著，2022年出版
《德国债法案例研习I：合同之债（第6版）》，〔德〕尤科·弗里茨舍 著，2023年出版
《德国债法案例研习II：法定之债（第3版）》，〔德〕尤科·弗里茨舍 著
《德国物权法案例研习（第4版）》，〔德〕延斯·科赫、马丁·洛尼希 著，2020年出版
《德国家庭法案例研习（第13版）》，〔德〕施瓦布 著
《德国劳动法案例研习（第4版）》，〔德〕阿博·容克尔 著
《德国商法案例研习（第3版）》，〔德〕托比亚斯·勒特 著，2021年出版

⊙ 经典阅读

《法学方法论（第4版）》，〔德〕托马斯·M. J. 默勒斯 著，2022年出版
《法学中的体系思维和体系概念》，〔德〕克劳斯-威廉·卡纳里斯 著
《法律漏洞的发现（第2版）》，〔德〕克劳斯-威廉·卡纳里斯 著
《欧洲民法的一般原则》，〔德〕诺伯特·赖希 著
《欧洲合同法（第2版）》，〔德〕海因·克茨 著
《德国民法总论（第4版）》，〔德〕莱因哈德·博克 著
《合同法基础原理》，〔美〕麦尔文·A. 艾森伯格 著，2023年出版
《日本新债法总论（上下卷）》，〔日〕潮见佳男 著
《法政策学（第2版）》，〔日〕平井宜雄 著